プリント形式のリアル過去問で本番の臨場感！

長崎県

長崎日本大学中学校

2025年春受験用

解答集

本書は，実物をなるべくそのままに，プリント形式で年度ごとに収録しています。
問題用紙を教科別に分けて使うことができるので，本番さながらの演習ができます。

■ 収録内容

・解答集(この冊子です)

書籍ＩＤ番号，この問題集の使い方，最新年度実物データ，リアル過去問の活用，
解答例と解説，ご使用にあたってのお願い・ご注意，お問い合わせ

・2024(令和６)年度 ～ 2021(令和３)年度　学力検査問題

〇は収録あり

年度	'24	'23	'22	'21		
■ 問題(長崎会場第1回と首都圏)※1	〇	〇	〇	〇		
■ 解答用紙	〇	〇	※2	※3		
■ 配点						

※1…2024年度より関東入試が首都圏入試と名称変更。2021年度は長崎会場第1回と第2回の問題を収録

算数に解説があります

※2，3…2022・2021年度第1回作文の解答用紙は非公表

注)問題文等非掲載:2024年度首都圏国語の四と社会の2，2023年度関東国語の二と社会の4，2022年度第1回総合問題の2と関東理科の2，2021年度第2回国語の二

問題文などの非掲載につきまして

著作権上の都合により，本書に収録している過去入試問題の本文や図表の一部を掲載しておりません。ご不便をおかけし，誠に申し訳ございません。

本文の一部を掲載できなかったことによる国語の演習不足を補うため，論説文および小説文の演習問題のダウンロード付録があります。弊社ウェブサイトから書籍ＩＤ番号を入力してご利用ください。

なお，問題の量，形式，難易度などの傾向が，実際の入試問題と一致しない場合があります。

教英出版

■ 書籍ＩＤ番号

入試に役立つダウンロード付録や学校情報などを随時更新して掲載しています。
教英出版ウェブサイトの「ご購入者様のページ」画面で，書籍ＩＤ番号を入力してご利用ください。

書籍ＩＤ番号　104442

（有効期限：2025年9月30日まで）

【入試に役立つダウンロード付録】
「要点のまとめ(国語／算数)」
「課題作文演習」ほか

■ この問題集の使い方

年度ごとにプリント形式で収録しています。針を外して教科ごとに分けて使用します。①片側，②中央のどちらかでとじてありますので，下図を参考に，問題用紙と解答用紙に分けて準備をしましょう（解答用紙がない場合もあります）。

針を外すときは，けがをしないように十分注意してください。また，針を外すと紛失しやすくなりますので気をつけましょう。

① 片側でとじてあるもの　　② 中央でとじてあるもの

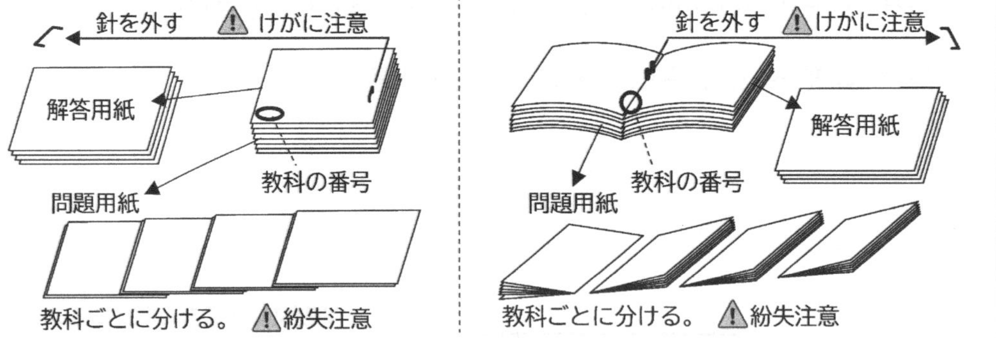

※教科数が上図と異なる場合があります。
解答用紙がない場合や，問題と一体になっている場合があります。
教科の番号は，教科ごとに分けるときの参考にしてください。

■ 最新年度 実物データ

実物をなるべくそのままに編集していますが，収録の都合上，実際の試験問題とは異なる場合があります。実物のサイズ，様式は右表で確認してください。

問題用紙	Ａ４冊子(二つ折り)
解答用紙	第１回：Ａ３片面プリント 首都圏：Ｂ４片面プリント

リアル過去問の活用

～リアル過去問なら入試本番で力を発揮することができる～

本番を体験しよう！

問題用紙の形式（縦向き / 横向き），問題の配置や余白など，実物に近い紙面構成なので本番の臨場感が味わえます。まずはパラパラとめくって眺めてみてください。「これが志望校の入試問題なんだ！」と思えば入試に向けて気持ちが高まることでしょう。

入試を知ろう！

同じ教科の過去数年分の問題紙面を並べて，見比べてみましょう。

① 問題の量

毎年同じ大問数か，年によって違うのか，また全体の問題量はどのくらいか知っておきましょう。どのくらいのスピードで解けば時間内に終わるのか，大問ひとつにかけられる時間を計算してみましょう。

② 出題分野

よく出題されている分野とそうでない分野を見つけましょう。同じような問題が過去にも出題されていることに気がつくはずです。

③ 出題順序

得意な分野が毎年同じ大問番号で出題されていると分かれば，本番で取りこぼさないように先回りして解答することができるでしょう。

④ 解答方法

記述式か選択式か（マークシートか），見ておきましょう。記述式なら，単位まで書く必要があるかどうか，文字数はどのくらいかなど，細かいところまでチェックしておきましょう。計算過程を書く必要があるかどうかも重要です。

⑤ 問題の難易度

必ず正解したい基本問題，条件や指示の読み間違いといったケアレスミスに気をつけたい問題，後回しにしたほうがいい問題などをチェックしておきましょう。

問題を解こう！

志望校の入試傾向をつかんだら，問題を何度も解いていきましょう。ほかにも問題文の独特な言いまわしや，その学校独自の答え方を発見できることもあるでしょう。オリンピックや環境問題など，話題になった出来事を毎年出題する学校だと分かれば，日頃のニュースの見かたも変わってきます。

こうして志望校の入試傾向を知り対策を立てることこそが，過去問を解く最大の理由なのです。

実力を知ろう！

過去問を解くにあたって，得点はそれほど重要ではありません。大切なのは，志望校の過去問演習を通して，苦手な教科，苦手な分野を知ることです。苦手な教科，分野が分かったら，教科書や参考書に戻って重点的に学習する時間をつくりましょう。今の自分の実力を知れば，入試本番までの勉強の道すじが見えてきます。

試験に慣れよう！

入試では時間配分も重要です。本番で時間が足りなくなってあわてないように，リアル過去問で実戦演習をして，時間配分や出題パターンに慣れておきましょう。教科ごとに気持ちを切り替える練習もしておきましょう。

心を整えよう！

入試は誰でも緊張するものです。入試前日になったら，演習をやり尽くしたリアル過去問の表紙を眺めてみましょう。問題の内容を見る必要はもうありません。どんな形式だったかな？受験番号や氏名はどこに書くのかな？…ほんの少し見ておくだけでも，志望校の入試に向けて心の準備が整うことでしょう。

そして入試本番では，見慣れた問題紙面が緊張した心を落ち着かせてくれるはずです。

※まれに入試形式を変更する学校もありますが，条件はほかの受験生も同じです。心を整えてあせらずに問題に取りかかりましょう。

2024 解答例
令和6年度

長崎日本大学中学校【第１回】

《第１回　総合問題》

1　問題１．似た意味だ（下線部は同じでもよい）　問題２．石の上にも三年　問題３．ウ．織田信長　エ．長野　オ．滋賀　カ．奈良　問題４．都／慣／案　問題５．５分の１　問題６．「枯れ木も山のにぎわい」の正しい意味　問題７．金　問題８．時間をかけて勉強した方が考えが深まる

2　問題１．イ　問題２．６〔別解〕７　手がかりとなる一文…５月に種を
問題３．カブトムシはさなぎの期間があるが，バッタにはさなぎの期間がないこと。
問題４．ア．３　イ．６　ウ．むね　問題５．60
問題６．右図　問題７．葉に日光が当たりやすくなる点。

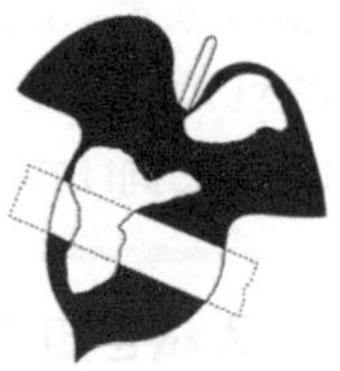

3　問題１．オランダ　問題２．キャプテン　問題３．このコースでは，全体で 5560 円かかり，予算をこえてしまう　問題４．200　問題５．びわ　問題６．オ．920　カ．1880　キ．フルーツ大福　ク．1000　ケ．880　コ．ビードロ　問題７．車いす対応のエレベーターを表している。

4　問題１．七五三　問題２．イ．７　ウ．60　問題３．11　問題４．10　問題５．エ．200　オ．20　カ．30　問題６．キ．多く　ク．上がった　ケ．円高　コ．円高　サ．高く　シ．円安　問題７．15500

《第１回　作文問題》

問一．ウ，エ
問二．〈作文のポイント〉
・最初に自分の主張、立場を明確に決め、その内容に沿って書いていく。
・わかりやすい表現を心がける。自信のない表現や漢字は使わない。
さらにくわしい作文の書き方・作文例はこちら！→
https://kyoei-syuppan.net/mobile/files/sakupo.html

【算数分野の解説】

1　**問題５**　６枚のカードを①，②，③，④，⑤，⑥として，樹形図をかくと右図のようになる。よって，６枚から２枚のカードを同時に引く方法は 15(通り)あり，このうち３つが問題４の漢字となるから，いずれかができる確率は，$\frac{3}{15}=\frac{1}{5}$である。よって，５分の１

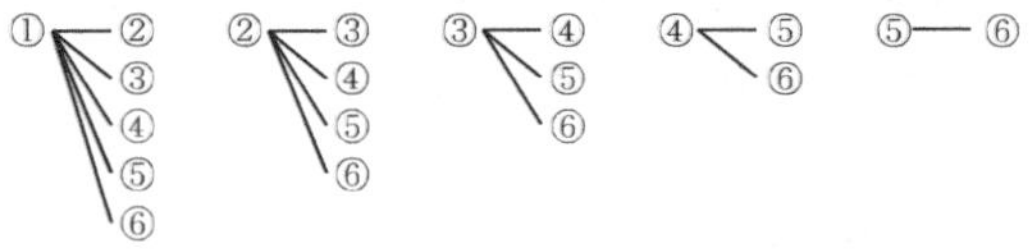

3　**問題３**　１つのグループは中学生４人と大学生(高校生以上)１人の５人である。よって，入場料と入園料は５人で(100＋400＋180)×４＋520＋1000＋620＝4860(円)かかる。また，グラバー園から平和公園まで電車で移動するから，交通費が 140×５＝700(円)かかる。よって，合計金額は 4860＋700＝5560(円)となり，3500 円の予算をこえてしまう。
※「英語さるく」とは，長崎日本大学中学校で行われている，中学生が外国人留学生といっしょに観光地をめぐり，英語で紹介する行事であることから，グループの４人を中学生として判断している。
問題４　出島に入場してから平和公園に着くまでにかかる時間は，45＋17＋20＋１＋75＋42＝200(分)である。

なお，$\frac{200}{60}$時間＝$3\frac{20}{60}$時間＝３時間 20 分であり，９時 30 分に出島に入場すると，平和公園に着く時間は９時 30 分＋３時間 20 分＝12 時 50 分となり，集合時間の 12 時 30 分に間に合わない。

問題６　話し合いから，このグループは新地中華街・眼鏡橋コースを回り，５人でフルーツ大福を食べ，留学生のお土産にはビードロを買う予定だとわかる。出島の入場料は 100×４＋520＝920(円)だから，残ったお金は 2800－920＝1880(円)である。フルーツ大福は１個 200 円だから，５人分で 200×５＝1000(円)であり，残ったお金は 1880－1000＝880(円)である。

4　**問題２**　あんなさんは女の子だから，３歳《さい》と７歳で七五三を実施《じっし》している。弟は２歳年下なので，あんなさんが３歳のとき，弟は１歳，あんなさんが７歳のとき，弟は５歳である。弟も七五三を実施しているので，写真をとったとき，あんなさんは７歳である。

$$
\begin{array}{r|rr} 2 & 10 & 12 \\ \hline & 5 & 6 \end{array}
$$

また，２つの数の最小公倍数を求めるときは，右の筆算のように割り切れる数で次々に割っていき，割った数と割られた結果残った数をすべてかけあわせればよい。よって，10 と 12 の最小公倍数は，２×５×６＝60 だから，おじいちゃんは 60 歳である。

問題３　還暦《かんれき》のお祝いの日，おじいちゃんの年齢《ねんれい》は 60 歳だから，あんなさんと弟の年齢の和は 60÷３＝20(歳)である。弟の年齢を２歳増やすと，２人の年齢は同じになり，合計は 20＋２＝22(歳)となる。よって，あんなさんの年齢は，22÷２＝11(歳)

問題４　①年後にあんなさんの年齢の 10 倍と，おじいちゃんの年齢の３倍が等しくなるとすると，
11×10＋⑩＝60×３＋③　⑩－③＝180－110　⑦＝70　①＝10 となるから，10 年後である。

問題５　１ドル 150 円とすると，30000 円は 30000÷150＝200(ドル)になる。１ドルが 150 円のとき，15000 円は 15000÷150＝100(ドル)だから，５ドルのお土産は 100÷５＝20(個)買える。１ドルが 100 円のとき，15000 円は 15000÷100＝150(ドル)だから，５ドルのお土産は 150÷５＝30(個)買える。

問題６　１ドルが 100 円のときは１ドルが 150 円のときよりも買えるお土産の個数が多くなり，円の価値が上がったことになる。これを円高といい，予算が少なくてすむので，アメリカ旅行は円高のときに行くとよい。
１ドルが 100 円のときの日本車は(３万×100)円＝300 万円，１ドルが 150 円のときの日本車は(３万×150)＝450 万円だから，１ドルが 150 円の方が１台につき 450 万円－300 万円＝150 万円高く売れる。よって，輸出においては円安のときの方が日本に有利になる。

問題７　１ドルが 150 円のとき，$100000\times\frac{30}{100}$＝30000(円)をドルに両替《りょうがえ》したから，30000÷150＝200(ドル)になった。このとき，日本円は 100000－30000＝70000(円)残る。180 ドル使うと，残りのドルが 200－180＝20(ドル)になる。１ドルが 100 円のとき，残りの 70000 円の８割をドルに両替すると，$70000\times\frac{80}{100}$÷100＝56000÷100＝560(ドル)増えるから，手持ちのドルは 20＋560＝580(ドル)になり，日本円は 70000－56000＝14000(円)残る。
さらに 190×３＝570(ドル)使うと，残りのドルは 580－570＝10(ドル)になるから，１ドルが 150 円のときに両替すると，残った日本円は 14000＋150×10＝15500(円)である。

2024 解答例 令和６年度　長崎日本大学中学校【首都圏】

《首都圏　国語》

一　問一．①はち　②たい　問二．［漢字／意味］　①［鳥／ア］　②［単／オ］　問三．①間接　②後退　問四．エ　問五．二　問六．①ア　②ウ

二　問一．エ　問二．ア　問三．三年以内に、管理職のうち半分のポストに女性を配属すること。　問四．エ　問五．女性のほうが家事労働や育児への負担が大きい　問六．ウ

三　問一．a．得意　b．構　c．眼中　d．加減　e．残念　問二．水　問三．イ　問四．イ　問五．相互　問六．ウ　問七．ウ　問八．オ　問九．オ　問十．ウ　問十一．オ

四　問一．エ　問二．目が見えず、耳がきこえず、話すこともできない人たちのこと。　問三．イ　問四．オ　問五．イ　問六．ア　問七．(1)わたしのすむ世界　(2)ウ　問八．(1)視話法をかんがえだした人。　(2)ウ　(3)D

《首都圏　算数》

1　(1)35　(2)$\frac{7}{20}$　(3)$\frac{37}{45}$　(4)5.2　(5)$\frac{61}{80}$　(6)25.6　(7)$\frac{7}{20}$　(8)63　(9)1039　(10)30

2　(1)１　(2)1050　(3)［31，７］＋［17，３］を計算すると…９　４個　(4)７　(5)６

3　(1)①９　②36　③13.5　④２　(2)①$\frac{170}{21}$　②$\frac{220}{21}$

4　(1)120　(2)24　(3)ウオアイエ　(4)83　(5)35

5　(1)10　(2)２　(3)14　(4)２

《首都圏　理科》

1　(1)イ　(2)ウ　(3)しゅん　(4)エ　(5)260　(6)ウ→エ→イ　(7)ウ　(8)二酸化炭素　(9)イ，ウ

2　(1)エ　(2)エ　(3)96　(4)エ　(5)ア．水蒸気　イ．雲　ウ．地下水　(6)イ，オ

3　(1)ア．こと座　イ．アルタイル　ウ．デネブ　エ．夏の大三角(形)　(2)１　(3)アンタレス　(4)a．おおぐま座　b．カシオペヤ座　(5)１　(6)ウ　(7)短い／４

4　(1)２　(2)ア．16〔別解〕同じ　イ．14　［ウ／エ］　［④／０］，［①／１］のうち１つ　(3)［①／②／③／④／⑤／⑥］　［×／×／１／×／１／１］，［×／１／×／×／×／２］，［×／×／×／１／２／×］，［×／×／×／２／×／１］のうち１つ　(4)36　(5)マチルダさん…32　しんすけさん…40　(6)２

《首都圏　社会》

1　問１．(1)２　(2)１　問２．(1)３　(2)５　問３．(1)香川／高松　(2)岩手／盛岡　問４．(1)２　(2)１

2　問１．(A)小麦　(B)キャベツ　問２．２　問３．緑のダム　問４．持続可能　問５．(A)イギリス　(B)オーストラリア　(C)アルゼンチン　問６．３

3　問１．卑弥呼　問２．前方後円墳　問３．推古　問４．４　問５．奈良県　問６．娘を天皇のきさきとする　問７．源頼朝　問８．２　問９．４　問10．織田信長

4　問１．関ヶ原　問２．参勤交代　問３．キリスト　問４．ペリー　問５．１，４　問６．３　問７．大日本帝国憲法　問８．３　問９．陸奥宗光　問10．田中正造

5　問１．投票した人がどの候補者に投票したかわからないように行う選挙　問２．(B)２　(C)４　(E)５　問３．都知事…１　道知事…１　府知事…２　県知事…43　問４．生存　問５．３

1 (1) 与式$=81-49+3=32+3=$**35**

(2) 与式$=\frac{8}{20}+\frac{5}{20}-\frac{6}{20}=$**$\frac{7}{20}$**

(3) 与式$=111\div(16+113+6)=111\div135=\frac{111}{135}=$**$\frac{37}{45}$**

(4) 与式$=9.2-2.8\div0.7=9.2-4=$**5.2**

(5) 与式$=\frac{7}{4}\times(\frac{7}{2}-\frac{3}{5})-\frac{5}{4}\times\frac{3}{2}-\frac{39}{16}=\frac{7}{4}\times(\frac{35}{10}-\frac{6}{10})-\frac{15}{8}-\frac{39}{16}=\frac{7}{4}\times\frac{29}{10}-\frac{15}{8}-\frac{39}{16}=\frac{203}{40}-\frac{15}{8}-\frac{39}{16}=\frac{406}{80}-\frac{150}{80}-\frac{195}{80}=$**$\frac{61}{80}$**

(6) 与式$=16\times2.56+(2.56\times10)\times\frac{3}{4}-(2.56\times\frac{1}{2})\times27=2.56\times16+2.56\times\frac{15}{2}-2.56\times\frac{27}{2}=2.56\times(16+\frac{15}{2}-\frac{27}{2})=$
$2.56\times(\frac{32}{2}+\frac{15}{2}-\frac{27}{2})=2.56\times\frac{20}{2}=2.56\times10=$**25.6**

(7) $560\div1600=\frac{560}{1600}=\frac{7}{20}$だから，560は1600の**$\frac{7}{20}$**倍である。

(8) 最大公約数を求めるときは，右の筆算のように割り切れる数で次々に割っていき，割った数をすべてかけあわせればよい。よって，315と252の最大公約数は，$3\times3\times7=$**63**

```
3) 315 252
3) 105  84
7)  35  28
     5   4
```

(9) 一の位が4のとき切り捨て，5のとき切り上げするから，一番大きい数字は524，一番小さい数字は515である。よって，その和は$524+515=$**1039**

(10) **【解き方】図形の中の正方形について，1辺の長さが同じ正方形がそれぞれ何個あるか数える。正方形の左上の頂点の位置について，右図で1行目のA列にある場合は1Aとする。**

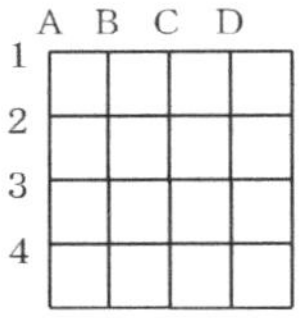

正方形の1辺の長さが1で，正方形の左上の頂点が1行目にあるとき，1A，1B，1C，1Dの4通りあり，2，3，4行目についても同様だから，$4\times4=16$(個)できる。
正方形の1辺の長さが2で，正方形の左上の頂点が1行目にあるとき，1A，1B，1Cの3通りあり，2，3行目についても同様だから，$3\times3=9$(個)できる。
正方形の1辺の長さが3で，正方形の左上の頂点が1行目にあるとき，1A，1Bの2通りあり，2行目についても同様だから，$2\times2=4$(個)できる。
正方形の1辺の長さが4の正方形は1個できるから，正方形は全部で$16+9+4+1=$**30**(個)ある。

2 (1) **【解き方】3をくり返しかけていくとき，一の位の数は，3，$3\times3=9$，$9\times3=27$より7，$7\times3=21$より1，$1\times3=3$，…となり，3，9，7，1の4つの数字をこの順にくり返すとわかる。**

3を2024回かけたとき，$2024\div4=506$となり，4つの数字の並びをちょうど506回くり返す。よって，一の位の数は**1**である。

(2) 3時間15分－1時間＝2時間15分であり，2時間15分$=(2\times60+15)$分$=135$分となる。
$135\div20=6$余り15なので，かかる料金は$150\times(6+1)=$**1050**(円)である。

(3) $31\div7=4$余り3だから［31，7］＝4，$17\div3=5$余り2だから［17，3］＝5である。
よって，［31，7］＋［17，3］＝4＋5＝**9**
また，$49\div3=16$余り1，$49\div4=12$余り1だから，49をaで割ったときの商が12より大きく，16以下であれば［49，a］＝3となる。したがって，求める整数の個数は13，14，15，16の**4**個ある。

(4) **【解き方】1から連続する整数をそれぞれ素因数分解したとき，$10=2\times5$より，2と5が1つずつ現れると，末尾《まつび》に並ぶ0の個数が1個増える。**

1から30までの整数の中で，5の倍数は5，10，15，20，25，30の6つであり，25以外の5つの数は素因数分解すると5が1つ，25は5が2つ現れる。よって，1から30までの数の積には5が$5+2=7$(つ)現れる。

また，素因数分解して現れる２の個数は，明らかに５の個数より多いので，末尾に並ぶ０の数は，５の個数と等しく，７個である。

⑸ **【解き方】混ぜる前後で，ふくまれる食塩の量の合計は変わらないことを利用する。**

３％の食塩水 200 g にふくまれる食塩は $200\times\frac{3}{100}=6$（g），８％の食塩水 300 g にふくまれる食塩は $300\times\frac{8}{100}=24$（g）だから，混ぜた後の食塩水の濃度《のうど》は，$\frac{6+24}{200+300}\times100=$ **6**（％）である。

3 ⑴① **【解き方】体積を求める立体は，三角すいＦ－ＢＰＱである。**

Ｐ，ＱはそれぞれＡＢ，ＢＣの真ん中の点だから，$\mathrm{BP}=\mathrm{BQ}=6\times\frac{1}{2}=3$（cm）である。

よって，三角すいＦ－ＢＰＱの体積は $(3\times3\div2)\times6\div3=$ **9**（cm³）

② **【解き方】三角すいＦ－ＢＰＱの展開図は右図のような正方形になる。**

求める面積は，１辺の長さが６cmの正方形の面積だから，$6\times6=$ **36**（cm²）である。

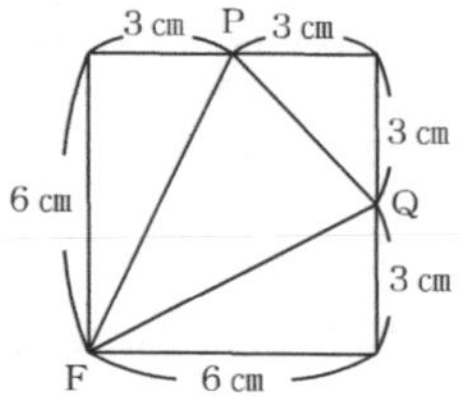

③ **【解き方】②の正方形の面積から，三角形ＢＰＱと三角形ＢＰＦと三角形ＢＱＦの面積の和を引けばよい。**

三角形ＢＰＱの面積は $3\times3\div2=\frac{9}{2}$（cm²），三角形ＢＰＦと三角形ＢＱＦは合同だから面積は等しく，$3\times6\div2=9$（cm²）となる。

よって，三角形ＦＰＱの面積は $36-(\frac{9}{2}+9\times2)=\frac{27}{2}=$ **13.5**（cm²）

④ **【解き方】①，③で求めた値《あたい》をそれぞれ利用する。**

（三角すいの体積）＝（底面積）×（高さ）÷３だから，（高さ）＝（三角すいの体積）÷（底面積）×３で求められる。

よって，求める高さは $9\div13.5\times3=$ **2**（cm）

⑵① **【解き方】おうぎ形ＯＡＢは滑《すべ》らず転がったから，ｈはおうぎ形ＯＡＢの周の長さに，さらにＯＡの長さを加えた和に等しい。**

ｈ＝（おうぎ形ＯＡＢの周の長さ）$=2\times2\times\frac{22}{7}\times\frac{60^\circ}{360^\circ}+2\times2+2=\frac{44}{21}+6=\frac{44}{21}+\frac{126}{21}=\mathbf{\frac{170}{21}}$（cm）

② **【解き方】点Ｏが動いてできる道のりは，右図の太線部分であり，求める面積は色つき部分の面積である。**

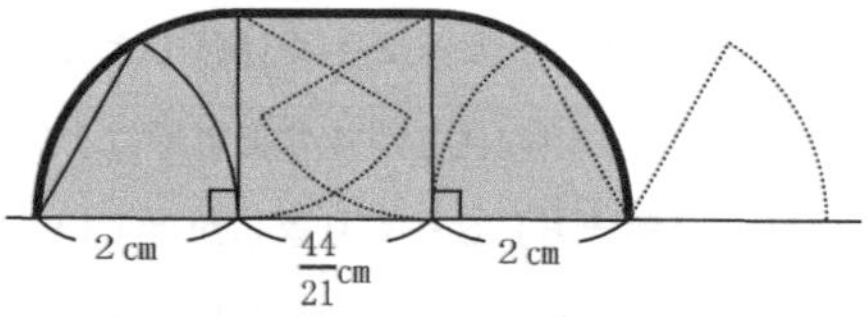

求める面積は，半径が２cm，中心角が 90° のおうぎ形の面積が２つ分と，底辺の長さが $\frac{44}{21}$ cm，高さが２cmの長方形の面積１つ分の和だから，$2\times2\times\frac{22}{7}\times\frac{90^\circ}{360^\circ}\times2+\frac{44}{21}\times2=\frac{44}{7}+\frac{88}{21}=\frac{132}{21}+\frac{88}{21}=\mathbf{\frac{220}{21}}$（cm²）

4 ⑴ ５つの文字を並べかえてできる文字の列は何通りあるかを考えればよい。左から１番目の文字の決め方は５通りあり，左から２番目は４通り，以降も同様に３通り，２通り，１通りあるから，文字の列は全部で $5\times4\times3\times2\times1=$ **120**（個）ある。

⑵ ⑴の解説をふまえる。１番左の文字はアで決まっているから，$4\times3\times2\times1=$ **24**（個）ある。

⑶ **【解き方】⑵より，１番左の文字がア，イ，ウの文字の列は合計で 24×３＝72（個）だから，67 番目の文字の列は，ウから始まる文字の列の後ろから 72－67＋１＝６（番目）の文字である。**

ウから始まる最後の文字はウオエイアだから，後ろから順に文字を並べていくと，ウオエアイ，ウオイエア，ウオイアエ，ウオアエイ，ウオアイエとなるので，最初から 67 番目の文字は**ウオアイエ**である。

⑷ **【解き方】⑶より，１番左の文字がエになる前までに，72 個の文字の列がある。**

エア○○○となる文字の列は $3\times2\times1=6$（個）ある。エイア○○とエイウ○○となる文字列の数はそれぞれ $2\times1=2$（個）ずつあり，次の文字列がエイオアウとなる。よって，最初から数えて $72+6+2\times2+1=$

83(番目)である。

(5)　ウアイエオはウから始まる最初の文字の列だから，24×２＋１＝49(番目)である。よって，(4)より，ウアイエオからエイオアウまでの文字の列は83－49＋１＝**35**(個)ある。

5　(1)　「強」では１時間あたり0.6Ｌの灯油を消費するから，すべてなくなるまでに６÷0.6＝**10**(時間)かかる。

(2)　「強」で６時間使用すると，残りの灯油は６－0.6×６＝2.4(Ｌ)になる。「中」では１時間あたり0.4Ｌの灯油を消費するから，部屋Ｂではすべての灯油を消費するまでに６＋2.4÷0.4＝12(時間)かかる。よって，部屋Ａの灯油がすべてなくなってから，12－10＝**2**(時間後)である。

(3)　**【解き方】１時間あたりに「中」で使用する灯油の量は，「弱」で使用する灯油の量の0.4÷0.2＝２(倍)である。どの設定でも灯油の使用量は使った時間に比例し，「中」は「弱」の２倍の時間使ったから，「中」で使用した灯油の量は「弱」で使用した灯油の量の２×２＝４(倍)である。**

「強」で５時間使用すると，残りの灯油は６－0.6×５＝３(Ｌ)になる。「中」で使用した灯油の量と，「弱」で使用した灯油の量の比は４：１だから，「中」で使用した灯油は $3\times\frac{4}{4+1}$＝2.4(Ｌ)，弱で使用した灯油は３－2.4＝0.6(Ｌ)である。よって，灯油がすべてなくなるまでに，５＋2.4÷0.4＋0.6÷0.2＝５＋６＋３＝**14**(時間)かかる。

(4)　**【解き方】(2)の解説より，灯油がすべてなくなるまでにかかった時間は12時間であり，誤って「強」にしていた時間と「中」にしていた時間の合計は12－(５＋１)＝６(時間)である。つるかめ算を利用して求める。**

誤って「強」にしていた時間と「中」にしていた時間に消費した灯油の量は，合計で６－３－0.2×１＝2.8(Ｌ)である。この2.8Ｌをすべて「中」で消費したとすると，６時間で0.4×６＝2.4(Ｌ)の灯油を消費することになり，実際よりも2.8－2.4＝0.4(Ｌ)少ない。「中」で１時間使うかわりに「強」で１時間使うと，消費する灯油は0.6－0.4＝0.2(Ｌ)だけ増えるから，誤って「強」にしていた時間は0.4÷0.2＝**2**(時間)である。

《第1回　総合問題》

1 問題1．③　問題2．㋒　問題3．覚める〔別解〕さめる　問題4．9　問題5．「ねる」と「さめる」の共通点やちがいが，一目でわかりやすい　問題6．手元のメモやスライドではなく聞いている人の方を見て話す／みんなが聞き取りやすい速さで話す などから1つ

2 問題1．㋑　問題2．深海の調査は難しくてわかっていないことが多い
問題3．お風呂のお湯の温度が水面より底の方が低い。／エアコンの冷気が床の方に降りる。などから1つ　問題4．ア．2000　イ．1　ウ．2　エ．1000000　オ．1000
問題5．右図　問題6．高／低　問題7．大陸棚

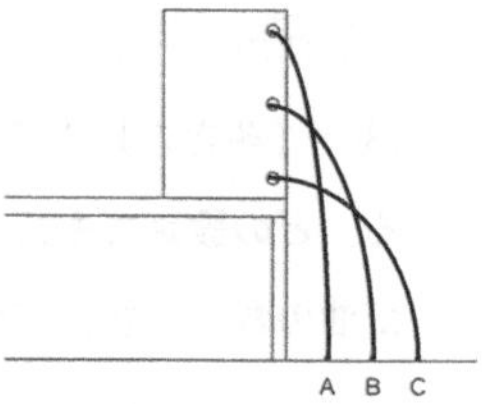

3 問題1．ア．ピーマン　イ．カボチャ（アとイは順不同）　ウ．サツマイモ　問題2．中身がつまって
問題3．ヨーロッパ　問題4．73　問題5．（例文）ビニールハウスで栽培している。　問題6．イタリア
問題7．使用するトマト…もも色系トマト　理由…皮がうすく，においが弱いため，生で食べるのに適しているトマトだから。

4 問題1．9999　問題2．㋐　問題3．ア．10　イ．9　ウ．8　エ．7　オ．5040　カ．4959
キ．同じ数字が含まれる　ク．全く同じ数字がない　ケ．81　問題4．8.9
問題5．『23－45』は…2298　50000番目のひらがなは…ち

《第1回　作文問題》

問一．A．生産する人　B．消費する人
問二．職業…YouTuber などのネット配信者　理由…（例文）自由に好きなことをして大金をかせいでいるように見えるから。
問三．

〈作文のポイント〉
・最初に自分の主張、立場を明確に決め、その内容に沿って書いていく。
・わかりやすい表現を心がける。自信のない表現や漢字は使わない。
さらにくわしい作文の書き方・作文例はこちら！→https://kyoei-syuppan.net/mobile/files/sakupo.html

【算数分野の解説】

1 **問題4**　午前8時よりおそく起きる人はアンケートに答えた5000人の0.9％だから，5000×0.009＝45（人）である。また，起きる時間が午前8時よりおそい人の中で朝ご飯を『食べない』人と『あまり食べない』人の割合の合計は11.1＋8.9＝20（％）だから，求める人数は45×0.2＝9（人）である。

3 **問題4**　熊本県，北海道，愛知県のトマトの収穫《しゅうかく》量は，日本全体のトマトの収穫量のおよそ$\frac{1}{3}$だから，この3都道府県の年間の収穫量の合計を3倍すればよい。よって，日本全体のトマトの収穫量は，
（135300＋66200＋43300）×3＝734400より，およそ73万トンである。

4 **問題1**　自動車のナンバーの個数は，1から9999までの整数の個数に等しい。よって，9999個ある。
問題2　9999は奇数だから，2で割って1余るので，奇数と偶数は半分ずつではないとわかる。1から9999は奇数で始まり奇数で終わる連続する整数なので，奇数が偶数より1個多い。よって，㋐が正しい。

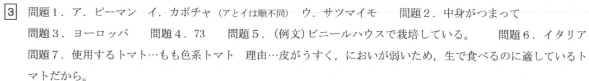

問題３　４つの数字を左からＡＢＣＤとしたとき，Ａには０から９までのどの数が入ってもいいので，使える数字は10個ある。よって，Ｂには10－１＝９(個)，Ｃには９－１＝８(個)，Ｄには８－１＝７(個)の数が入る。これらをすべてかけると，10×９×８×７＝5040(個)が全く同じ数字がないものの数である。これを9999個から引くと9999－5040＝4959(個)となり，これが同じ数字が含《ふく》まれるものの数となる。よって，全く同じ数字がないほうが5040－4959＝81(個)多い。

問題４　【２】の３けたの数字の個数は，希望ナンバーの場合，330から398の数と310から329の数，つまり310から398の数だから，398－310＋１＝89(個)ある。希望なしナンバーの場合，300から309までの数だから，309－300＋１＝10(個)ある。【２】の数字１個ごとに【４】のナンバーが9999個あるから，希望ナンバーの数は希望なしナンバーの数の$\frac{9999\times89}{9999\times10}$＝8.9(倍)ある。

問題５　１から2345の整数の中で，下２けたが42または49となる数は，上２けたが00から22までの１通りごとに２個と，2342の１個ある。00から22までは23通りあるから，全部で23×２＋１＝47(個)ある。よって，『23－45』は2345－47＝2298(番目)のナンバーである。

１から9999の整数の中で，下２けたが42または49となる数は，上２けたが00から99までの１通りごとに２個あり，00から99までは100通りあるから，全部で100×２＝200(個)ある。したがって，１つのひらがなにつき，ナンバーの数は9999－100×２＝9799(個)ある。50000÷9799＝５余り1005より，50000番目のナンバーは「さ」から数えて５＋１＝６(番目)のひらがなである。自家用車では「さすせそ　たち…」の順番になっているので，50000番目のひらがなは「ち」である。

《関東　国語》

一　問一．ａ．成績　ｂ．りつあん　ｃ．※学校当局により問題削除　ｄ．拾　ｅ．しゃれい　問二．やる気　問三．Ⅰ．エ　Ⅱ．イ　Ⅲ．ア　問四．最初…目に見　最後…とする　問五．ア　問六．絵を好きになってもらうためにごほうびを与えることが、かえって子どもたちを絵から遠ざけることになってしまったということ。　問七．最初…何かを　最後…うこと　問八．イ　問九．再現性　問十．エ　問十一．エ

二　問一．ａ．晩　ｂ．迷　ｃ．反省　ｄ．こま　ｅ．だんねん　問二．イ　問三．アポロが死んでしまったこと。　問四．ウ　問五．ウ　問六．イ　問七．ウ　問八．最後までスナオちゃんに抱きしめてもらえたから幸せだった　問九．ウ　問十．イ　問十一．エ　問十二．ありがとう　問十三．１．×　２．×　３．○　４．○

三　問一．①イ　②オ　問二．①集める　②勇ましい　問三．①おっしゃった〔別解〕言われた　②めし上がって／上がって／お食べになって／食べなさって　などから１つ　問四．①余　②地

《関東　算数》

1　(1)4　(2)$\frac{1}{12}$　(3)$\frac{1}{8}$　(4)4.3　(5)$\frac{77}{100}$　(6)520　(7)900　(8)630　(9)(３，３)，(４，２)　(10)5

2　(1)２，45　(2)12　(3)15　(4)76　(5)92

3　(1)周の長さ…$\frac{216}{7}$　面積…$\frac{450}{7}$　(2)周の長さ…$\frac{528}{7}$　面積…96　(3)$\frac{130}{7}$　(4)$\frac{16}{7}$

4　(1)グループ13の７番目は…$\frac{7}{13}$　$\frac{6}{10}$は…51　(2)$5\frac{1}{2}$　(3)$\frac{17}{18}$　(4)9　(5)$94\frac{1}{2}$

5　(1)130　(2)ア．25　イ．430　(3)620　(4)77，30

《関東　理科》

1　⑴食物連鎖　⑵二酸化炭素　⑶ミジンコ…２　ブラックバス…５　⑷ア，エ　⑸ウ
⑹プラスチック〔別解〕マイクロプラスチック　⑺海

2　⑴イ　⑵0.0325 ㎥　⑶ウ　⑷①水蒸気　②低い　③冷却〔別解〕冷や　④液体〔別解〕水滴
⑸体積が大きくなる　⑹ポリプロピレン　⑺ウ

3　⑴酸素　⑵203.1(倍)　⑶ａ．太陽　ｂ．地球　⑷ウ　⑸④夏　⑤冬　⑥オリオン　⑹27

4　⑴あ．長く　い．反比例　⑵ウ，エ，カ　⑶エ　⑷7.3 kg　⑸図２…6.0 kg　図３…6.5 kg　図４…1.7 kg
⑹94 kg

《関東　社会》

1　問１．⑴３　⑵６　⑶１　⑷６　問２．２　問３．①熊本(県)　②徳島(県)　③三重(県)

2　問１．減反　問２．A．キャベツ　B．茶　問３．和歌山(県)　問４．多い…にわとり　少ない…乳牛
問５．４　問６．ウ　問７．１

3　問１．十七条の憲法　問２．ウ　問３．平城京　問４．大仏　問５．藤原　問６．北条　問７．ウ
問８．イ　問９．ウ

4　問１．徳川家康　問２．台所　問３．イ　問４．イ　問５．日本地図　問６．エ　問７．治外法権を認めていること。(下線部は領事裁判権でもよい)　問８．ウ　問９．イギリス　問10．与謝野晶子

5　問１．⑴A　⑵B　⑶E　問２．国際連盟　問３．兵役の義務　問４．警察予備隊　問５．エ
問６．都市鉱山

2023 算数解説 長崎日本大学中学校【関東】
令和５年度

1 (1) 与式＝12－10＋２＝**4**

(2) 与式$=\frac{3}{12}+\frac{8}{12}-\frac{10}{12}=\mathbf{\frac{1}{12}}$

(3) 与式＝８÷(58＋６)＝８÷64$=\mathbf{\frac{1}{8}}$

(4) 与式＝17.8－13.5＝**4.3**

(5) 与式$=\frac{4}{5}\times(\frac{5}{4}-\frac{7}{20})+(\frac{1}{16}+\frac{3}{16})\div 5=\frac{4}{5}\times(\frac{25}{20}-\frac{7}{20})+\frac{1}{4}\times\frac{1}{5}=\frac{4}{5}\times\frac{18}{20}+\frac{1}{20}=\frac{18}{25}+\frac{1}{20}=\frac{72}{100}+\frac{5}{100}=\mathbf{\frac{77}{100}}$

(6) 与式＝(13×0.2)×300＋(13×10)×２－(13×５)×７－(13×25)÷５＝13×60＋13×20－13×35－13×５＝13×(60＋20－35－５)＝13×40＝**520**

(7) **【解き方】ｎ角形の内角の和は180°×(ｎ－２)で求める。**

正七角形の内角の和は180°×(７－２)＝**900°**

(8) ２つの数の最小公倍数を求めるときは，右の筆算のように割り切れる数で次々に割っていき，割った数と割られた結果残った数をすべてかけあわせればよい。よって，求める最小公倍数は，３×３×５×14＝**630**

$$\begin{array}{r|rr} 3 & 45 & 126 \\ 3 & 15 & 42 \\ & 5 & 14 \end{array}$$

(9) **【解き方】$\frac{2}{m}+\frac{1}{n}=1$だから，$\frac{1}{n}<1$より，ｎに２以上の整数を具体的にあてはめて考える。**

ｎ＝２のとき，$\frac{2}{m}+\frac{1}{2}=1$　$\frac{2}{m}=1-\frac{1}{2}$　$\frac{2}{m}=\frac{1}{2}$　ｍ＝４

ｎ＝３のとき，$\frac{2}{m}+\frac{1}{3}=1$　$\frac{2}{m}=1-\frac{1}{3}$　$\frac{2}{m}=\frac{2}{3}$　ｍ＝３

したがって，求めるｍとｎの組は**(３，３)**と**(４，２)**である。なお，これ以外に条件を満たすｍ，ｎの組はない。

(10) **【解き方】容器Ａ，Ｂから20ｇの食塩水を取り出したときの濃度《のうど》は，それぞれもとの濃度と等しい。**

容器Ａにふくまれる食塩水20ｇ中の食塩の量は，20×0.1＝２(ｇ)，容器Ｂにふくまれる食塩水20ｇ中の食塩の量は，20×0.15＝３(ｇ)である。よって，求める食塩の量は２＋３＝**5**(ｇ)

2 (1) 時速88㎞の車が242㎞走るのにかかる時間は，242÷88＝2.75(時間)より，２時間(0.75×60)分＝**2**時間**45**分である。

(2) **【解き方】妹がもらったリボンは全体の長さの$\frac{1}{3}\times\frac{3}{4}=\frac{1}{4}$である。**

姉と妹がもらったリボンの長さは合計で全体の$\frac{1}{3}+\frac{1}{4}=\frac{7}{12}$だから，残りのリボンの長さは全体の$1-\frac{7}{12}=\frac{5}{12}$である。これが５ｍにあたるので，求める長さは$5\div\frac{5}{12}=$**12**(ｍ)である。

(3) **【解き方】６で割ると２余る整数から２を引くと６の倍数になることを利用する。**

１から100までの６の倍数の個数は100÷６＝16余り４より16個あり，このうち２けたでない数は６だけだから，２けたの数は全部で16－１＝15(個)ある。また，最大の整数は６×16＝96であり，２を足して96＋２＝98としても２けたの整数である。よって，求める個数は**15**個である。

(4) **【解き方】仕入れ値の１＋0.25＝1.25(倍)の金額が定価である。**

仕入れ値は950÷1.25＝760(円)である。また，定価の１割２分引きの値段は950×(１－0.12)＝836(円)である。よって，求める利益は836－760＝**76**(円)

(5) **【解き方】(平均点)×(回数)＝(合計点)となることを利用する。**

３回のテストの合計点は76×３＝228(点)である。４回のテストで平均が80点になるための合計点は80×４＝320(点)だから，４回目のテストで320－228＝**92**(点)以上取ればよい。

3 (1) 斜線《しゃせん》部分の周の長さは１辺の長さが６cmの正方形の辺の長さ２つ分と，直径６cmの半円の曲線部分の長さ２つ分の和である。よって，$6\times2+6\times\frac{22}{7}\times\frac{1}{2}\times2=12+\frac{132}{7}=\mathbf{\frac{216}{7}}$(cm)

斜線部分の面積は１辺６cmの正方形の面積と，半径３cmの半円の面積２つ分の和である。よって，

$6\times6+3\times3\times\frac{22}{7}\times\frac{1}{2}\times2=36+\frac{198}{7}=\mathbf{\frac{450}{7}}$(cm²)

(2) 斜線部分の周の長さは直径がそれぞれ 12 cm，16 cm，20 cmの半円の曲線部分の長さの和である。よって，

$12\times\frac{22}{7}\times\frac{1}{2}+16\times\frac{22}{7}\times\frac{1}{2}+20\times\frac{22}{7}\times\frac{1}{2}=(12+16+20)\times\frac{11}{7}=\mathbf{\frac{528}{7}}$(cm)

斜線部分の面積は，半径８cmの半円の面積，半径６cmの半円の面積，直角を作る２辺の長さが 12 cm，16 cmの直角三角形の面積の和から，半径 10 cmの半円の面積を引いた値《あたい》である。よって，求める面積は

$8\times8\times\frac{22}{7}\times\frac{1}{2}+6\times6\times\frac{22}{7}\times\frac{1}{2}+12\times16\div2-10\times10\times\frac{22}{7}\times\frac{1}{2}=(64+36-100)\times\frac{11}{7}+96=\mathbf{96}$(cm²)

(3) **【解き方】右図のように補助線を引くと，ＢＥ，ＣＥはそれぞれおうぎ形の半径だから，６cmである。よって，三角形ＥＢＣは正三角形だとわかる。**

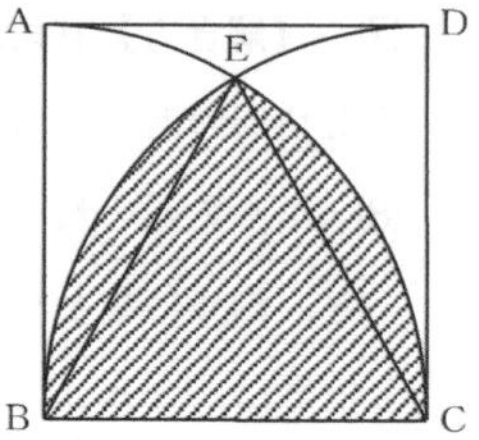

角ＥＣＢ＝角ＥＢＣ＝60° だから，斜線部分の周の長さは，半径６cmの円周の $\frac{60°}{360°}=\frac{1}{6}$が２つ分に６cmを足した値である。よって，$6\times2\times\frac{22}{7}\times\frac{1}{6}\times2+6=\frac{88}{7}+6=\mathbf{\frac{130}{7}}$(cm)

(4) **【解き方】直角二等辺三角形は正方形を対角線で２等分して作ることができる。正方形の面積は(対角線の長さ)×(対角線の長さ)÷２で求められることを利用する。**

図の直角二等辺三角形の面積は，対角線の長さが４cmの正方形の面積の$\frac{1}{2}$として求められるから，

$4\times4\times\frac{1}{2}\times\frac{1}{2}=4$(cm²)である。よって，求める面積は$4\times4\times\frac{22}{7}\times\frac{45°}{360°}-4=\frac{44}{7}-4=\mathbf{\frac{16}{7}}$(cm²)

4 (1) **【解き方】グループｎには分母がｎで分子が１からｎまでのｎ個の数が並ぶ。また，１からａまでの連続する整数の和は，$\frac{(1+a)\times a}{2}$で求められることを利用する。**

グループ 13 には分母が 13 の数が$\frac{1}{13}$，$\frac{2}{13}$，…と並ぶから７番目の数は$\mathbf{\frac{7}{13}}$である。同様に考えると，$\frac{6}{10}$は第 10 グループの６番目の数である。グループｎにはｎ個の数が並ぶので，グループ１からグループ９までに並ぶすべての分数の個数は，$1+2+3+4+5+6+7+8+9=\frac{(1+9)\times9}{2}=45$(個)だから，$\frac{6}{10}$は最初から数えて

$45+6=\mathbf{51}$(番目)である。

(2) グループ 10 のすべての分数の和は，$\frac{1}{10}+\frac{2}{10}+\cdots+\frac{10}{10}=\frac{1}{10}\times\frac{(1+10)\times10}{2}=\frac{11}{2}=\mathbf{5\frac{1}{2}}$である。

(3) **【解き方】グループｎまでのすべての分数の個数が最も 170 に近いｎを探す。**

$\frac{(1+n)\times n}{2}$は連続する２つの整数の積を２で割った値だから，$(1+n)\times n$が$170\times2=340$に近くなるようなｎを考えると，$18\times19=342$より，$n=18$が見つかる。よって，グループ 18 までのすべての分数の個数は$342\div2=171$(個)だから，最初から数えて 170 番目の分数はグループ 18 の最後から２番目の数となるので，$\mathbf{\frac{17}{18}}$である。

(4) **【解き方】各グループごとの和の規則性を考える。**

グループ１の和は$\frac{1}{1}=1$，グループ２の和は$\frac{1+2}{2}=1\frac{1}{2}$，グループ３の和は$\frac{1+2+3}{3}=2$，グループ４の和は$\frac{1+2+3+4}{4}=2\frac{1}{2}$，……となる。したがって，各グループの和は１から始まり$\frac{1}{2}$ずつ増えていて，奇数番目のグループでは整数になる。よって，グループ 18 までに和が整数になるグループは$18\div2=\mathbf{9}$(グループ)ある。

(5) **【解き方】グループ１からグループ 18 までのすべての分数の和を求める。(4)をふまえる。**

$(1+2+3+\cdots+9)+(1\frac{1}{2}+2\frac{1}{2}+3\frac{1}{2}+\cdots+9\frac{1}{2})=(1+2+3+\cdots+9)\times2+\frac{1}{2}\times9=90+4\frac{1}{2}=\mathbf{94\frac{1}{2}}$

5 (1) １セット目のランニングで 120 キロカロリー消費し，２セット目では消費カロリーが 10 キロカロリー増えるので$120+10=\mathbf{130}$(キロカロリー)である。

(2)　グラフのアは２セット目のランニングが終わるまでにかかった時間だから，10＋５＋10＝**25**である。
グラフのイは３セット目のランニングが終わるまでに消費した合計カロリーだから，ランニングで
120＋130＋140＝390(キロカロリー)，ウォーキングで20×２＝40(キロカロリー)消費した。よって，390＋40＝
430である。

(3)　**【解き方】１セットにかかる時間は10＋５＝15(分間)であり，１時間＝60分だから，この運動を60÷15＝４(セット)行ったことになる。**

(2)の解説をふまえると，ランニングで消費するカロリーは390＋150＝540(キロカロリー)，ウォーキングで消費するカロリーは20×４＝80(キロカロリー)だから，消費カロリーは540＋80＝**620**(キロカロリー)である。

(4)　(3)の解説をふまえる。Ｂさんが５分で行うウォーキングを１セットとすると，620キロカロリー消費するためには，620÷40＝15.5(セット)行う必要がある。よって，ウォーキングをする時間は(５×15.5)分＝77.5分＝
77分(0.5×60)秒＝**77**分**30**秒必要である。

2022 解答例 令和4年度 長崎日本大学中学校【第１回】【関東】

《第１回　総合問題》

1　問題１．ほとんど差がなく，同じようなことだ　問題２．どんぐり　問題３．イ　問題４．「すぎ」と「あけ」に二つずつの意味があります　問題５．1979　問題６．エ　問題７．江戸　問題８．日がなかなか暮れない　問題９．引く方向を上から下に変えることができるから。　問題10．(例文)ことわざ…雨降って地固まる　理由…友だちとけんかをして仲直りした後に，きずながより深まったと感じたことがあるから。

2　問題１．東京オリンピック　問題２．人や物を一度にいろいろな場所へ運ぶことができる点。
問題３．イ．化石燃料　ウ．ＳＤＧｓ　問題４．⑴言葉がわからない人にも絵で伝えることができるから。
⑵オ　問題５．イ　問題６．エ．電磁石　オ．(磁石の)極　問題７．モーター

3　問題１．50　問題２．①景色　②川原〔別解〕河原　③備　問題３．高気圧におおわれている
問題４．娘を天皇のきさきにしていたんだ　問題５．⑴スペイン　⑵米をとぐ(作業)　問題６．乾燥している

4　問題１．ア．２　イ．８　問題２．3.4　問題３．イベントなどで食べる機会が増えるから。　問題４．330
問題５．オ．570　カ．６

《第１回　作文問題》

問一．⑴⑦　⑵目的…飛行機の国際線の客室乗務員になること　手段…英語の学習動画を見て英語の勉強をすること
問二．〈作文のポイント〉
・最初に自分の主張、立場を明確に決め、その内容に沿って書いていく。
・わかりやすい表現を心がける。自信のない表現や漢字は使わない。
さらにくわしい作文の書き方・作文例はこちら！→
https://kyoei-syuppan.net/mobile/files/sakupo.html

【算数分野の解説】

1　**問題３**　リズムや音程を読み取り，適切なものを探そう。アは「お正月」，ウは「仰《あお》げば尊《とうと》し」，エは「きよしこの夜」の楽譜《がくふ》になっている。

3　**問題１**　$(時間)=\frac{(道のり)}{(速さ)}$だから，自宅から高速道路入口，高速道路入口から高速道路出口，高速道路出口からキャンプ場までの時間をそれぞれ足すと，$\frac{11}{60}+\frac{27}{80}+\frac{16}{50}=\frac{220}{1200}+\frac{405}{1200}+\frac{384}{1200}=\frac{1009}{1200}$(時間)
よって，求める時間は，$\frac{1009}{1200}\times60=\frac{1009}{20}=50.45$より，約50分である。

4　**問題１**　2020年では，一番金額《きんがく》が低い月は482円のア2月で，一番金額が高い月は1658円のイ8月である。
問題２　2020年では，８月は２月の1658÷482＝3.43…より，約3.4倍の金額になっている。
問題４　550円の４割＝0.4が引かれるので，求める金額は，550×(１－0.4)＝330(円)
問題５　予算は599円である。特価後の商品の値段は，Ａが330＝11×30(円)，Ｂが350×(１－0.4)＝210＝７×30(円)，Ｃが250×(１－0.4)＝150＝５×30(円)，Ｄが100×(１－0.4)＝60＝２×30(円)である。
Ａ～Ｄはすべて30の倍数だから，買った金額の合計も30の倍数となる。
30の倍数のうち，599に最も近い数は599÷30＝19余り29より，19×30＝オ570(円)なので，そのような買い方を考える。Ａの値段を11，Ｂの値段を７，Ｃの値段を５，Ｄの値段を２として，合わせて19となる買い方を考えればよい。19＝11＋２×４，19＝７×２＋５，19＝７＋５×２＋２，19＝７＋２×６，19＝５×３＋２×２，19＝５＋２×７より，買い方はカ6通りある。

《関東　国語》

一　問一．ａ．経済　ｂ．しょぞく　ｃ．せんぎょう　ｄ．体験　ｅ．賛成
問二．最初…「自分の希　最後…思ったから　問三．イ　問四．周りから認められることと、自分自身で自分を認めること。　問五．イ　問六．自信の根拠　問七．ア　問八．ウ　問九．Ⅰ．エ　Ⅱ．イ　Ⅲ．ア
問十．自分(の頭)で考えようとする　問十一．１．×　２．×　３．○

二　問一．ａ．たし　ｂ．個　ｃ．けさ　ｄ．上手　ｅ．鼻息　問二．お魚や佃煮などの海でとれるものと、お野菜やお肉などの陸でとれるものを、お弁当に入れてほしい　問三．エ　問四．ア　問五．ウ
問六．エ　問七．１．ア　２．エ　問八．エ　問九．ア　問十．ウ　問十一．イ

三　問一．１．できない　２．古い電池(くん)　問二．エ　問三．(何らかの)迷いがあること。
問四．ア　問五．前提条件

《関東　算数》

1　(1)1　(2)52　(3)36　(4)$1\frac{1}{4}$　(5)$1\frac{1}{6}$　(6)112　(7)49　(8)12　(9)14.85　(10)0.08

2　(1)960　(2)25　(3)木　(4)9，27　(5)60

3　(1)周の長さ…32　面積…24　(2)周の長さ…$\frac{320}{7}$　面積…$\frac{264}{7}$　(3)周の長さ…$\frac{240}{7}$　面積…$\frac{99}{7}$
(4)周の長さ…$\frac{470}{7}$　面積…$\frac{225}{7}$

4　(1)300　(2)25　(3)12　(4)68　(5)1360

5　(1)5　(2)56　(3)315　(4)164　(5)1326

《関東　理科》

1　(1)あ．プラスチック　い．有料　(2)水〔別解〕水分　(3)ウサギ→ヒト→ライオン　(4)①コ　②カ
③カ，キ，ク，ケ，コ　(5)30　(6)イ，オ

2　(1)温室　(2)燃やす前…エ　燃やしたあと…ア　(3)イ，エ　(4)イ　(5)二酸化炭素／水　(6)エ
(7)①12　②エ

3　(1)ア　(2)ア，ウ，オ　(3)エ→イ→ア→ウ　(4)400　(5)38　(6)③気温〔別解〕温度　④時間　⑤強さ
⑥6　(7)⑦梅雨　⑧雨　(8)⑨冬　⑩夏　⑪春　⑫秋(⑪と⑫は順不同)

4　(1)エ　(2)イ　(3)ア　(4)鉄　(5)ウ，オ　(6)67　(7)ウ　(8)イ

《関東　社会》

1　問１．①日高　②奥羽　③筑後　問２．ウ　問３．兵庫／明石　問４．Ａ，Ｂ　問５．島
問６．石川県　問７．①ウ　②エ

2　問１．ウ　問２．ウ　問３．イ　問４．Ａ．アメリカ(合衆国)　Ｂ．中国　問５．ウ
問６．①フランス　②サウジアラビア　③メキシコ　④アルゼンチン　問７．ウ

3　問１．イ　問２．イ　問３．イ，エ　問４．④平清盛　⑤源頼朝　問５．壇ノ浦の戦い　問６．イ
問７．ウ　問８．浮世絵　問９．千歯こき／備中ぐわ／唐箕 などから１つ　問10．岩手(県)

4　問１．イ　問２．廃藩置県　問３．アイヌ(民族)　問４．国会／国民が政治に参加する　問５．Ａ．ウ
Ｂ．ア　問６．戦争名…日清戦争　場所…エ　問７．全国水平社　問８．関東大震災

5　問１．①ウ　②イ　問２．ア　問３．自由民主党〔別解〕自民党　問４．文部科学省　問５．裁判員制度
問６．主権　問７．ア　問８．民主

←解答例は前のページにありますので，そちらをご覧ください。

1 (1) 与式$=19-18=1$

(2) 与式$=7+45=52$

(3) 与式$=24\times9\times\frac{1}{6}=36$

(4) 与式$=\frac{9}{12}+\frac{14}{12}-\frac{8}{12}=\frac{15}{12}=\frac{5}{4}=1\frac{1}{4}$

(5) 与式$=\frac{3}{2}-\frac{1}{6}\times2=\frac{9}{6}-\frac{2}{6}=\frac{7}{6}=1\frac{1}{6}$

(6) 与式$=12\div\frac{3}{10}+0.8\times90=12\times\frac{10}{3}+72=40+72=112$

(7) 与式$=21+42+15\times\frac{7}{10}-63\times\frac{1}{6}\times\frac{7}{3}=63+\frac{21}{2}-\frac{49}{2}=63+10\frac{1}{2}-24\frac{1}{2}=73\frac{1}{2}-24\frac{1}{2}=49$

(8) 最大公約数を求めるときは，右の筆算のように割り切れる数で次々に割っていき，割った数をすべてかけあわせればよい。よって，60 と 144 の最大公約数は，$2\times2\times3=12$

$$\begin{array}{r|rr} 2 & 60 & 144 \\ \hline 2 & 30 & 72 \\ \hline 3 & 15 & 36 \\ \hline & 5 & 12 \end{array}$$

(9) 15 cmの間かくは$100-1=99$(か所)できるから，求める長さは，$15\times99=1485$(cm)，つまり，14.85mである。

(10) 750 km走るのにガソリンが 60 L必要なのだから，1 km走るのに，$60\div750=0.08$(L)必要である。

2 (1) 5 mの重さは$160\times\frac{5}{4}=200$(g)だから，求める金額《きんがく》は，$120\times\frac{200}{25}=960$(円)

(2) **【解き方】長方形は，縦を固定すると横の長さと面積が比例し，横を固定すると，縦の長さと面積が比例する。**

縦の長さだけ 20%短くすると，縦の長さが$1-\frac{20}{100}=0.8$(倍)になるから，面積も 0.8 倍されて，$540\times0.8=432$(cm²)となる。324 cm²は 432 cm²の$\frac{324}{432}=0.75$(倍)だから，横の長さを$1-0.75=0.25$だけ短くすればよい。

よって，求める割合は，25%である。

(3) 1964 年 12 月 31 日は，1964 年 10 月 10 日の，$(\overset{10月}{31}-10)+\overset{11月}{30}+\overset{12月}{31}=82$(日後)である。

$82\div7=11$余り 5 より，82 日後は 11 週間と 5 日後だから，求める曜日は，土曜日から 5 つ進んだ木曜日である。

(4) 5000mの道のりを時速 30 km＝分速$\frac{30\times1000}{60}$m＝分速 500mで走ると，$5000\div500=10$(分)かかる。

休けいした時間は，$480\div60=8$(分)である。

3600mの道のりを時速 24 km＝分速$\frac{24\times1000}{60}$m＝分速 400mで走ると，$3600\div400=9$(分)かかる。

よって，求める時刻は，9 時＋10 分＋8 分＋9 分＝9 時 27 分

(5) **【解き方】含《ふく》まれる食塩の量に注目する。**

8 %の食塩水 150 gに含まれる食塩の量は，$150\times\frac{8}{100}=12$(g)だから，10%の食塩水には$12+10=22$(g)の食塩が含まれる。10%の食塩水の量は，$22\div\frac{10}{100}=220$(g)となるので，加えた水の重さは，$220-150-10=60$(g)

3 (1) 右図の太線を矢印の向きに移動させると，周の長さはたて 6 cm，横 10 cmの長方形の周の長さに等しいとわかるので，$(6+10)\times2=32$(cm)

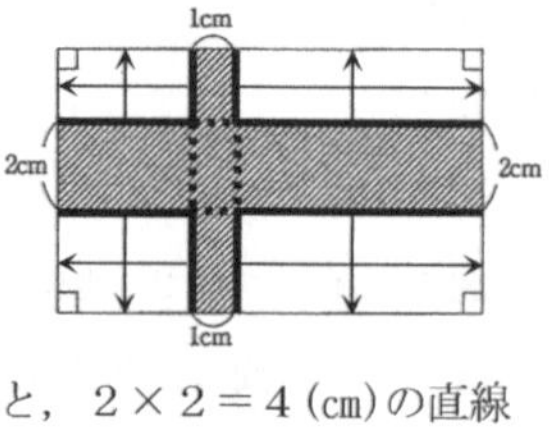

面積は，たて 6 cm，横 1 cmの長方形とたて 2 cm，横 10 cmの長方形の面積の和から，たて 2 cm，横 1 cmの長方形の面積をひけばよいので，$6\times1+2\times10-2\times1=24$(cm²)

(2) 周の長さは，半径 4 cmの円の円周と，半径 2 cmの円の円周(半円の曲線部分の 2 倍)と，$2\times2=4$(cm)の直線 2 本の長さの和だから，$4\times2\times\frac{22}{7}+2\times2\times\frac{22}{7}+4\times2=(8+4)\times\frac{22}{7}+8=\frac{320}{7}$(cm)

面積は，半径 4 cmの円の面積から，半径 2 cmの円の面積(半円の面積 2 つ分)をひけばよいので，

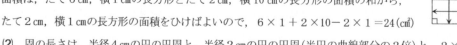

$4\times4\times\frac{22}{7}-2\times2\times\frac{22}{7}=(16-4)\times\frac{22}{7}=\frac{264}{7}$(cm²)

(3)　周の長さは右図の太線部分で，直径 6 cmの半円の曲線部分と直径 4 cm，2 cmの円の円周と 6 cmの直線の長さの和だから，$6\times\frac{22}{7}\div2+4\times\frac{22}{7}+2\times\frac{22}{7}+6=(3+4+2)\times\frac{22}{7}+6=\frac{240}{7}$(cm)

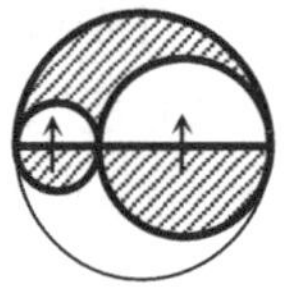

図の矢印のように斜線部分を移動させると，面積は半径 $6\div2=3$ (cm)の半円の面積に等しいことがわかるので，$3\times3\times\frac{22}{7}\div2=\frac{99}{7}$(cm²)

(4)　**【解き方】面積は，一辺が 10 cmの正方形の面積から右図の色付き部分のア，イの面積の 2 倍をひくことで求める。**

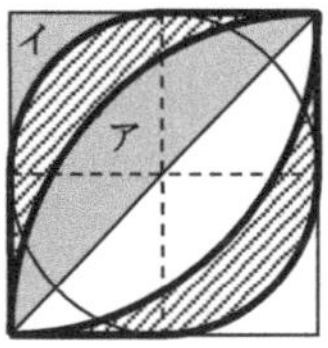

周の長さは図の太線部分で，半径 5 cmの円の$\frac{1}{4}$のおうぎ形の曲線部分の長さの 2 倍と，半径 10 cmの円の$\frac{1}{4}$のおうぎ形の曲線部分の長さの 2 倍と，5 cmの直線 4 本の長さの和だから，

$5\times2\times\frac{22}{7}\times\frac{1}{4}\times2+10\times2\times\frac{22}{7}\times\frac{1}{4}\times2+5\times4=(5+10)\times\frac{22}{7}+20=\frac{470}{7}$(cm)

アの面積は，10 cmの円の$\frac{1}{4}$のおうぎ形の面積から，直角をはさむ 2 辺の長さが 10 cmの直角二等辺三角形の面積をひけばよいので，$10\times10\times\frac{22}{7}\times\frac{1}{4}-10\times10\div2=\frac{200}{7}$(cm²)

イの面積は，一辺が 5 cmの正方形の面積から，半径 5 cmの円の$\frac{1}{4}$のおうぎ形の面積をひけばよいので，

$5\times5-5\times5\times\frac{22}{7}\times\frac{1}{4}=\frac{37.5}{7}$(cm²)

よって，求める面積は，$10\times10-\frac{200}{7}\times2-\frac{37.5}{7}\times2=\frac{225}{7}$(cm²)

4　**【解き方】容器を正面から見て，図 i のように作図すると，グラフから図 ii のことがわかる。**

図 i

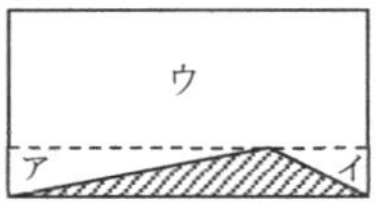

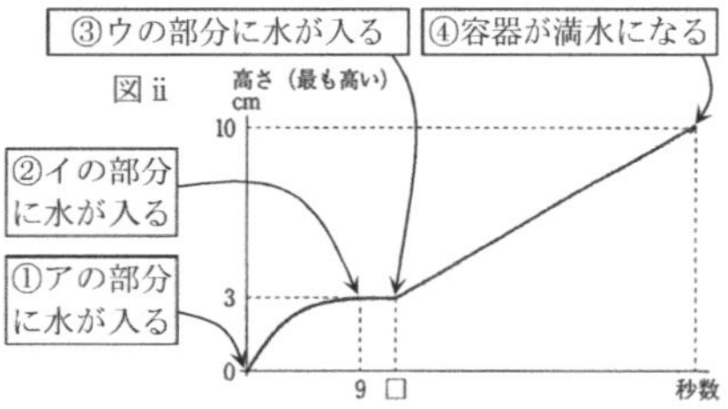

(1)　グラフより，はめこんだ三角柱の底面は，底辺を 20 cmの辺とすると高さが 3 cmだとわかる。

よって，求める体積は，$(20\times3\div2)\times10=300$(cm³)

(2)　9 秒で 225mL 注いだので，毎秒(225÷ 9)mL＝毎秒 25mL

(3)　アとイの部分の体積の和は，三角柱の体積に等しく，300 cm³＝300mL である。

よって，アとイの部分が満水になるのは，水を入れ始めてから 300÷25＝12(秒後)なので，□＝12

(4)　容器の容積は，(直方体の体積)－(三角柱の体積)＝10×20×10－300＝1700(cm³)，つまり，1700mL なので，求める時間は，1700÷25＝68(秒)

(5)　いっぱいになった水の重さは 1700 g だから，求める重さは，1700×0.8＝1360(g)

5　(1)　ふえた立方体は，右図の斜線の立方体 5 個である。

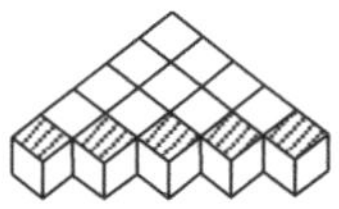

(2)　**【解き方】操作①→③→⑤→⑦では，立方体が 2 個→ 3 個→ 4 個→ 5 個，と増えているので，操作⑨の立方体は，操作⑦の立方体よりも個数が 6 個増えるとわかる。**

操作①，③，⑤，⑦，⑨の後の立方体の個数はそれぞれ，1 ＋ 2 ＝ 3 (個)，3 ＋ 3 ＝ 6 (個)，6 ＋ 4 ＝10(個)，10＋ 5 ＝15(個)，15＋ 6 ＝21(個)となるので，操作⑩の後の立方体の個数は，1 ＋ 3 ＋ 6 ＋10＋15＋21＝56(個)

(3)　例えば，操作⑩の後の立体を，さいころの 1 の面に対して正面から見ると，操作⑨の後と同じように 21 個の 1 の面が見える。2 ～ 5 の面に対して正面から見ても同じことがいえるので，表面に見えているさいころの目は，1 ～ 5 の目がすべて 21 個ずつある(6 の面は常に下の面となるため，見えない)。

よって，求める数は，(1 ＋ 2 ＋ 3 ＋ 4 ＋ 5)×21＝315

(4)　(2)と同様に考えると，操作⑪，⑬，⑮はそれぞれ，立方体を 21＋ 7 ＝28(個)，28＋ 8 ＝36(個)，36＋ 9 ＝

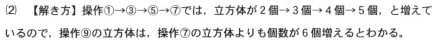

45(個)使用するから，求める個数は，３＋６＋10＋15＋21＋28＋36＋45＝164(個)

⑸　**【解き方】⑵をふまえると，立方体の個数は，①が１＋２(個)，③が１＋２＋３(個)，⑤が１＋２＋３＋４(個)，と表せる。また，連続するｎ個の整数の和は，$\frac{(n+1)\times n}{2}$で求められることを利用する。**

99÷２＝49余り１より，99は１＋49＝50(番目)の奇数である。ここで，①が１番目の奇数で連続する２個の整数の和，③が２番目の奇数で連続する３個の整数の和であるから，50番目の奇数なら，連続する51個の整数の和となる。よって，求める個数は，$1+2+3+\cdots+51=\frac{(1+51)\times 51}{2}=1326$(個)

2021 解答例 令和３年度　長崎日本大学中学校【第１回】

《第１回　総合問題》

1　問題１．形を漢字にしたもの　　問題２．［イ／ウ］［鳥／鳴］，［夕／名］，［力／加］，［矢／知］などから１組

問題３．「金」が意味を表し，「同」が音を表しています　　問題４．絵を見せながら説明する〔別解〕例を挙げながら説明する　　問題５．①時間　②相談　　問題６．14.1　　問題７．密集／密接

問題８．答え…①　考え方…校舎の影の長さはかずおさんの影の長さの８倍であるので，校舎の高さは152 cm×８＝1216 cm＝12.16mとなる。よって，清水の舞台の方が高い。

2　問題１．イ　　問題２．第二次世界大戦　　問題３．1960　　問題４．12 歳のグラフと 15 歳のグラフを比べると大きな差があるから。　　問題５．イ．小腸　ウ．肝臓〔別解〕心臓　エ．血管

問題６．［ことわざ・慣用句／意味］［かべに耳あり障子に目あり／どこでだれが聞いているかわからず，秘密はもれやすいということ。］，［馬の耳に念仏／いくら意見をしても，まったく効き目がないということ。］，［耳が痛い／他人の言ったことが自分の弱点をついていて，聞くのがつらいということ。］，［耳をかたむける／注意して熱心に聞くということ。］などから１組　　問題７．根…イ，ウ，オ　茎…ア，エ，カ

3　問題１．午　　問題２．４時　　問題３．百から一を引いて　　問題４．12 で割って４余る

問題５．１月と３月の平均気温の差が大きい　　問題６．豊臣秀吉

問題７．ゴミを捨てずに持ち帰る。〔別解〕桜の木を折らない。

4　問題１．都道府県名…北海道　都道府県庁所在地…札幌市　　問題２．通信販売

問題３．4000　　問題４．24　　問題５．右図　　問題６．(あ)６　(い)15

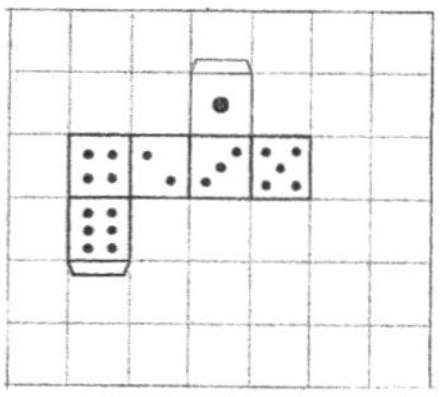

《第１回　作文問題》

問一．①キ　②カ　③ア

問二．〈作文のポイント〉

・最初に自分の主張、立場を明確に決め、その内容に沿って書いていく。

・わかりやすい表現を心がける。自信のない表現や漢字は使わない。

さらにくわしい作文の書き方・作文例はこちら！→

https://kyoei-syuppan.net/mobile/files/sakupo.html

【算数分野の解説】

1　**問題６**　求める割合は，$\frac{30427}{216325}\times100=14.06\cdots$より，14.1％である。

問題８　同じ時刻に調べた場合，物の高さとそれに対する影の長さは比例する。

校舎の影の長さは４ｍ＝400 cmなので，校舎の影の長さはかずおさんの影の長さの 400÷50＝８(倍)ある。

よって，解答例のように校舎の高さを求めることができる。

3　**問題２**　『子《ね》』から次の『子』までで 24 時間であり，これは 12 回文字が進んでいるから，１回文字が進むごとに，24÷12＝２(時間)たつ。『子』から『寅《とら》』までは２回文字が進んでいるので，寅の刻は２×２＝４(時)ごろのことである。

問題４　干支は 12 年で１周する。100 を 12 で割ると，100÷12＝８余り４となるので，100 年後は，

干支が8周してさらに『丑《うし》』『寅』『卯《う》』『辰《たつ》』と4つ進むから，辰年になる。

4 **問題3**　軽減税率は8％なので，キャラメル5袋分の税抜き価格は，$4320 \div \left(1+\frac{8}{100}\right)=4320\times\frac{100}{108}=4000$(円)

問題4　図3から，一番下の段には，たて3箱，横3箱のキャラメルの箱が置《お》かれているとわかる。真上から見た図において，それぞれの場所にいくつの箱が置かれているかを考える。図1から，左の列に3箱，真ん中の列に2箱置かれているところがあり，図2から，真ん中の行に2箱，3行目に3箱置かれているところがあるとわかる。

1	1	1
1	2	1
3	1	1

(真横)→（2行目）　↑(真正面)

よって，最も少ない箱数の場合，それぞれの場所に置かれている箱の数は右図のようになるので，求めるキャラメルの個数は，(1×7＋2＋3)×2＝24(個)

問題5　問題の図から，展開図上で1の面の下には3の面があり，3の面の左隣《ひだりどなり》には2の面がある。さいころの向かい合う面の目の数の和は7となるので，2の面と向かい合う面の目の数は5，3の面と向かい合う面の目の数は4，1の面と向かい合う面の目の数は6となる。よって，展開図上で3の面の右隣には5の面があり，2の面の左隣には4の面がある。また，4の面の下には6の面があるので，解答例のようになる。

問題6(あ)　3回戦までの2人の得点をまとめると，右表のようになる。表より，お父さんはゲームで勝っていないので，ゲームで勝った分のキャラメルはもらえない。3回戦までで，お父さんは「456」の目を1回出しており，たろうさんは「123」の目を2回出しているから，お父さんが持っていたキャラメルの個数は，2＋2×2＝6(個)

	お父さん	たろうさん
1回戦	0	3
2回戦	1	4
3回戦	2	5

(い)　(あ)をふまえる。3回戦までで，たろうさんは3回ゲームに勝ち，「333」を1回出し，お父さんは「123」を1回出しているから，3回戦までのたろうさんのキャラメルの個数は，1×3＋3＋2＝8(個)
3回戦目まででたろうさんの方がキャラメルの個数が多いから，4回戦目でよりたろうさんがお父さんよりキャラメルを多くもらえる目の出方を考える。
たろうさんが残りの1回でさいころ3個の目がすべて同じとなる目を出し，お父さんが「123」の目を3回出せばよい。このとき，お父さんはキャラメルをもらえず，たろうさんはゲームにも勝つので，キャラメルを1＋3×2＋2×3＝13(個)もらえるから，キャラメルの数の差は最大で，(8＋13)－(6＋0)＝15(個)になる。

長崎日本大学中学校【第２回】

《第２回　国語》

一　問一．ｂ．のうりつ　ｄ．ふしぎ　問二．ａ．イ　ｃ．イ　問三．⑴ウ　⑵エ　⑶ア　問四．ウ　問五．世の中～るため　問六．ア　問七．ア　問八．ゆっくり花を見たり音楽を楽しんだり　問九．想像するという働き　問十．１．物理時間　２．どれくらい思いが詰まっているか　問十一．ア　問十二．ア．Ａ　イ．Ｂ　ウ．Ａ　エ．Ｂ　問十三．することが多いので時間の空白が少なく、また新しいできごとに出会うこともたくさんある。

二　問一．ａ．学生服　ｂ．悲鳴　ｃ．目印　問二．１．人間の女の人　２．のっぺらぼう
問三．Ａ．エ　Ｂ．イ　Ｃ．ア　問四．絶体絶命　問五．ウ　問六．ウ　問七．ロロなんか、クマに食われちゃえばいいんだ　問八．自分の悪いところに気づき、それを認めて友人と仲直りすること。

三　問一．水を使うことは禁止されている　問二．学年ごとに飲食店の数の上限が決められているから。
問三．同じ内容の飲食店を希望したクラス同士でくじ引きをしてもまだ学年の上限の数を超える　問四．二

《第２回　算数》

1　⑴ 4　⑵71　⑶45　⑷ $1\frac{1}{2}$　⑸ 4　⑹ 1　⑺ 5　⑻13

2　［１］⑴15　⑵300　⑶10　⑷ $\frac{14}{15}$　［２］⑴ 5　⑵13　⑶21　⑷900

3　［１］⑴30　⑵ 4　［２］⑴ $22\frac{1}{2}$　⑵26　［３］⑴480　⑵5.4

4　［１］⑴59　⑵143　⑶50　［２］⑴73　⑵61

5　［１］⑴Ａ．90　Ｂ．40　⑵13　⑶Ａ，450　［２］ア．22　イ．9　ウ．18

《第２回　理科》

1　⑴Ａ．ウ　Ｂ．エ　Ｃ．オ　⑵100　⑶アズキ／イネ／サトウキビ などから１つ　⑷ア　⑸エ
⑹鳥／虫／人 などから１つ

2　⑴①160　②168　⑵0.42　⑶120　⑷エ　⑸180　⑹イ，ウ

3　⑴イ　⑵エ　⑶ウ　⑷積乱雲　⑸目　⑹ア
⑺南　⑻水資源となる

4　⑴イ　⑵40　⑶エ　⑷右図　⑸イ，オ
⑹あ．増加　い．太陽　⑺ウ

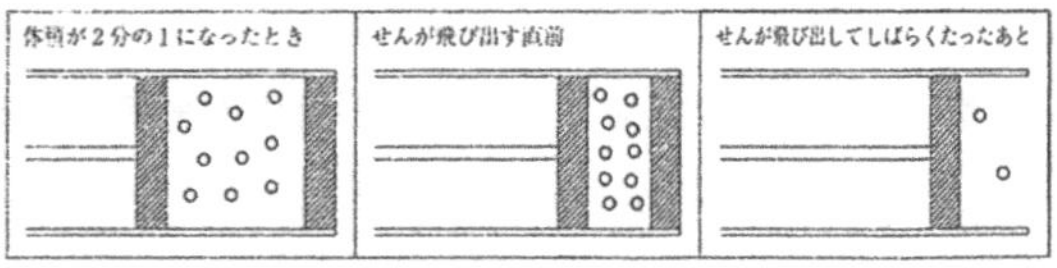

《第２回　社会》

1　問１．⑴イ　⑵エ　⑶北方領土　問２．カ　問３．オ　問４．イ　問５．Ｂ→Ｃ→Ａ

2　問１．Ａ．ロシア　Ｂ．カナダ　問２．人口　問３．⑴ア　⑵②　問４．エ　問５．⑴ナイル　⑵パリ　⑶イスラム

3　問１．イ　問２．イ　問３．語句…十七条の憲法　記号…ウ　問４．ア，エ　問５．調　問６．寝殿造
問７．むすめを天皇のきさきにすること　問８．エ

4　問１．日光東照宮　問２．エ　問３．ウ　問４．ア　問５．薩長同盟　問６．日米和親
問７．富岡製糸場　問８．渋沢栄一　問９．ウ　問10．生糸

5　問１．⑴ 4　⑵ 3　問２．⑴25　⑵Ａ．18　Ｂ．普通　Ｃ．秘密　問３．厚生労働　問４．⑴武力
⑵交戦権　問５．集団的自衛権

←解答例は前のページにありますので，そちらをご覧ください。

1 (1) 与式＝39－35＝4

(2) 与式＝78－７＝71

(3) 与式＝９＋36＝45

(4) 与式＝$\frac{5}{3}\times\frac{9}{4}\times\frac{2}{5}=\frac{3}{2}=1\frac{1}{2}$

(5) 与式＝$3\frac{7}{8}+\frac{5}{8}-\frac{4}{8}=3\frac{8}{8}=4$

(6) 与式＝$\frac{5}{2}\times\frac{14}{5}-6=7-6=1$

(7) 与式＝$\frac{11}{5}\div\frac{2}{5}-\frac{1}{2}=\frac{11}{5}\times\frac{5}{2}-\frac{1}{2}=\frac{11}{2}-\frac{1}{2}=\frac{10}{2}=5$

(8) 与式＝(3.57＋6.43)×1.3＝10×1.3＝13

2 ［１］(1) ９は３の９÷３＝３(倍)だから，□＝５×３＝15

(2) 時速 18 km＝分速$\frac{18\times1000}{60}$m＝分速 300m

(3) １m^2＝１m×１m＝100 cm×100 cm＝10000 cm^2だから，100000 cm^2＝(10×10000)cm^2＝10 m^2

(4) 与式より，$\frac{3}{7}\times□=1-0.6$　　$\frac{3}{7}\times□=0.4$　　$□=\frac{2}{5}\div\frac{3}{7}=\frac{2}{5}\times\frac{7}{3}=\frac{14}{15}$

［２］(1) **【解き方】つるかめ算を用いて求める。**

12 個全部チョコレートを買ったとすると，代金は 100×12＝1200(円)となり，実際より 1200－850＝350(円)高くなる。１個のチョコレートを１個のあめに置きかえると，代金は 100－30＝70(円)安くなるから，あめは 350÷70＝５(個)買った。

(2) **【解き方】食塩水の問題は，うでの長さを濃度《のうど》，おもりを食塩水の重さとしたてんびん図で考えて，うでの長さの比とおもりの重さの比がたがいに逆比になることを利用する。**

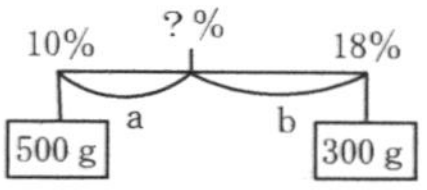

食塩水の重さの比は 500：300＝５：３だから，ａ：ｂ＝３：５

よって，求める濃度は，10＋(18－10)×$\frac{3}{3+5}$＝13(%)

(3) **【解き方】連続する３つの整数のうち，一番小さい数は真ん中の数より１小さく，一番大きい数は真ん中の数より１大きい。よって，３つの整数の平均は真ん中の数に等しい。**

３つの整数の平均は 66÷３＝22 なので，真ん中の数は 22 である。よって，一番小さい数は，21 である。

(4) ある商品の$1-\frac{3}{10}=\frac{7}{10}$が 630 円だから，定価は，$630\div\frac{7}{10}=630\times\frac{10}{7}=900$(円)

3 ［１］(1) 平行四辺形の面積は，(底辺の長さ)×(高さ)＝６×５＝30(cm^2)

(2) 24 の約数は，１と 24，２と 12，３と８，４と６だから，求める(たての長さ，横の長さ)の組み合わせは，(１cm，24 cm)(２cm，12 cm)(３cm，８cm)(４cm，６cm)の４個ある。

［２］(1) 色がついた４つの三角形を，高さを変えずに移動させると，図ｉのように，底辺が２＋３＋３＋１＝９(cm)，高さが５cmの三角形になるので，面積は，９×５÷２＝$\frac{45}{2}=22\frac{1}{2}$($cm^2$)

図ｉ

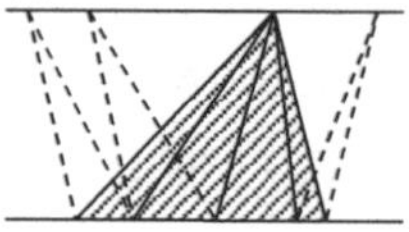

図ii

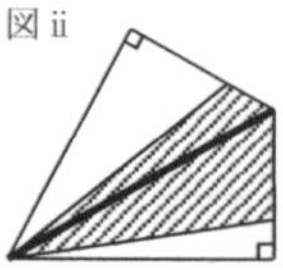

(2) 図iiのように線をひき，底辺がそれぞれ 2.5 cm，４cm，高さがともに８cmとなる２つの三角形にわけて考えると，面積は，2.5×８÷２＋４×８÷２＝10＋16＝26(cm^2)

［３］(1) 水そうの側面積を求めればよい。柱体の側面積は，(底面の周の長さ)×(高さ)で求められるから，

シールの面積は，(20×２＋10×２)×８＝480(㎠)

(2)　**【解き方】鉄球がすべて水に入っている場合，(水面の高さ)＝{(水の体積)＋(鉄球の体積)}÷(水そうの底面積)で求めることができる。**

鉄球がすべて水に入っていない場合は，水面の高さを求めることができないため，鉄球はすべて水に入っていると考える。水そうの底面積は，10×20＝200(㎠)だから，水面の高さは，(1000＋80)÷200＝5.4(㎝)

なお，中学校で球の体積は，$\dfrac{4}{3}$×3.14×(半径)×(半径)×(半径)で求めることができると習うので，これを用いて鉄球がすべて水に入るのかを確認することができる。鉄球の半径を水面の高さの半分である5.4÷２＝2.7(㎝)とすると，鉄球の体積は，$\dfrac{4}{3}$×3.14×2.7×2.7×2.7＝82.4…(㎠)となる。実際の鉄球の体積はこれより小さいから，鉄球の半径は2.7㎝より小さいとわかるので，鉄球は水にすべて入る。

4　[１]　**【解き方】左から１番目の数は10で，その後は右に１進むごとに７ずつ大きくなっている。**

(1)　左から８番目にくる数字は，10＋７×(８－１)＝59

(2)　左から20番目にくる数字は，10＋７×(20－１)＝143

(3)　353は10より353－10＝343だけ大きい数である。よって，左から１番目より，343÷７＝49だけ進むから，左から50番目である。

[２]　**【解き方】長方形の紙が１枚のとき，テープの横の長さは10㎝であり，そこから長方形の紙が１枚増えるごとに，テープの横の長さは，10－３＝７(㎝)長くなる。**

(1)　長方形の紙が10枚のとき，テープの横の長さは，10＋７×(10－１)＝73(㎝)

(2)　長さが430㎝となるとき，長方形の紙が１枚のときよりも430－10＝420(㎝)だけ長い。よって，長方形の紙が１枚のときよりも420÷７＝60(枚)多いから，長方形の紙は61枚必要である。

5　[１](1)　Ａは１分間で270÷３＝90(枚)，Ｂは１分間で1000÷25＝40(枚)印刷する。

(2)　(1)をふまえる。Ａで1170枚印刷するのにかかる時間は，1170÷90＝13(分)

(3)　**【解き方】(1)より，１分間でＡの方がＢより90－40＝50(枚)多く印刷できる。**

９分後は，Ａの方が50×９＝450(枚)多く印刷できる。

[２]　Ａで1080枚印刷するのにかかる時間は，1080÷90＝12(分)である。途中で修理に10分かかったので，1080枚印刷できたのは，12＋10＝$_{\text{ア}}\underline{22}$(分後)である。

修理中のＡの枚数は90×４＝360(枚)であり，Ｂで360枚印刷するのにかかる時間は，360÷40＝９(分)なので，印刷開始から$_{\text{イ}}\underline{9}$分後にＡとＢの枚数が同じになった。

Ａの修理が終わったのは印刷開始から４＋10＝14(分後)であり，このときＢは40×14＝560(枚)印刷しているので，Ａよりも560－360＝200(枚)多く印刷している。ここから，１分間でＡはＢより50枚多く印刷するから，200÷50＝４(分後)に再び同じになる。よって，ＡとＢの枚数は，印刷開始から14＋４＝$_{\text{ウ}}\underline{18}$(分後)に再び同じになる。

■ ご使用にあたってのお願い・ご注意

（１）問題文等の非掲載

著作権上の都合により，問題文や図表などの一部を掲載できない場合があります。

誠に申し訳ございませんが，ご了承くださいますようお願いいたします。

（２）過去問における時事性

過去問題集は，学習指導要領の改訂や社会状況の変化，新たな発見などにより，現在とは異なる表記や解説になっている場合があります。過去問の特性上，出題当時のままで出版していますので，あらかじめご了承ください。

（３）配点

学校等から配点が公表されている場合は，記載しています。公表されていない場合は，記載していません。

独自の予想配点は，出題者の意図と異なる場合があり，お客様が学習するうえで誤った判断をしてしまう恐れがあるため記載していません。

（４）無断複製等の禁止

購入された個人のお客様が，ご家庭でご自身またはご家族の学習のためにコピーをすることは可能ですが，それ以外の目的でコピー，スキャン，転載（ブログ，ＳＮＳなどでの公開を含みます）などをすることは法律により禁止されています。学校や学習塾などで，児童生徒のためにコピーをして使用することも法律により禁止されています。

ご不明な点や，違法な疑いのある行為を確認された場合は，弊社までご連絡ください。

（５）けがに注意

この問題集は針を外して使用します。針を外すときは，けがをしないように注意してください。また，表紙カバーや問題用紙の端で手指を傷つけないように十分注意してください。

（６）正誤

制作には万全を期しておりますが，万が一誤りなどがございましたら，弊社までご連絡ください。

なお，誤りが判明した場合は，弊社ウェブサイトの「ご購入者様のページ」に掲載しておりますので，そちらもご確認ください。

■ お問い合わせ

解答例，解説，印刷，製本など，問題集発行におけるすべての責任は弊社にあります。

ご不明な点がございましたら，弊社ウェブサイトの「お問い合わせ」フォームよりご連絡ください。迅速に対応いたしますが，営業日の都合で回答に数日を要する場合があります。

ご入力いただいたメールアドレス宛に自動返信メールをお送りしています。自動返信メールが届かない場合は，「よくある質問」の「メールの問い合わせに対し返信がありません。」の項目をご確認ください。

また弊社営業日（平日）は，午前９時から午後５時まで，電話でのお問い合わせも受け付けています。

2025 春

株式会社教英出版
〒422-8054　静岡県静岡市駿河区南安倍３丁目 12-28
TEL　054-288-2131　　FAX　054-288-2133
URL　https://kyoei-syuppan.net/
MAIL siteform@kyoei-syuppan.net

神奈川県

① [県立] 相模原中等教育学校
平塚中等教育学校
② [市立] 南高等学校附属中学校
③ [市立] 横浜サイエンスフロンティア高等学校附属中学校
④ [市立] 川崎高等学校附属中学校
✿⑤聖光学院中学校
✿⑥浅野中学校
⑦洗足学園中学校
⑧法政大学第二中学校
⑨逗子開成中学校(1次)
⑩逗子開成中学校(2·3次)
⑪神奈川大学附属中学校(第1回)
⑫神奈川大学附属中学校(第2·3回)
⑬栄光学園中学校
⑭フェリス女学院中学校

新潟県

① [県立] 村上中等教育学校
柏崎翔洋中等教育学校
燕中等教育学校
津南中等教育学校
直江津中等教育学校
佐渡中等教育学校
② [市立] 高志中等教育学校
③新潟第一中学校
④新潟明訓中学校

石川県

① [県立] 金沢錦丘中学校
②星稜中学校

福井県

① [県立] 高志中学校

山梨県

①山梨英和中学校
②山梨学院中学校
③駿台甲府中学校

長野県

① [県立] 屋代高等学校附属中学校
諏訪清陵高等学校附属中学校
② [市立] 長野中学校

岐阜県

①岐阜東中学校
②鶯谷中学校
③岐阜聖徳学園大学附属中学校

静岡県

① [国立] 静岡大学教育学部附属中学校
(静岡·島田·浜松)
② [県立] 清水南高等学校中等部
[県立] 浜松西高等学校中等部
[市立] 沼津高等学校中等部
③不二聖心女子学院中学校
④日本大学三島中学校
⑤加藤学園暁秀中学校
⑥星陵中学校
⑦東海大学付属静岡翔洋高等学校中等部
⑧静岡サレジオ中学校
⑨静岡英和女学院中学校
⑩静岡雙葉中学校
⑪静岡聖光学院中学校
⑫静岡学園中学校
⑬静岡大成中学校
⑭城南静岡中学校
⑮静岡北中学校
⑯常葉大学附属常葉中学校
常葉大学附属橘中学校
常葉大学附属菊川中学校
⑰藤枝明誠中学校
⑱浜松開誠館中学校
⑲静岡県西遠女子学園中学校
⑳浜松日体中学校
㉑浜松学芸中学校

愛知県

① [国立] 愛知教育大学附属名古屋中学校
②愛知淑徳中学校
③名古屋経済大学市邨中学校
名古屋経済大学高蔵中学校
④金城学院中学校
⑤椙山女学園中学校
⑥東海中学校
⑦南山中学校男子部
⑧南山中学校女子部
⑨聖霊中学校
⑩滝中学校
⑪名古屋中学校
⑫大成中学校
⑬愛知中学校
⑭星城中学校
⑮名古屋葵大学中学校
(名古屋女子大学中学校)
⑯愛知工業大学名電中学校
⑰海陽中等教育学校(特別給費生)
⑱海陽中等教育学校(I·II)
⑲中部大学春日丘中学校
新刊⑳名古屋国際中学校

三重県

① [国立] 三重大学教育学部附属中学校
②暁中学校
③海星中学校
④四日市メリノール学院中学校
⑤高田中学校
⑥セントヨゼフ女子学園中学校
⑦三重中学校
⑧皇學館中学校
⑨鈴鹿中等教育学校
⑩津田学園中学校

滋賀県

① [国立] 滋賀大学教育学部附属中学校
② [県立] 河瀬中学校
守山中学校
水口東中学校

京都府

① [国立] 京都教育大学附属桃山中学校
② [府立] 洛北高等学校附属中学校
③ [府立] 園部高等学校附属中学校
④ [府立] 福知山高等学校附属中学校
⑤ [府立] 南陽高等学校附属中学校
⑥ [市立] 西京高等学校附属中学校
⑦同志社中学校
⑧洛星中学校
⑨洛南高等学校附属中学校
⑩立命館中学校
⑪同志社国際中学校
⑫同志社女子中学校(前期日程)
⑬同志社女子中学校(後期日程)

大阪府

① [国立] 大阪教育大学附属天王寺中学校
② [国立] 大阪教育大学附属平野中学校
③ [国立] 大阪教育大学附属池田中学校

④[府立]富田林中学校
⑤[府立]咲くやこの花中学校
⑥[府立]水都国際中学校
⑦清風中学校
⑧高槻中学校（A日程）
⑨高槻中学校（B日程）
⑩明星中学校
⑪大阪女学院中学校
⑫大谷中学校
⑬四天王寺中学校
⑭帝塚山学院中学校
⑮大阪国際中学校
⑯大阪桐蔭中学校
⑰開明中学校
⑱関西大学第一中学校
⑲近畿大学附属中学校
⑳金蘭千里中学校
㉑金光八尾中学校
㉒清風南海中学校
㉓帝塚山学院泉ヶ丘中学校
㉔同志社香里中学校
㉕初芝立命館中学校
㉖関西大学中等部
㉗大阪星光学院中学校

兵庫県

①[国立]神戸大学附属中等教育学校
②[県立]兵庫県立大学附属中学校
③雲雀丘学園中学校
④関西学院中学部
⑤神戸女学院中学部
⑥甲陽学院中学校
⑦甲南中学校
⑧甲南女子中学校
⑨灘中学校
⑩親和中学校
⑪神戸海星女子学院中学校
⑫滝川中学校
⑬啓明学院中学校
⑭三田学園中学校
⑮淳心学院中学校
⑯仁川学院中学校
⑰六甲学院中学校
⑱須磨学園中学校(第1回入試)
⑲須磨学園中学校(第2回入試)
⑳須磨学園中学校(第3回入試)
㉑白陵中学校
㉒夙川中学校

奈良県

①[国立]奈良女子大学附属中等教育学校
②[国立]奈良教育大学附属中学校
③[県立] 国際中学校
　　　　青翔中学校
④[市立]一条高等学校附属中学校
⑤帝塚山中学校
⑥東大寺学園中学校
⑦奈良学園中学校
⑧西大和学園中学校

和歌山県

①[県立] 古佐田丘中学校
　　　　向陽中学校
　　　　桐蔭中学校
　　　　日高高等学校附属中学校
　　　　田辺中学校
②智辯学園和歌山中学校
③近畿大学附属和歌山中学校
④開智中学校

岡山県

①[県立]岡山操山中学校
②[県立]倉敷天城中学校
③[県立]岡山大安寺中等教育学校
④[県立]津山中学校
⑤岡山中学校
⑥清心中学校
⑦岡山白陵中学校
⑧金光学園中学校
⑨就実中学校
⑩岡山理科大学附属中学校
⑪山陽学園中学校

広島県

①[国立]広島大学附属中学校
②[国立]広島大学附属福山中学校
③[県立]広島中学校
④[県立]三次中学校
⑤[県立]広島叡智学園中学校
⑥[市立]広島中等教育学校
⑦[市立]福山中学校
⑧広島学院中学校
⑨広島女学院中学校
⑩修道中学校
⑪崇徳中学校
⑫比治山女子中学校
⑬福山暁の星女子中学校
⑭安田女子中学校
⑮広島なぎさ中学校
⑯広島城北中学校
⑰近畿大学附属広島中学校福山校
⑱盈進中学校
⑲如水館中学校
⑳ノートルダム清心中学校
㉑銀河学院中学校
㉒近畿大学附属広島中学校東広島校
㉓AICJ中学校
㉔広島国際学院中学校
㉕広島修道大学ひろしま協創中学校

山口県

①[県立] 下関中等教育学校
　　　　高森みどり中学校
②野田学園中学校

徳島県

①[県立] 富岡東中学校
　　　　川島中学校
　　　　城ノ内中等教育学校
②徳島文理中学校

香川県

①大手前丸亀中学校
②香川誠陵中学校

愛媛県

①[県立] 今治東中等教育学校
　　　　松山西中等教育学校
②愛光中学校
③済美平成中等教育学校
④新田青雲中等教育学校

高知県

①[県立] 安芸中学校
　　　　高知国際中学校
　　　　中村中学校

福岡県

①［国立］福岡教育大学附属中学校（福岡・小倉・久留米）

②［県立］
- 育徳館中学校
- 門司学園中学校
- 宗像中学校
- 嘉穂高等学校附属中学校
- 輝翔館中等教育学校

③西南学院中学校
④上智福岡中学校
⑤福岡女学院中学校
⑥福岡雙葉中学校
⑦照曜館中学校
⑧筑紫女学園中学校
⑨敬愛中学校
⑩久留米大学附設中学校
⑪飯塚日新館中学校
⑫明治学園中学校
⑬小倉日新館中学校
⑭久留米信愛中学校
⑮中村学園女子中学校
⑯福岡大学附属大濠中学校
⑰筑陽学園中学校
⑱九州国際大学付属中学校
⑲博多女子中学校
⑳東福岡自彊館中学校
㉑八女学院中学校

佐賀県

①［県立］
- 香楠中学校
- 致遠館中学校
- 唐津東中学校
- 武雄青陵中学校

②弘学館中学校
③東明館中学校
④佐賀清和中学校
⑤成穎中学校
⑥早稲田佐賀中学校

長崎県

①［県立］
- 長崎東中学校
- 佐世保北中学校
- 諫早高等学校附属中学校

②青雲中学校
③長崎南山中学校
④長崎日本大学中学校
⑤海星中学校

熊本県

①［県立］
- 玉名高等学校附属中学校
- 宇土中学校
- 八代中学校

②真和中学校
③九州学院中学校
④ルーテル学院中学校
⑤熊本信愛女学院中学校
⑥熊本マリスト学園中学校
⑦熊本学園大学付属中学校

大分県

①［県立］大分豊府中学校
②岩田中学校

宮崎県

①［県立］五ヶ瀬中等教育学校
②［県立］
- 宮崎西高等学校附属中学校
- 都城泉ヶ丘高等学校附属中学校

③宮崎日本大学中学校
④日向学院中学校
⑤宮崎第一中学校

鹿児島県

①［県立］楠隼中学校
②［市立］鹿児島玉龍中学校
③鹿児島修学館中学校
④ラ・サール中学校
⑤志學館中等部

沖縄県

①［県立］
- 与勝緑が丘中学校
- 開邦中学校
- 球陽中学校
- 名護高等学校附属桜中学校

もっと過去問シリーズ

北海道

北嶺中学校
7年分（算数・理科・社会）

静岡県

静岡大学教育学部附属中学校
（静岡・島田・浜松）
10年分（算数）

愛知県

愛知淑徳中学校
7年分（算数・理科・社会）
東海中学校
7年分（算数・理科・社会）
南山中学校男子部
7年分（算数・理科・社会）
南山中学校女子部
7年分（算数・理科・社会）
滝中学校
7年分（算数・理科・社会）
名古屋中学校
7年分（算数・理科・社会）

岡山県

岡山白陵中学校
7年分（算数・理科）

広島県

広島大学附属中学校
7年分（算数・理科・社会）
広島大学附属福山中学校
7年分（算数・理科・社会）
広島学院中学校
7年分（算数・理科・社会）
広島女学院中学校
7年分（算数・理科・社会）
修道中学校
7年分（算数・理科・社会）
ノートルダム清心中学校
7年分（算数・理科・社会）

愛媛県

愛光中学校
7年分（算数・理科・社会）

福岡県

福岡教育大学附属中学校
（福岡・小倉・久留米）
7年分（算数・理科・社会）
西南学院中学校
7年分（算数・理科・社会）
久留米大学附設中学校
7年分（算数・理科・社会）
福岡大学附属大濠中学校
7年分（算数・理科・社会）

佐賀県

早稲田佐賀中学校
7年分（算数・理科・社会）

長崎県

青雲中学校
7年分（算数・理科・社会）

鹿児島県

ラ・サール中学校
7年分（算数・理科・社会）

※もっと過去問シリーズは
国語の収録はありません。

教英出版
〒422-8054
静岡県静岡市駿河区南安倍3丁目12−28
TEL 054-288-2131
FAX 054-288-2133
詳しくは教英出版で検索
教英出版　検索
URL https://kyoei-syuppan.net/

長崎会場

令和６年度

第１回入学試験問題

総合問題

令和５年12月３日(日)　10：00～11：00（60分）

注意

１．「はじめ」の合図《あいず》があるまでこの問題用紙を開いてはいけません。

２．問題用紙は、１ページから９ページまであります。

３．答えは、すべて解答用紙に記入してください。

４．印刷《いんさつ》がはっきりしなくて読めないときや体の具合が悪くなったときは、だまって手をあげてください。

５．試験中は、話し合い、わき見、音をたてること、声を出して読むことなどをしてはいけません。

６．試験時間は60分です。

７．「やめ」の合図でえんぴつを置き、問題用紙と解答用紙は机《つくえ》の中央に置いてください。

８．解答用紙に「氏名」の記入を忘れないこと。

受験番号記入例

（※1001番の場合）

受験番号を記入し、横のマークをきれいに塗りつぶしてください。また名前も記入してください。

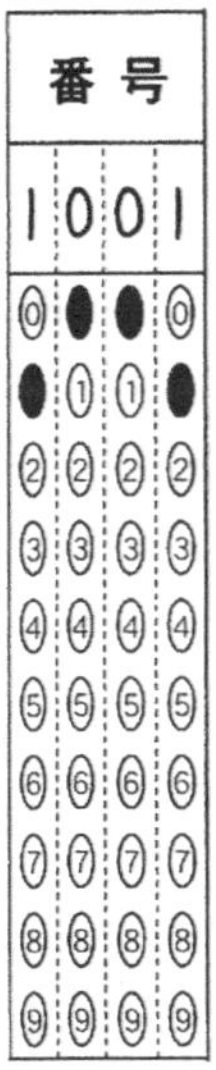

受験番号	

長崎日本大学中学校

1 ひろこさんは「ことわざ」について発表することになり、その準備を進めています。

すぐに思いついた「ことわざ」は次の五つでした。ひろこさんはこれを見て、二つのことに気付きました。

ねこに小判　　犬も歩けば棒《ぼう》に当たる　　たなからぼたもち　　ぶたに真珠《しんじゅ》　　馬の耳に念仏

一つは、動物を使っている「ことわざ」が多くあるということで、もう一つは、五つのうち三つが［　ア　］ということです。

問題１　［ア］にはどのような言葉が入るでしょうか。あなたの考えを書きなさい。

動物だけでなく、数字が入った「ことわざ」も多くあるようです。次の五つを見つけました。使われている数字を足してみると123になりました。

（　　）足のわらじをはく　　　　（　　）階から目薬

［　　　イ　　　］　　　　　　　（　　）転び（　　）起き

（　　）聞は（　　）見にしかず

問題２　［イ］にはどのような「ことわざ」が入るでしょうか。あなたの考えを書きなさい。

ひろこさんは歴史が好きなので、歴史に関する「ことわざ」がないか調べたところ、次の二つを見つけました。

敵は本能寺にあり

明智光秀《あけちみつひで》が中国地方の毛利《もうり》氏を攻《せ》めに行く途《と》中で目的地を変え、本能寺にいる［　ウ　］を攻めたという話に由来する。

敵《てき》に塩を送る

上杉謙信《うえすぎけんしん》が、困《こま》っている武田信玄《たけだしんげん》を助けた話からできた。武田信玄の甲斐《かい》国は海に面していなかった。

海に面していない現在の都道府県がいくつあるのか地図で探したところ、右のように本州に８県あることがわかりました。栃木県、群馬県、埼玉県、山梨県、［　エ　］県、岐阜県、［　オ　］県、［　カ　］県です。

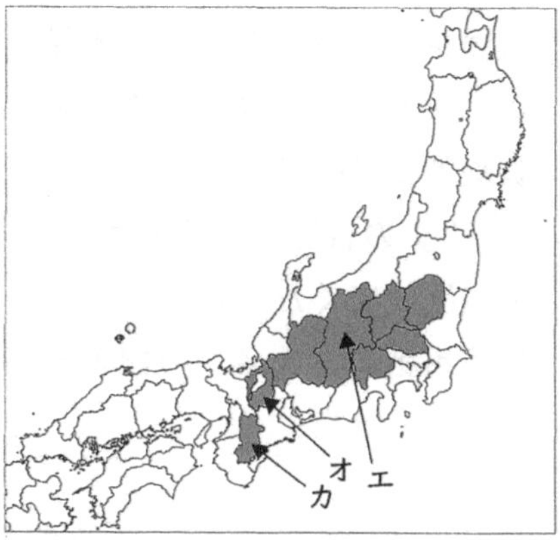

問題３　［ウ］～［カ］にはどのような言葉が入るでしょうか。正しい言葉を漢字で書きなさい。

発表会でゲームができないか、「ことわざ」に使われている漢字三つをそれぞれ二つに分解し、カードにしてみました。次の６枚のカードができました。

阝	忄	貫	木	者	安

問題４　６枚のカードをそれぞれ１回ずつ使ってできる漢字三つを書きなさい。
（例）［月］＋［北］＝「背」

問題５　例えば（ア）（イ）（ウ）３枚のカードから同時に２枚を引く場合、（ア）（イ）、（ア）（ウ）、（イ）（ウ）と３とおりの出方があります。では、６枚のカードから同時に２枚を引いた時、**問題４**の漢字いずれかができる可能性は「何分の何」ですか。約分して答えなさい。

調べていく中で、「枯《か》れ木も山のにぎわい」という「ことわざ」を間違《まちが》って使っている人が多いことを知りました。そこで、このことについても発表できるよう、次の五つを用意しました。

・調べようと思った理由
・［　　　キ　　　］
・アンケート結果（どれくらいの人が間違って使っているか）
・「枯れ木も山のにぎわい」の間違った意味
・自分の考え（間違われている理由）

問題６　［キ］にはどのような言葉が入るでしょうか。あなたの考えを書きなさい。

発表の最後に、「急がば回れ」について考えたことを伝えるため、次のような原稿《げんこう》を用意しました。

私《わたし》は、「ことわざ」が人生の教訓になるものだと気付きました。
例えば、「急がば回れ」。これは「急いで危険な手段をとるよりは、時間がかかっても安全確実な手段をとったほうがかえって早く目的を達することができる。」という意味です。
たしかに、「時は［ク］なり」という言葉もあるように、時間は貴重なものです。しかし、これを勉強で考えたとき、［　　　ケ　　　］ので、「急がば回れ」は正しいと思います。４月からの中学校生活では、そういう勉強を心がけたいと思います。

問題７　［ク］に入る正しい言葉を書きなさい。

問題８　［ケ］にはどのような言葉が入るでしょうか。あなたの考えを書きなさい。

2 さきさんは、自分の家の植物について先生と話をしています。

さ　き「うちではレモンやオリーブ①などを植えています。５月に種をまいたアサガオの花もちょうどさきはじめました。」
先　生「レモンにオリーブ。まるでギリシャのような庭ですね。」
さ　き「うちの庭にはアゲハがよくレモンの木の葉に卵《たまご》を産みに来ます。」
先　生「アゲハですか。カブトムシやバッタも同じこん虫です②。でも似ていませんよね。こん虫に共通する特徴《とくちょう》を言えますか。」
さ　き「はい。こん虫はどれもからだが［ア］つの部分に分かれていて、あしが［イ］本、［ウ］からはえています。」

問題１　下線部①「レモンやオリーブ」とありますが、レモンやオリーブは地中海周辺でよく栽培《さいばい》される植物です。地中海とはどこにある海でしょうか。以下の地中海に関する説明を参考にして、次の地図のア～オから選びなさい。

【説明】地中海は、北と東をユーラシア大陸、南をアフリカ大陸に囲まれたところに位置する海である。地中海の沿岸《えんがん》は夏は少雨、冬に多雨となり、地中海性気候と呼《よ》ばれる。この気候のため、オリーブなどの作物の栽培が盛《さか》んであるほか、夏のまばゆい太陽や冬季の温和な気候を求めて多くの観光客が訪《おとず》れる。

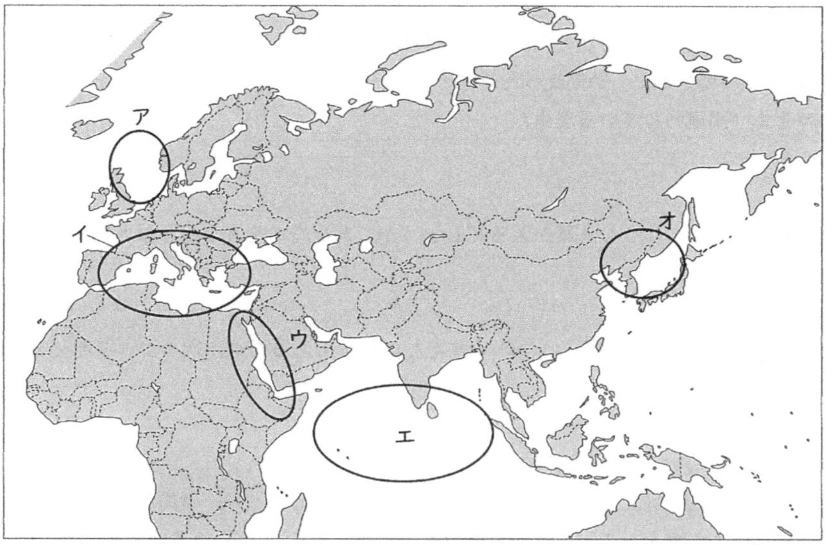

問題２　この会話は何月ごろの会話と考えるのが適当か書きなさい。また、そう考えることができる手がかりとなる一文を本文中から見つけ、最初の５字を書きなさい。

問題3　下線部②「カブトムシやバッタも同じこん虫です」とありますが、カブトムシとバッタでは、卵から成虫になるまでの間で、とても大きなちがいがあります。それはどのようなことですか。あなたの考えを書きなさい。

問題4　［ア］～［ウ］にあてはまる数字や言葉を書きなさい。

さ　き「アサガオは、昨年学校で栽培してできた種子をもらったものを育てました。アサガオの鉢《はち》を観察すると葉に白い部分がありました。」

先　生「白い部分をふと言います。昨年学校で栽培したアサガオの葉を調べたら10枚のうち4枚程度の割合《わりあい》でふをふくんでいました。」

さ　き「うちのアサガオに約150枚《まい》の葉があるとすると、昨年の学校のものと同じ割合と仮定して約［エ］枚がふをふくんでいることになりますね。」

先　生「実際に数えるのは大変だけど、その考え方でおおよその枚数の見当がつきますね。」

さ　き「今年のうちのアサガオについて、ほかにもいろいろ調べてみます。」

問題5　［エ］にあてはまる数字を書きなさい。

問題6　さきさんは1日暗いところに置いておいたふ入りのアサガオの葉の一部を図のようにアルミニウムはくでおおい、十分に日光を当てました。葉を取って90℃のお湯につけてエタノールで脱《だっ》色《しょく》したあと、うすいヨウ素溶液《ようえき》につけると、変化するところは葉のどの部分ですか。解答欄《らん》の葉を正しく塗《ぬ》りなさい。

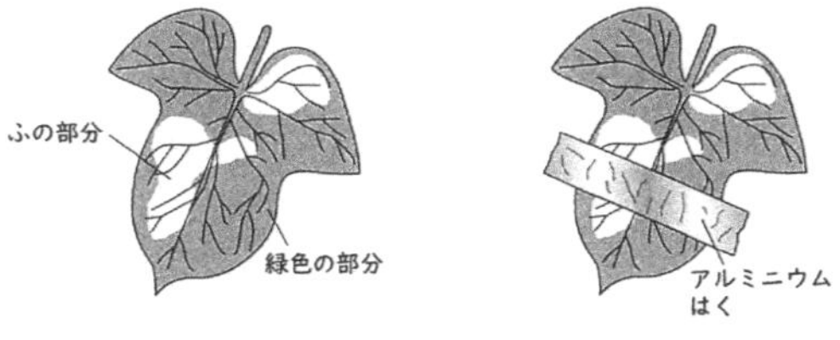

問題7　さきさんはアサガオの観察をしていると、つるが支柱に巻《ま》きつくようにどんどん高いところへ伸《の》びていくことに気が付きました。このことは植物が生きる上でどういう点で効率がよいでしょうか。あなたの考えを15字以内で書きなさい。

3　総合的な学習の時間に「英語さるく」について、話し合いをしています。

先　生　「秋に行われる『英語さるく』について説明します。このプログラムは、1つのグループがN大学の1人の留学生に対して、英語で説明をしながら長崎の観光地を案内するものです。今回C組が初めに見学するのは出島《でじま》です。9：30に出島に入場して、そこから長崎市内を案内して12：30に平和公園に集合します。各グループの人数は生徒4人と留学生を加えた5人です。今回の予算は5人で3500円となっています。それでは、各グループで話し合いを始めてください。」

まなみ　「まずは、初めに見学する出島から話そうよ。」

あらた　「そうだね。江戸時代の長崎の外交の窓口だからね。」

たいが　「ここには、［ア］人が住んでいて商館が作られていたんだよ。」

みらい　「この前の授業で先生も言っていたね。」

あらた　「［ア］商館長は、カピタンと呼《よ》ばれていたんだよ。」

たいが　「何だかチームの［イ］と似ているね。」

あらた　「集団をまとめる人という意味だから英語ではその呼び方だよ。」

みらい　「まったく知らなかったな。これから行く前にもっと出島のことを調べておきましょう。」

まなみ　「みんなは、ほかに案内したいところはあるかな。」

あらた　「その近くだったら新地中華街や眼鏡橋《めがねばし》、もう少し行けば大浦天主堂《おおうらてんしゅどう》とグラバー園もあるね。」

みらい　「どこも案内したいな。じゃあ、あらたさんとたいがさんで出島から新地中華街・眼鏡橋コースと大浦天主堂・グラバー園コースの行き方と時間を調べてもらえるかな。私とまなみさんは、入場料などの費用のことを調べてみましょう。」

問題1　［ア］に入る国名を書きなさい。

問題2　［イ］に入るカタカナ5字を書きなさい。

・コースごとの見学時間と移動時間

・新地中華街・眼鏡橋コース

出島	→	新地中華街	→	眼鏡橋	→	平和公園
45分	徒歩8分	60分	徒歩11分	20分	電車・徒歩23分	

・大浦天主堂・グラバー園コース

出島	→	大浦天主堂	→	グラバー園	→	平和公園
45分	徒歩17分	20分	徒歩1分	75分	電車・徒歩42分	

・かかる費用（税込み）

①入場料と入園料

場所	中学生（1人）	高校生以上（1人）
出島	100円	520円
大浦天主堂	400円	1000円
グラバー園	180円	620円

②食べ物やお土産《みやげ》品の値段

カステラ	250円
フルーツ大福	200円
パンダの手さげ	680円
ビードロ	880円

パンダの手さげ

ビードロ

③路面電車代　140円

４人は調べたことを確認しながら話し合いを進めています。

あらた「見学時間と移動時間を調べてみたよ。」
まなみ「ありがとう。私たちは費用を表にまとめてみたよ。」
みらい「どっちのコースも案内したいものばかりね。でも、大浦天主堂・グラバー園コースは難《むずか》しいかもね。」
たいが「どうして。」
まなみ「［　ウ　］からよ。」
あらた「時間も［　エ　］分かかるから、平和公園の集合時間にも間に合わないね。」
たいが「じゃあ、新地中華街・眼鏡橋コースにしよう。」
みらい「新地中華街では、みんなで何か食べたいな。」
たいが「長崎といえばカステラだね。」
あらた「それもいいけど調べてみるとフルーツ大福が売られているよ。長崎県が日本で生産量第1位の果物《くだもの》も使われているね。」
まなみ「おいしそうね。それを食べましょう。でも留学生へのお土産も買わないといけないよ。」
みらい「お土産は、いつでも使えるものよりも工芸品のほうがいいと思う。」
あらた「じゃあ、電車代と出島の入場料を予算から除《のぞ》いて、５人みんなが食べられるものと留学生にわたすお土産を選ぼう。」
まなみ「コースもお土産も決まったら、あとはしっかり案内できるようにもっとくわしく調べましょう。」
みらい「あと英語も練習しておかないとね。」

問題３　［　ウ　］に入る内容を大浦天主堂・グラバー園コース全体にかかる金額を明らかにして書きなさい。

問題４　［　エ　］に入る数字を書きなさい。

問題５　文中の下線部にある長崎県が日本で生産量第１位の果物を次の語群から一つ選び、答えなさい。

［語群］　りんご　　いちご　　びわ　　みかん

問題６　次の表は、このグループの「英語さるく」の収支計画表です。オ～ケに数字や言葉を入れて表を完成させなさい。ただしキには食べ物、コにはお土産の名前を入れなさい。

・収支計画表

項目	もらったお金	つかったお金	残ったお金
予算	3500円		3500円
路面電車代		700円	2800円
出島入場料		オ円	カ円
キ代		ク円	ケ円
コ代		ケ円	0円

問題７　実際に平和公園へ行くと、バリアフリーの駐車場やスロープが設置されているなどの気づかいが見られました。次の図は、平和公園に設置されているもののピクトグラムです。これは何を表していますか。あなたの考えを書きなさい。

4　あんなさんとりょうじさんは自由研究の発表をしています。

【あんなさんの発表】

私は、日本の伝統的なお祝《いわ》い事について発表します。私が餅《もち》を踏《ふ》んでいる写真は、「餅ふみ」という行事で、１歳《さい》の頃《ころ》に撮影《さつえい》されたものです。また、私には２歳年下の弟がいますが、次の写真では、神社で着物を着た私と弟が写っています。これは「[ア]」という行事で、男の子なら３歳と５歳、女の子なら３歳と７歳のときに実施《じっし》します。

私と弟で写っていることから、この写真は私が[イ]歳の頃に撮影したと考えられます。これらの行事は、子どもたちの健《すこ》やかな成長を祈る伝統行事です。最後は、おじいちゃんの「還暦《かんれき》」をお祝いしたときの写真です。還暦祝いは、子《ね》・丑《うし》・寅《とら》・卯《う》……の組合わせである十二支《じゅうにし》の12と甲《こう》・乙《おつ》・丙《へい》・丁《てい》……の組合わせである十干《じっかん》の10の最小公倍数である[ウ]にちなんで、[ウ]歳を迎《むか》えたことを祝う行事です。撮影した日はちょうどおじいちゃんの誕生日でした。この日は、私と弟の年齢《ねんれい》を足して３倍すると、ちょうどおじいちゃんの年齢と同じになると話していたことを覚えています。

私は、成長を祝う日本の伝統的な行事をこれからも大切にしたいなと感じました。

問題１　[ア]に入る行事を漢字３字で書きなさい。

問題２　[イ]、[ウ]に入る数を書きなさい。

問題３　還暦のお祝いの日、あんなさんの年齢は何歳ですか。

問題４　あんなさんの年齢の10倍とおじいちゃんの年齢の３倍が等しくなるのは、還暦のお祝いの日の何年後ですか。

【りょうじさんの発表】

みなさん、外国ではお金の単位が日本と違《ちが》うことを知っていますか。

アメリカではドル（$）という単位が使われており、1ドルが150円というのは、1ドルを150円と交換《こうかん》するということです。この場合、30000円をドルと交換すると、[エ]ドルとなります。アメリカに旅行に行ったとして、お土産《みやげ》を15000円分買おうとしたら、1ドルが150円のときに、5ドルのお土産は[オ]個買えます。1ドルが100円とすると、15000円分で5ドルのお土産は[カ]個買えることになります。1ドルが100円のときは、1ドルが150円のときよりも買えるお土産の個数が[キ]なり、円の価値《かち》が[ク]ことになります。これを[ケ]といいます。予算が少なくてすむので、みなさんがアメリカ旅行に行くときには、[コ]のときをおすすめします。

また、日本車を輸出したとき、アメリカでは1台3万ドルだったとします。1ドルが100円のときと1ドルが150円のときを比べると、1ドルが150円のときのほうが1台につき150万円[サ]売れます。このように輸出においては、[シ]のときが日本にとって有利になります。

問題5　[エ]～[カ]に入る数を書きなさい。

問題6　[キ]～[シ]に入る言葉をそれぞれ選択肢《せんたくし》から選び、◯で囲みなさい。

キ ……　多く　・　少なく

ク ……　上がった　・　下がった

ケ ……　円高　・　円安

コ ……　円高　・　円安

サ ……　高く　・　安く

シ ……　円高　・　円安

問題7　10万円旅行資金を持ってアメリカに旅行に行きました。1ドルが150円のときに、持っているお金の30パーセントをドルに両替《りょうがえ》し、180ドル使いました。その後、ドルが足りなくなったので、1ドルが100円のときに残りの日本円の8割を両替し、190ドルの品物を3個買いました。残ったドルを1ドルが150円のときに両替すると、残った日本円は全部で何円になるでしょうか。ただし、両替における手数料は金額にはふくまないことにします。

グラフ②

グラフ①の質問で「気になる」を選択《せんたく》した人の年齢《ねんれい》別の割合

「令和３年度国語に関する世論調査」より

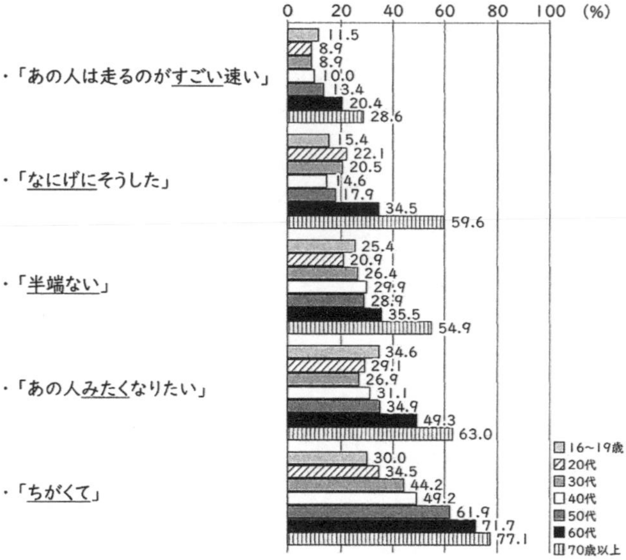

問一　「天声人語」の文章の内容と合っているものを次から二つ選び、記号で答えなさい。（順序は問わない。）

ア　筆者は、中学生が先生にしかられたことを楽しそうに話していたことに驚《おどろ》いた。

イ　「ボロクソ」を肯定的《こうていてき》な文脈で使う中学生に対し、筆者は困ったことだと感じている。

ウ　本来「とても」という言葉は「〜ない」という否定形とともに使われていた。

エ　「腹に落ちない」という言い方は、筆者にとっては居心地が悪い表現ではない。

オ　新しい言葉が次から次へと生まれるので、言葉の数は時代とともに増える一方である。

問二　――部「言葉は生き物である」について、あなたが感じたり考えたりしたことを、次の【条件】を満たすように解答用紙に書きなさい。

【条件】

一、グラフの内容と関連させて書くこと。

二、グラフに取り上げられている五つの言い方以外に具体例を一つあげて書くこと。

三、四五〇字以上五〇〇字以内で書くこと。

【注意】

一、題名や名前は書かないこと。

二、原稿《げんこう》用紙の一行目から書き始めること。

三、必要に応じて、段落《だんらく》に分けて書くこと。

四、数字や記号を記入するときには（例）のように書くこと。

（例）

10
%

総合問題

令和6年度
第1回入学試験解答用紙

長崎日本大学中学校

氏名

番号			
0	0	0	0
1	1	1	1
2	2	2	2
3	3	3	3
4	4	4	4
5	5	5	5
6	6	6	6
7	7	7	7
8	8	8	8
9	9	9	9

得点(記入しないこと)

（配点非公表）

	問題２	

オ	カ	キ
ク	ケ	コ

	問題２	イ	ウ
歳	問題４	年後	

エ	オ	カ

キ　多く・少なく	ク　上がった・下がった
ケ　円高・円安	コ　円高・円安
サ　高く・安く	シ　円高・円安

円

450

500

A	10	8	6	4	2
B	10	8	6	4	2
C	10	8	6	4	2

D	10	8	6	4	2
E	10	8	6	4	2
F	10	8	6	4	2

得点	

（評価基準非公表）

2024(R6) 長崎日本大学中（第1回）
教英出版

令和6年度　第1回入学試験問題　作文問題解答用紙

問一

問二

受験番号

1

問題1				
問題2				
問題3	ウ			
	エ	オ	カ	
問題4				問題5
問題6				
問題7				
問題8				

2

問題1							
問題2	月ごろ	手がかりとなる一文					
問題3							
問題4	ア	イ	ウ				
問題5							
問題6	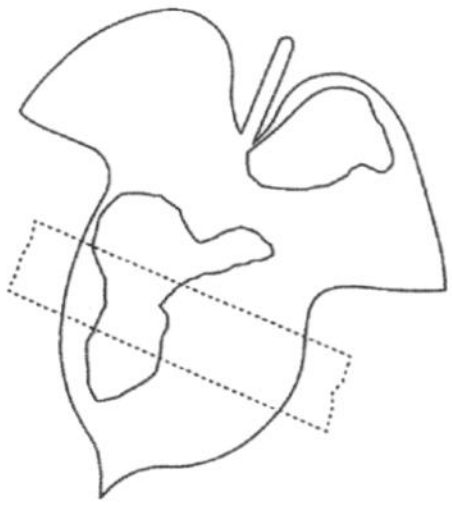						
問題7							

次の文章は２０２３年６月11日の朝日新聞の「天声人語」です。この文章とグラフを見て、あとの問いに答えなさい。

夕方のバス停でのこと。中学生らしき制服姿《せいふくすがた》の女の子たちの会話が耳に入ってきた。「きのうさー、先生にさあ、ボロクソほめられちゃったんだ」。えっと驚《おどろ》いて振《ふ》り向《む》くと、楽しげな笑顔《えがお》があった。若者《わかもの》が使う表現は何とも面白《おもしろ》い。

「前髪《まえがみ》の治安が悪い」「気分はアゲアゲ」。もっと奇妙《きみょう》な言い方も注1闊歩《かっぽ》する昨今《さっこん》だ。多くの人が使えば、それが当たり前になっていく。「ボロクソ」は否定的《ひていてき》な文脈で使うのだと、彼女《かのじょ》らを諭《さと》すのはつまらない。言葉は生き物である。

大正の時代、芥川龍之介《あくたがわりゅうのすけ》は『澄江堂雑記《ちょうこうどうざっき》』に書いている。東京では「とても」という言葉は「とてもかなは《（わ）》ない」などと否定形《ひていけい》で使われてきた。だが、最近はどうしたことか。「とても安い」などと肯定文《こうていぶん》でも使われている、と。時が変われば、正しい日本語も変化する。

今どきの若者は、ＳＮＳの文章に句点を記さないとも聞いた。「。」を付けると冷たい感じがするらしい。元々、日本語に句読点がなかったのを思えば、こちらは先祖返《がえ》りのような話か。

新しさ古さに関係なく、気をつけるべきは居心地《いごこち》の悪さを感じさせる表現なのだろう。先日の注2小欄《しょうらん》で「腹《はら》に落ちない」と書いたら、間違《まちが》いでは、との投書をいただいた。きちんと辞書にある言葉だが、腑《ふ》に落ちない方もいるようだ。

新語は生まれても、多くが廃《すた》れ消えてゆく。さて「ボロクソ」はどうなることか。それにしても、あの女の子、うれしそうだったなあ。いったい何を、そんなにほめられたのだろう。

（注１）闊歩する……堂々と思うままにふるまうこと。
（注２）小欄……「天声人語」のコーナーを指す。

グラフ①

質問　それぞれの下段の――部の言い方を他の人が使うのが気になりますか。それとも、気になりませんか。（下段の――部の言い方は文法的にまちがいとされるものです。）

「令和３年度国語に関する世論調査」より

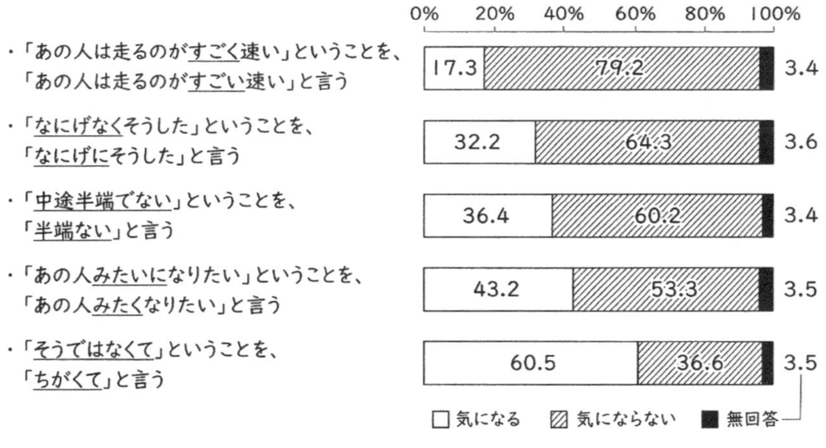

令和６年度

第１回入学試験問題

作文問題

令和５年12月３日(日)　11：40～12：25（45分）

注意

１．「はじめ」の合図《あいず》があるまでこの問題用紙を開いてはいけません。

２．問題用紙は、１ページから２ページまであります。

３．答えは、すべて解答用紙に記入してください。

４．印刷《いんさつ》がはっきりしなくて読めないときや体の具合が悪くなったときは、だまって手をあげてください。

５．試験中は、話し合い、わき見、音をたてること、声を出して読むことなどをしてはいけません。

６．試験時間は45分です。

７．「やめ」の合図でえんぴつを置き、問題用紙と解答用紙は机《つくえ》の中央に置いてください。

受験番号	

長崎日本大学中学校

首都圏入試

令和６年度

入 学 試 験 問 題

国　語

令和６年１月６日(土)　９：00～９：50

注　意

１．試験開始の合図まで問題を開いてはいけません。
２．解答用紙の指定されたところに答えを記入しなさい。
３．字数指定のある場合は，句点（。）や読点（、）や符《ふ》号《ごう》（「」など）も字数にふくめます。
４．解答用紙に「氏名」の記入を忘れないこと。

受験番号記入例（※1002番の場合）

番号	1	⓪	●	②	③	④	⑤	⑥	⑦	⑧	⑨
	0	●	①	②	③	④	⑤	⑥	⑦	⑧	⑨
	0	●	①	②	③	④	⑤	⑥	⑦	⑧	⑨
	2	⓪	①	●	③	④	⑤	⑥	⑦	⑧	⑨

受験番号を記入し，横のマークをきれいに塗りつぶしてください。また名前も記入してください。

受験番号	

長崎日本大学中学校

2024(R6) 長崎日本大学中（首都圏）
教英出版

一　次の各問いに答えなさい。

問一　次の（　　）に入る生きものをひらがなで答え、ことわざを完成させなさい。

①　あぶ（　　）取らず　　②　えびで（　　）を釣《つ》る

問二　次の□に漢字一字を入れて四字熟語を完成させなさい。また、それぞれの意味を後の**ア**～**オ**から一つずつ選び、記号で答えなさい。

①　花□風月　　②　□刀直入

ア　自然の美しい風物。
イ　自分には関係のない、不幸な出来事のたとえ。
ウ　おごそかな重々しさがあり、りっぱな様子。
エ　すぐれたものとつまらないものとが、入り交じっていること。
オ　いきなり本題に入ること。

問三　次のことばの対義語を後から選び、漢字に直して答えなさい。

①　直接　↔　　②　前進　↔

キョクセン　　コウタイ　　シュウゴウ
カンセツ　　ホシュ　　ショウヒ

問四　熟語の組み立てにおいて他と違《ちが》うものを次の中から一つ選び、記号で答えなさい。

ア　乗車　　**イ**　消火　　**ウ**　読書　　**エ**　救助

問五　次の文のうち、主語と述語がそろっていない文の数を漢数字で答えなさい。

ア　とつぜん雨が降ってきた。
イ　そろそろ遠足の準備をしよう。
ウ　季節の中では春が好きだ。
エ　今日のテストはむずかしかった。
オ　あなたはきっと成功するよ。

問六　次の文の――部を敬語に直すとき、もっともふさわしいものをそれぞれ一つずつ選び、記号で答えなさい。

①　母はあとから来る。

ア　まいります　　イ　来られます

ウ　いらっしゃいます　　エ　おいでになります

② どうぞ食べてください。

ア　いただいて　　イ　いただかれて

ウ　めしあがって　　エ　めしあがられて

二

次の【文章1】は、ある会社での役員会議の内容、【文章2】はそれについて話し合う三人（レイジー・カインド・ジャスティス）の会話文です。後に続く【資料】とともに読んで、後の問いに答えなさい。

【文章1】

ある会社での役員会議。

社長が「三年以内に、わが社にある五十の*管理職のうち、二十五の*ポストに女性を配属しよう」と提案しました。

ある役員は「確かに、わが社の女性管理職は私を含《ふく》め、たった五人。意図的な工夫が必要です」と賛同しました。

しかし、①別の役員は「しかし社長！　わが社ではこれまで長く働き、成果を出してきた社員をきちんと評価してきました。②こうした方針は正しい成果主義のあり方ではないと思います」と疑問を呈《てい》します。

社長は「う〜ん」とうなりながら、黙《だま》り込《こ》んでしまいました。

【文章2】

Q．意図的な女性管理職の*登用は不公平？

レイジー　女性の管理職を増やすことには賛成だけど、成果を出した人が出世する仕組みは守ったほうがいいと思う。

カインド　それだと女性の管理職は増えにくいよ。前提として、女性が働きにくい環境《かんきょう》がまだ残っているわけだし、③積極的にみんなの意識を変える*アクションを起こすのはいいことだよ。

ジャスティス　女性のほうが家事労働や育児への負担が大きいという問題は、女性が社会で活躍《かつやく》するために、解決していったほうがいいよね。

レイジー　でも、それと女性管理職を増やすことは、関係ない別の問題のように思うんだ。

ジャスティス　そんなことはないよ。意図的に女性を*優遇《ゆうぐう》することで、社会を変える試みは、管理職登用だけでなく、いろいろなところであるって聞くよ。

レイジー　「女性を優遇します！」と言われて、管理職に登用された女性は、それはそれで複雑だと思うんだ。その人だって、成果を出して、評価されたいって思うんじゃないかな。

ジャスティス　成果をもとに評価される「平等な」競争も大切だと思うけど、本当に目指すべきは、いろいろな観点から評価される「公平な」競争だと思うんだ。④今の評価基準は不平等な競争、不公平な評価が行われているんだよ。

カインド　優遇するにせよ、しないにせよ、競争に参加する全員が納得《なっとく》できる公平な仕組みをつくることが社会全体で求められているのかもね。

＊管理職……組織において、部下を管理しながら、組織の目標達成に向けて責任と決定権を持つ人。
＊ポスト……役職。

＊登用　……人材を今までよりも上の地位に引き上げて使うこと。

＊アクション……動作。行動。

＊優遇　……給料や地位などにおいて、他よりも良いあつかいをすること。

【資料1】 管理職の女性の割合

2022年に、日本の約1万1,500社に対して行われた調査では、管理職に占《し》める女性の割合は平均9.4％という回答でした。政府は女性管理職の割合を30％にすることを目指していますが、⑤実現には程遠い状態です。

出典：帝国《ていこく》データバンク「女性登用に対する企《き》業《ぎょう》の意識調査2022」

【資料2】 女性の家事労働

2021年に行われた調査によると、6歳《さい》未満の子どもを持つ夫婦の間で、1日の家事の時間が、男性は1時間54分、女性は7時間28分でした。男女差は調査が行われるごとに縮小していますが、明らかに差があることがわかります。

出典：総務省「令和3年社会生活基本調査」

（監修《かんしゅう》　池上彰《あきら》『正解のない問題集　道徳編』より）

問一　――部①「別の役員」の考えとしてもっともふさわしいものを次の中から一つ選び、記号で答えなさい。

ア　長く働いてきた人だけを評価するべきだという考え。
イ　意図的に女性を管理職に配属する必要がある、という考え。
ウ　働いてきた期間よりも、成果を重視するべきだという考え。
エ　長く働き、成果を出した人を評価するべきだという考え。
オ　女性よりも、男性を管理職にするべきだという考え。

問二　――部②「こうした方針は正しい成果主義のあり方ではないと思います」とありますが、**【文章2】**においてこの考えに近い人物は誰《だれ》ですか。もっともふさわしいものを次の中から一つ選び、記号で答えなさい。

ア　レイジー
イ　カインド
ウ　ジャスティス
エ　レイジーとカインド
オ　カインドとジャスティス
カ　レイジーとジャスティス

問三　――部③「積極的にみんなの意識を変えるアクション」とありますが、**【文章1】**の会社においては具体的にどうすることですか。**【文章1】**のことばを用いて、三十字以内で書きなさい。

問四　――部④「今の評価基準は不平等な競争、不公平な評価が行われているんだよ」とありますが、この発言者はどのような評価を行うべきだと考えていますか。もっともふさわしいものを次の中から一つ選び、記号で答えなさい。

ア　すべての人が納得できるよう、観点を一つにした平等な評価。

イ　どんな人でも自信を持てるよう、成果の出ない人も優遇する評価。

ウ　多くの人がはげみになるよう、目標を達成した人を優遇する評価。

エ　それぞれの良さが公平に認められるよう、多くの観点から行う評価。

オ　競争に参加する全員が納得できるよう、成果をもとに行う平等な評価。

問五　**【資料1】**――線部⑤「実現には程遠い状態です」とありますが、女性の管理職が増えにくい具体的な理由を**【文章2】**から二十一字でさがし、「～から。」に続くようにぬきだして答えなさい。

問六　次の文の（　）にあてはまる内容としてもっともふさわしいものを次の中から一つ選び、記号で答えなさい。

↓**【資料2】**より、六歳未満の子どもを持つ夫婦の間で、一日の家事の時間は（　　）ことがわかる。

ア　女性が男性の約半分である

イ　女性が男性の約二倍である

ウ　男性より女性が約五時間半多い

エ　女性より男性が約六時間半多い

オ　男性より女性が約七時間多い

三　次の【文章1】【文章2】を読んで、後の問いに答えなさい。

【文章1】

何を話していても、すぐに自分の話題にもっていく人がいる。人の話にはまったく関心がない。人が話しているのをじっと聞いていられない。他の人が話しているときは、つぎに自分がしゃべるタイミングばかりはかっている。ちょっとでも間があくと、ここぞとばかり言いたいことをまくし立てる。

①人の話の腰《こし》を折るのはaトクイ技《わざ》だ。他の人が話していても、待っていられずに、言葉を強引《ごういん》に押《お》し被《かぶ》せて話し始める。話し始めると止まらない。相手の反応におbカマいなしに、自分の関心のあることばかりしゃべりまくる。

このように自分の視点しかなく、②目の前の相手の視点をとることができないという自分大好き人間の特徴《とくちょう》は、会話に相互性《そうごせい》がないという点にもあらわれる。人と話すにも、あまりに一方的なのだ。これは、対面の会話にかぎらず、③メールのやりとりにも当てはまる。

このタイプとは対話にならない。一方的で【　Ⅰ　】性がないのだ。このタイプがいると、④その場に居合わせるすべての人間がものすごいストレスを感じる。それまでみんなで楽しくしゃべっていた場に、このタイプがひとりまじるだけで、場の雰囲気《ふんいき》は一変してしまう。話題を嚙《か》み合わせながら、みんなが順々にしゃべっていたのに、ひとりだけが言いたいことをまくし立てる場となるのだから、たまらない。その場にいる人たちのイライラは最高潮に達する。

だが、本人は周囲の人たちのイライラにまったく気づかないかのように気持ちよさそうにしゃべっている。それは、根っから人に関心がないからだ。関心のあるのは自分だけ。人の気持ちなどcガンチュウにない。自分が話したいのと同じく、他の人も話したいことがあるだろうといった想像力を働かすことができない。こんなことを話してもみんなは退屈《たいくつ》かもしれないなどと自分を振《ふ》り返ることもない。周囲の人の【　Ⅱ　】した様子もまったく気にならない。いいdカゲンにしてほしいとみんな苛《いら》ついているのに、そんなことはおかまいなしに勝手なことをしゃべり続ける。

メールのやりとりにしても、こちらの書いたことにはまるでA無反応で、自分の思うこと、言いたいことばかり書いてくる。あまりに自己チューな姿勢に、受け手は【　Ⅱ　】する。だが、そんな受け手の気持ちをまったく思いやることなく、一方的な独白《どくはく》のようなメールが立て続けに舞《ま》い込んでくる。

自分の視点からしかものを見ることができず、想像力を働かせて他者の視点に立ってみるということがないため、人の気持ちを察することができないのだ。自分の態度が人からどう思われているかということを想像することもできない。相手が一方的に合わせてくれているから成り立っている関係だということなど、思いも及《およ》ばない。

⑤このタイプにとって、会話もメールも自分の言いたいことを言って発散するためのものであり、eザンネンなことに対話ができない。

（榎本博明《えのもとひろあき》『病的に自分が好きな人』より）

【文章２】

長い間会わずに、久しぶりで対面した相手が、自分の話題ばかり、次から次へと余すところなくしゃべり続けるのは、ちぐはぐな感じがして不愉快《ふゆかい》になる。親しく交際している人でも、しばらく経《た》ってから会うと、初対面のような遠慮《えんりょ》を感じるのがふつうだろうに。

［ 1 ］、教養も品もない人間は、ちょっと外出しても、今日こんなことがあったと、息もつけないほど、べらべらしゃべりたてて、おもしろがるものだ。

教養も品もある人間が話をする場合、大勢の聞き手の中の一人に向かって話すのだが、それを自然に他の人も*傾聴《けいちょう》することになる。

逆に、教養も品も落ちる人間は、誰《だれ》に対するでもなく、大勢の中にしゃしゃり出て、まるで自分が見てきたかのように語るので、*満座の人間が爆笑《ばくしょう》して、じつに騒々《そうぞう》しい。

［ 2 ］、おもしろい話をしてもB大して反応を示さない人と、つまらない話をしても大笑いする人とで、その*人品《じんぴん》の程度を計ることができる。

人の容姿の良し悪《あ》しや、［ 3 ］、学問のある人々が学問のレベルについて、批評し合うとき、自分を引き合いに出して論じるのは、ほんとうに【 Ⅱ 】する。

（角川書店編『ビギナーズ・クラシックス　*徒然草《つれづれぐさ》』より）

*傾聴……聞きもらすまいとして熱心に聞くこと。
*満座……その場にいる人全部。
*人品……その人から自然に感じられる、上品な様子。
*徒然草……吉田兼好《よしだけんこう》が書いた、鎌倉《かまくら》時代の随筆《ずいひつ》。

問一　═══部a「トクイ」、b「カマ」、c「ガンチュウ」、d「カゲン」、e「ザンネン」を、それぞれ漢字に改めなさい。

問二　───部①「人の話の腰《こし》を折る」とありますが、これとほぼ同じ意味の慣用表現となるように、次の（　）に入る漢字一字を答えなさい。

↓人の話に（　）をさす

問三　───部②「目の前の相手の視点をとることができない」とは、どういうことを意味していますか。もっともふさわしいものを次の中から一つ選び、記号で答えなさい。

ア　目の前の相手の視線をくぎづけにすることができない。
イ　目の前の相手にどう見えているかを考えることができない。
ウ　目の前の相手の考え方を否定することができない。
エ　目の前の相手の視界をさえぎることができない。
オ　目の前の相手の考え方を変えることができない。

問四　───部③「メールのやりとりにも当てはまる」とありますが、この説明としてもっともふさわしいものを次の中から一つ選び、記号で答えなさい。

ア　対面の会話が一方的な人は、メールをやりとりしていても、すぐに相手の意見を強く否定してしまうということ。

イ　対面の会話が一方的な人は、メールも一方的に言いたいことばかりを書いてくるため、受け手との対話が成り立たないということ。

ウ　相互的な会話ができない人は、常にストレスをためているので、メールの文面も思いやりがないということ。

エ　相互的な会話ができない人は、自分がよく思われていないことに気づいても、かまわずにメールを送り続けるということ。

オ　相手に合わせてもらうことを当たり前だと思っている人は、すぐにメールを返さない人に対して怒《いか》りを感じやすいということ。

問五　【　Ⅰ　】にあてはまることばを**【文章1】**から二字でぬき出して答えなさい。

問六　――部④「その場に居合わせるすべての人間がものすごいストレスを感じる」とありますが、その理由としてもっともふさわしいものを次の中から一つ選び、記号で答えなさい。

ア　話す順番を守らない人がいると、予定どおりに話が進まなくなってしまうから。

イ　自分の話ばかり何度もくり返す人がいると、話し合いが長引いてしまうから。

ウ　自分のことばかり話し続ける人がいると、居合わせた他の人の気持ちや意見が尊重されなくなってしまうから。

エ　自分の意見にこだわる人がいると、多数決で決定することもできなくなってしまうから。

オ　一方的に自分の意見を話し続ける人がいると、他の人たちが自主性を失い、自分で考えることをやめてしまうから。

問七　【　Ⅱ　】に共通してあてはまることばとしてもっともふさわしいものを次の中から一つ選び、記号で答えなさい。

ア　しんみり　　イ　しっとり　　ウ　うんざり

エ　どっしり　　オ　ぼんやり

問八　――部⑤「このタイプ」の説明としてもっともふさわしいものを次の中から一つ選び、記号で答えなさい。

ア　まずは自分から歩み寄り、相手に自分の気持ちを理解してもらいたいと考える、積極的な人物。

イ　相手を思いやろうとしても、いつのまにか自分のことばかり話し続けてしまう、未成熟な人物。

ウ　多くの人に注目されることを願い、周囲にどのように見られているかを重視する、自己愛の強い人物。

エ　自分の気持ちを発散することを第一に考え、容姿や学問のレベルについても自分がいちばんだと考えている、支配的な人物。

オ　相手が自分に合わせてくれていることにも気づかず、自分が一方的に話し続けていることにも気づかない、無神経な人物。

問九　[1]～[3]にあてはまることばの組み合わせとしてもっともふさわしいものを次の中から一つ選び、記号で答えなさい。

ア　1　しかし　2　あるいは　3　だから
イ　1　だから　2　ところが　3　あるいは
ウ　1　あるいは　2　ところが　3　だから
エ　1　ところで　2　だから　3　つまり
オ　1　ところが　2　だから　3　あるいは

問十　【文章1】～～～部A「無反応」な人と、【文章2】～～～部B「大して反応を示さない人」は、それぞれどのような例として書かれていますか。もっともふさわしいものを次の中から一つ選び、記号で答えなさい。

ア　A・Bともに思いやりに欠け、人の気持ちに関心を示さない人物で悪い例として書かれている。
イ　Aは自分勝手な人物で悪い例として、Bは思いやりのある人物で好ましい例として書かれている。
ウ　Aは思いやりに欠ける人物で悪い例として、Bは教養と品のある人物で好ましい例として書かれている。
エ　Aはゆるがない意見をもつ人物で好ましい例として、Bは思いやりに欠ける人物で悪い例として書かれている。
オ　A・Bともに人に流されることなく、教養と品のある人物で良い例として書かれている。

問十一　次のア～オは【文章1】【文章2】を読んだ人物の会話です。文章の内容を明らかに読みまちがえているものを次の中から一つ選び、記号で答えなさい。

ア　Aさん「【文章1】【文章2】は、どちらも自分のことばかり話す人を批判しているよね。」
イ　Bさん「【文章1】ではメールについても触《ふ》れているけれど、自己中心的な人は、対面の会話でもメールでも一方的で思いやりがないということだよな。」
ウ　Cさん「【文章1】は現代の文章で、【文章2】は古典の文章を現代語訳したものだけど、昔も今と同じように一方的に話す人はいたんだなとわかるね。」
エ　Dさん「【文章1】の筆者は、笑い声や騒々《そうぞう》しさについては触れていないけれど、【文章2】の筆者は、大騒《おおさわ》ぎしない品の良さも大切だと考えているみたいだね。」
オ　Eさん「【文章2】の筆者は、教養のある人はもの静かだと考えていたんだろうな。大勢に向かって話すとき以外は、初対面のように気をつかって話すべきだと考えているようだね。」

四

次の文章は、ヘレン＝ケラーの自伝です。これを読んで、後の問いに答えなさい。

〔ヘレン＝ケラーは一歳《さい》のときにかかった病気が原因で、目と耳が不自由になった。見えない、きこえない、話せないという三重苦をかかえながらも、家庭教師のサリバン先生の指導のもと、努力と苦労の末に言葉や知識を身につけた。〕

お詫び
著作権上の都合により、文章は掲載しておりません。
ご不便をおかけし、誠に申し訳ございません。
教英出版

お詫び

著作権上の都合により、文章は掲載しておりません。
ご不便をおかけし、誠に申し訳ございません。

教英出版

お詫び

著作権上の都合により、文章は掲載しておりません。
ご不便をおかけし、誠に申し訳ございません。

教英出版

お詫び
著作権上の都合により、文章は掲載しておりません。
ご不便をおかけし、誠に申し訳ございません。
教英出版

お詫び
著作権上の都合により、文章は掲載しておりません。
ご不便をおかけし、誠に申し訳ございません。
教英出版

（ヘレン＝ケラー　今西祐行《すけゆき》訳『ヘレン＝ケラー自伝』より）

*敷設……広い範囲《はんい》に設置すること。
*ホメロス……ギリシアの詩人。
*シェークスピア……イギリスの詩人、作家。

問一 ——部①「わたしたちのまわりをとりかこむしずけさ」とは、どのようなしずけさですか。もっともふさわしいものを次の中から一つ選び、記号で答えなさい。

ア 「わたし」の心のかべをこわし、成長をうながすもの。
イ 「わたし」のつかれをいやし、他人とひきはなしてくれるもの。
ウ 「わたし」を親からひきはなし、部屋にとじこめるもの。
エ 「わたし」を孤独《こどく》にし、絶望を感じさせるもの。
オ 「わたし」をやさしくつつみこみ、さびしさをいやすもの。

問二 ——部②「わたしのような人たち」とは、どのような人たちのことですか。本文中のことばを使って、二十字以上三十字以内で具体的に答えなさい。

問三 ——部③「それ」とは、どのようなことを指していますか。もっともふさわしいものを次の中から一つ選び、記号で答えなさい。

ア ベル博士が、電話で意味ぶかい話はできないと考えていること。
イ ベル博士が、じぶんのへやに電話をおいていなかったこと。
ウ ベル博士が、発明をほめられるのを好まなかったこと。
エ ベル博士が、電話の機械よりも、ホメロスやシェークスピアをほめていること。
オ ベル博士のはじめての通話が、「ちょっときてくれ。」であったこと。

問四 ——部④「博士は、どんなにむずかしい科学的なお話でも、まるでおとぎ話か、うつくしい詩のようにお話しになるのでした」とありますが、ベル博士が「科学的なお話」をしてくれたときの説明としてふさわしくないものを次の中から一つ選び、記号で答えなさい。

ア 海底電信のしくみを、ヘレンがむねをおどらせるほどに、いきいきと教えてくれた。
イ 人々のくらしに科学がどのように役立っているかを、擬人《ぎじん》法《ほう》を使いながらわかりやすく教えてくれた。
ウ 電線が伝えている人々の喜びや悲しみを思いえがかせながら、電流の仕組みなどについて教えてくれた。
エ 機械的に仕組みを伝えるだけでなく、休みなく人々のようすをつたえ続ける電信ばしらの姿をイメージさせてくれた。
オ 人々が戦争したりなかなおりしたりしながら生きているおろかさを、電信ばしらのうなりにたとえて教えてくれた。

問五 ——部⑤「それ」とは、どのようなことを指していますか。もっともふさわしいものを次の中から一つ選び、記号で答えなさい。

ア　お金もうけのためにさわいでいる人たちが、ほんとうの幸福とは何かがわかるように、正しい生き方を教えてあげること。

イ　口のきけない人たちが自分の意見を述べたり、他の人たちとらくに会話したりできるような方法を見つけ出すこと。

ウ　電話の発明とお金もうけにしか興味のない人たちに、口のきけない人の苦しみを伝えること。

エ　ベル博士は電話の発明しかしていないと思いこんでいる人たちに、ベル博士の実力とほんとうの願いをわからせること。

オ　話し下手な人でもうまく話せるようになるために、説明の方法をまとめ、広く世の中に発表すること。

問六　――部⑥「対等のことばがつづられていました」の説明としてもっともふさわしいものを次の中から一つ選び、記号で答えなさい。

ア　目や耳が不自由な人だからという理由で気をつかうことはせず、えんりょなく批評してくれたということ。

イ　目や耳が不自由だからやさしくしてほしいというあまえを見ぬき、あえてきびしいことばだけで批評してくれたということ。

ウ　目や耳が不自由な人が書いたものであっても、いそがしい中で批評をするさいには、常にきびしく採点したということ。

エ　めったにあえない人が書いてきたものであっても、すぐに返事を書きおくる点では同じだったということ。

オ　長くあえない人が書きおくったものについては、ひんぱんにあえる人より早く返事を書いてくれたということ。

問七　次の会話文は、――部⑦「きびしいはげまし」について話し合った授業の一場面です。これを読んで、後の問い(1)(2)に答えなさい。

先生　――ここでベル博士の返事を「はげまし」ではなく「きびしいはげまし」と書いてあるのは、なぜでしょうね。

生徒A――特にきびしいことは書かれていないような気がします。

先生　――これは、ヘレン＝ケラーがおくった本へのお返事ですね。このとき、ヘレン＝ケラーがおくっていた本のタイトルは何でしたか。

生徒A――「［　1　］」です。

先生　――そうです。ベル博士のお返事の最後には、「あなただけの世界をのぞかせてもらうのは、たしかにわたしにもおもしろいことです。それだけに、外の世界のことも、どういうふうに考えているのか、知りたくなるのです……。」と書いてありますね。

生徒B――そうか、「あなただけの世界」とは「［　1　］」のことなんだ。それもたしかにおもしろいけれど、だからこそ、「外の世界」のことをどう考えるか、あなたの意見を聞かせてほしいと言っているんですね。

先生　――いいところに気がつきましたね。

生徒C――そうか、「あなただけの世界」と「　2　」も同じ意味か。「　2　」にとどまらず広い世界に出て、もっといろんなことを考え、書きなさいと言っているんだ。

生徒A――なるほど。自分の世界だけにとじこもるな、ということか。たしかに、きびしいはげましですね。

先生　――そのとおりだと思います。「宇宙の問題について、あなたにろくなことがいえないだろうなどと考えている人々のなかまに、わたしまでいれないでください。」と書いてありますが、他の人たちは「目や耳が不自由な人は、外の世界のことはろくにわからない」と思いがちだったのでしょうね。だからこそ、宇宙や、国や、税金や事件など、さまざまな外の世界のことに対して、自分の考えを示し続けるよう、ヘレンをはげましたのでしょう。このきびしさは、ベル博士のやさしさなのですね。

(1)　1　にあてはまることばを本文中からぬきだして答えなさい。

(2)　2　にあてはまることばとしてもっともふさわしいものを次の中から一つ選び、記号で答えなさい。

ア　美と音楽の世界

イ　一人まえの人間

ウ　じぶんという小さなからにつつまれた世界

エ　宇宙の問題

オ　外の世界

問八　次に示すのはベルについての資料である。本文とのつながりを意識しながら読んで、後の問い(1)～(3)に答えなさい。

【資料】

アレキサンダー＝グラハム＝ベルは、スコットランドのエジンバラで生まれました。お父さんもおじいさんも話術の研究者で、とくにお父さんは、耳や口の不自由な人に話しかたをおしえる視話法《しわほう》をかんがえだしたことでしられていました。①このような家庭にそだったベルは、ことばや声や音楽にしぜんにきょうみをもつようになったのです。

十七さいのとき、エジンバラ大学にはいり、翌年、ロンドン大学で、声や音にかんする勉強をしました。十九さいのころ、ベルは音を電信でおくることをかんがえつき、音声電信の研究をはじめました。一八七〇年、一家はカナダにわたり、翌年、アメリカにうつりました。ボストンで、*ろうあ教育に力をそそいで成果をあげ、二十代のなかばで、ボストン大学の音声生理学教授となりました。

ふたたび音声電信の研究をはじめたベルは、一本の電線でいちどにたくさんの電信をおくる調和電信の研究にとりくみました。そのうち、ことばをそのまま電流にのせてとおくへおくることをかんがえついたのです。

一八七五年、助手のワトソンが、機械のこしょうにはらをたて、送信機の振動板《しんどうばん》をはじいたことから、ベルはぐうぜんにも、電話の原理を発見したのでした。その後もベルは、何回となく、電話機の改良をかさねていきました。

そして、一八七六年三月十日、ベルは、電話機の実験にとりかかろうとしたとき、りゅうさんをこぼしてしまい、おもわず、

「　A　」

とさけんだのが、ワトソンにきこえ、ここに、ことばをつたえる電話機は成功したのです。

電話の実用化には不安をもつ人が多かったため、ベルは、自分たちで会社をつくり、数々の*特許《とっきょ》あらそいにまきこまれながらも、電話事業を発展させていきました。

三十五さいのとき、アメリカに*帰化して、アメリカ国民となりましたが、ゆうふくなくらしのなかでも、ベルはろうあ者のことをわすれず、研究所をつくって、ろうあ者の発声についての研究をつづけました。

一八八六年、ベルは、六さいのヘレン＝ケラーとはじめてあい、ボストンのパーキンズ学院をしょうかいしたり、その後も、いろいろとはげましました。

（『ヘレン＝ケラー自伝』（講談社火の鳥伝記文庫）所収
高木あきこ「歴史人物事典　ベル　一八四七～一九二二年」より）

＊ろうあ……耳がきこえず、ことばが話せない者のこと。
＊特許……発明を独占《どくせん》できる権利。
＊帰化……外国人の国籍《こくせき》を取得して、その国の国民になること。

(1) ――部①「このような家庭に育ったベルは、ことばや声や音楽にしぜんにきょうみをもつようになった」とありますが、ベルの父親は何をした人ですか。「～人。」という文末にして、十字以上十五字以内で答えなさい。

(2) 　A　にあてはまることばとしてもっともふさわしいものを次の中から一つ選び、記号で答えなさい。

ア　ワトソンくん、あぶないぞ。
イ　ワトソンくん、やめてくれたまえ。
ウ　ワトソンくん、こっちへきてくれたまえ。
エ　ワトソンくん、ちょっとまってくれたまえ。
オ　ワトソンくん、電話ができたぞ。

(3) ベルが行ったことを、年月順にならべたとき、三番目にくるものを次の中から一つ選び、記号で答えなさい。

A　アメリカ国民となる。
B　ボストン大学の教授になる。
C　ろうあ者の発声についての研究所をつくる。
D　電話の原理を発見する。
E　エジンバラ大学に入学する。

令和６年度

入　学　試　験　問　題

算　　数

令和６年１月６日(土)　10：10～11：00

注　意

1．試験開始の合図《あいず》があるまで問題を開いてはいけません。
2．解答用紙の指定《してい》されたところに答えを記入しなさい。
3．答えは，最《もっと》も簡単《かんたん》な形で表《あらわ》しなさい。なお，分数で答えるときは，約分してできるだけ簡単な分数にしなさい。
4．計算については，余白《よはく》を利用してもかまいません。
5．解答用紙に「氏名」の記入を忘れないこと。

受験番号記入例（※1002番の場合）

番号	1	⓪	●	②	③	④	⑤	⑥	⑦	⑧	⑨
	0	●	①	②	③	④	⑤	⑥	⑦	⑧	⑨
	0	●	①	②	③	④	⑤	⑥	⑦	⑧	⑨
	2	⓪	①	●	③	④	⑤	⑥	⑦	⑧	⑨

受験番号を記入し，横のマークをきれいに塗りつぶしてください。また名前も記入してください。

受験番号	

長崎日本大学中学校

1 以下の問いに答えなさい。

(1) $9\times9-7\times7+12\div4$ を計算しなさい。

(2) $\frac{2}{5}+\frac{1}{4}-\frac{3}{10}$ を計算しなさい。

(3) $111\div(112\div7+113+114\div19)$ を計算しなさい。

(4) $9.2-2.8\div(1.2-0.5)$ を計算しなさい。

(5) $1.75\times\left(\frac{7}{2}-0.6\right)-1.25\div\frac{2}{3}-2\frac{7}{16}$ を計算しなさい。

(6) $4\times4\times2.56+25.6\times0.75-1.28\times27$ を計算しなさい。

(7) 560 は 1600 の何倍ですか。

(8) 315 と 252 の最大公約数を求めなさい。

(9) 一の位を四捨五入すると 520 になる整数の中で，1 番大きい数字と 1 番小さい数字の和を求めなさい。

(10)

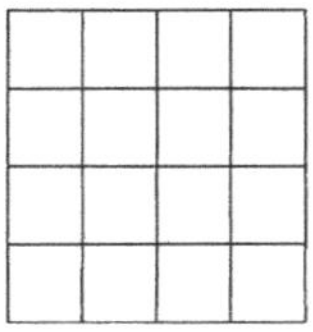

左の図は正方形を 16 等分にしたものです。この図形の中に正方形はいくつありますか。

2 **以下の問いに答えなさい。**

(1)　3 を 3 回かけると $3\times3\times3=27$ となり一の位の数は 7 です。3 を 2024 回かけたときの一の位の数は何になりますか。

(2)　あるショッピングモールの駐車場は，はじめの 1 時間は無料で停めることができます。1 時間を超えると 20 分ごとに 150 円の料金がかかります。車を 3 時間 15 分停めたとき，かかる料金はいくらになりますか。

(3)　$[A,\ B]$ は A を B で割ったときの商を表しています。$[31,\ 7]+[17,\ 3]$ を計算すると答えは何になりますか。また，$[49,\ a]=3$ となる整数 a は何個ありますか。

(4)　1 から 5 までの数字をかけた答えは 120 で末尾に 0 が 1 つだけ並びます。1 から 30 までの数字をかけたときの答えの末尾に並ぶ 0 の個数は何個ですか。

(5)　3 % の食塩水 200 g に 8 % の食塩水 300 g を加えたときの食塩水の濃度は何 % になりますか。

3 (1) 右の図のような１辺の長さが６cm の立方体 ABCD－EFGH があります。

点 P，Q はそれぞれ辺 AB，BC の中点です。このとき，以下の問いに答えなさい。

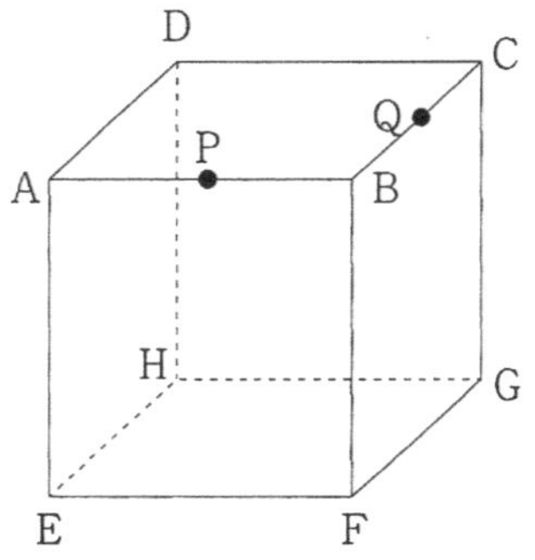

① ３点 P，Q，F で切り取った立体のうち，小さいほうの体積を求めなさい。

② ①で切り取った小さな立体を展開したときの展開図の面積を求めなさい。

③ △FPQ の面積を求めなさい。

④ ①で切り取った小さな立体について，△FPQ を底面としたときの高さを求めなさい。

(2) 図のような半径２cm，∠AOB＝60°の扇《おうぎ》形 OAB を，直線 ℓ の上を矢印の方向に直線 OA がふたたび直線 ℓ 上にくるまで滑《すべ》らないように転がしていきます。つまり，左の斜線《しゃせん》の位置から右の斜線の位置まで転がします。このとき，以下の問いに答えなさい。円周率は $\frac{22}{7}$ とし，分母を 21 とした分数で答えなさい。

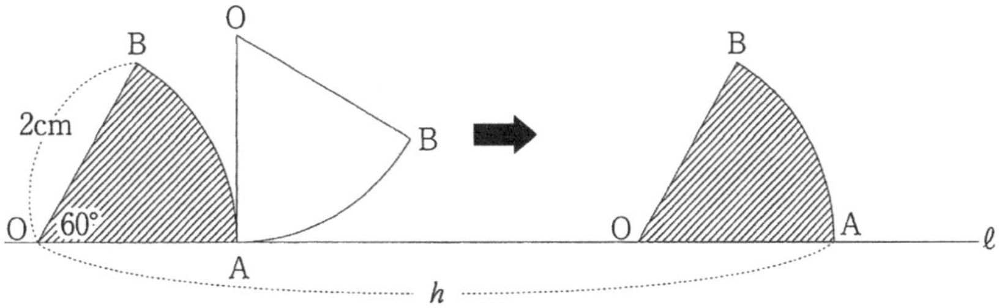

① 扇形が転がる前の点 O から転がり終わったときの点 A までの距離 h の長さを求めなさい。

② 点 O が動いてできる道のりと直線 ℓ とで囲まれた部分の面積を求めなさい。

4 ア，イ，ウ，エ，オの5つの文字を辞書で表示される順に並べて文字の列をつくります。1番目はアイウエオで2番目はアイウオエ，最後はオエウイア となります。このとき，以下の問いに答えなさい。

(1) 文字の列は，全部で何個ありますか。

(2) ア○○○○の形の文字の列は何個ありますか。

(3) 最初から数えて67番目の文字の列は何になりますか。

(4) エイオアウ は最初から数えて何番目の文字の列になりますか。

(5) ウアイエオからエイオアウまでで文字の列は何個ありますか。

5 設定《せってい》を「強」「中」「弱」のいずれかに切り替えて使うことができるストーブがあります。それぞれの設定における1時間あたりの灯油の消費《ひ》量は，「強」では0.6 L，「中」では0.4 L，「弱」では0.2 Lで，どの設定でも灯油を消費する割合は一定です。このストーブを3台用意し，部屋A，部屋B，部屋Cで，1台ずつ次の方法で使います。ストーブの灯油の量を，3台とも6 Lにして同時に使い始めるとき，以下の問いに答えなさい。

部屋A：設定を「強」にし，灯油がすべてなくなるまで使用する。
部屋B：設定「強」で6時間使用し，その後設定「中」で灯油がすべてなくなるまで使用する。
部屋C：設定「強」で5時間使用し，その後設定「中」で使用する。ある時間経過《けいか》後、設定「弱」で灯油がすべてなくなるまで使用する。

(1) 部屋Aでは灯油がすべてなくなるまでに何時間かかりますか。

(2) 部屋Bの灯油がすべてなくなるのは，部屋Aの灯油がすべてなくなってから何時間後ですか。

(3) 部屋Cでは灯油がすべてなくなったとき，設定「中」で使用した時間が設定「弱」で使用した時間の2倍となりました。このとき部屋Cで灯油がすべてなくなるまでに何時間かかりますか。

(4) 部屋Cでの操作を誤《あやま》ってしまい、設定「弱」にするところを設定「強」に変更してしまいました。一定時間が経過した後，それに気付いて設定「弱」に変更したところ，その1時間後に部屋Bと同時に灯油がすべてなくなりました。誤って設定「強」にしていた時間は何時間ですか。

令和6年度

入　学　試　験　問　題

理　　科

令和6年1月6日(土)　11：20～12：00

注　意

1．試験開始の合図《あいず》があるまで問題を開いてはいけません。

2．解答用紙の指定《してい》されたところに答えを記入しなさい。

3．計算については，余白《よはく》を利用してもかまいません。

4．解答用紙に「氏名」の記入を忘れないこと。

受験番号記入例（※1002番の場合）

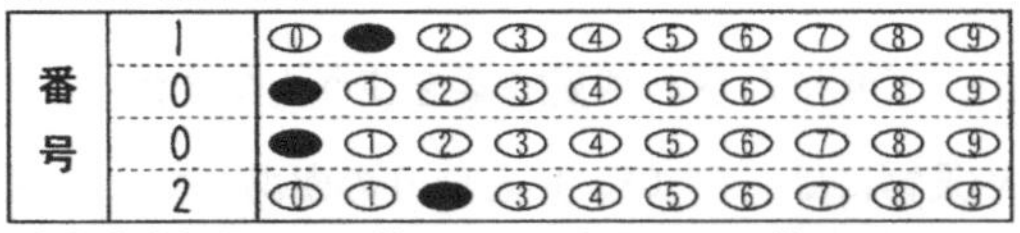

受験番号を記入し，横のマークをきれいに塗りつぶしてください。また名前も記入してください。

受験番号	

長崎日本大学中学校

1　かずやさんとあすかさんは，夏休みにようこ先生が開いている，こども料理教室にきています。そのときの会話文やレシピ※を読んで，次の問いに答えなさい。

ようこ先生：今日は，「なつやさいのピザ」をつくります。まずは，手を洗いましょう。
かずや・あすか：はーい。

ようこ先生：みなさん，①夏野菜ってどんなものがあるか知っていますか。
か　ず　や：キュウリ。
あ　す　か：トマト。
ようこ先生：正解です。ほかにもカボチャやゴーヤなどがありますね。
か　ず　や：でもやっぱり，夏といえばスイカだね。
あ　す　か：スイカは野菜ではないんじゃないかな。
か　ず　や：土にはえているのが野菜で，木の（　**あ**　）にできているのが果物って聞いたことがある。だから，スイカは野菜じゃないかな。
あ　す　か：でも，お店ではスイカはいつも，野菜ではなくて果物の場所に置いてあるよ。
か　ず　や：そういえば，そうだね。どっちなんだろう。
ようこ先生：実は，②スイカが野菜か果物か，はっきりした決まりはありません。栽培《さいばい》の方法や実のでき方で考えると，かずやさんの言うとおり野菜とも言えるし，食べ方で考えると，あすかさんの言うとおり料理の材料としてではなく，多くの果物のようにデザートとして料理せずに食べることが多いですよね。
か　ず　や：そうなんだ。はっきり決まってはいないんだね。
ようこ先生：もちろん，今からつくる「なつやさいのピザ」に，スイカは材料として使いません。
あ　す　か：なんで，ピザにわざわざ夏野菜を使うんですか。
ようこ先生：野菜や果物には，（　**い**　）というのがあって，（　**い**　）の食材にはいろんな栄養分が多く含まれているんです。
あ　す　か：なるほど，ピザにのせれば嫌いな野菜だって食べられるから，それに含まれる栄養分もとれるということですね。
ようこ先生：そのとおり。さっそくレシピをみていきましょう。

※レシピ：料理の材料や作り方が書いてある説明書。

レシピ

なつやさいのピザ

【材料】 24cm　1枚分

生地《きじ》用

A
- 強力粉《きょうりきこ》……………………130 g の1/2
- 薄力粉《はくりきこ》……………………50 g の1/2
- ドライイースト…………小さじ1（3 g）
- 砂糖………………………大さじ1
- 水…………………………105〜115mL

B
- 強力粉……………………130 g の1/2
- 薄力粉……………………50 g の1/2
- 塩…………………………小さじ1/2（3 g）
- オリーブオイル…………大さじ2

焼成《しょうせい》用

- オリーブオイル…………大さじ1
- トマトペースト…………18 g
- ガーリックパウダー……小さじ1/2
- オレガノ（乾燥《かんそう》）………小さじ1/2
- 塩…………………………小さじ1/4
- あらびき黒こしょう……少々

具材用

- パプリカ（赤・黄）……各15 g
- ナス………………………20 g
- ズッキーニ………………20 g
- ミニトマト………………2個
- スライスベーコン………1枚
- ピザ用チーズ……………80 g

レシピ

【作り方】

下準備

水は42℃に温めておく（しこみ水）。

生地作り

1. Aの材料を，ボウルに計量して入れる。
2. Bの材料を，別のボウルに計量して入れる。
3. Aのボウルのイーストにかかるようにしこみ水を入れ，木べらでよく混ぜる。
4. 3にBの材料を加え，粉が飛びちらないように静かに混ぜ，粉気《こなけ》がなくなったら台の上でこねる。
5. 生地を丸める。
6. ボウルに入れてラップをかける。
7. はっこう器に入れて，はっこうさせる（40℃で25〜35分）。

生地をはっこうさせている間に

8. ボウルに，トマトソースの材料を入れて混ぜる。
9. パプリカ，ナス，ズッキーニ，ミニトマト，ベーコンを食べやすい大きさに切る。

生地のはっこうが終わったら

10. 生地をはっこう器からとりだし，ガスぬき（フィンガーテスト）をしてクッキングシートの上に出す。
11. 両手で直径24cmくらいの円形にのばす。
12. 両手で生地のはしに厚みを作りながら，形を整える。
13. 生地全体の表面に，はけでオリーブオイルをぬり，内側に8のソースをぬり広げる。
14. 夏野菜，ベーコン，ピザ用チーズをちらし，焼く（300℃で10〜15分）。

レシピの出典：Food Pro. Studio　料理・パン・ケーキ教室　親子レッスン。

ようこ先生：ドライイーストの中には，コウボという生き物が入っていて，適切な栄養と温度を与えることで，はっこうというはたらきをしてくれます。はっこうは生地をふくらませてくれるので，パンやお菓子づくりにもイーストという材料を使いますよ。

かずや：コウボってすごいね。

あすか：先生，何ではじめに，Aの材料を入れるボウルと，Bの材料を入れるボウルを分ける必要があるんですか。

ようこ先生：よいところに気づきましたね。今日は短い時間で作りたいから，はっこうを早く進めるために，Aのボウルにはコウボが好きな材料，Bのボウルにはコウボが嫌いな材料を入れて分けているんですよ。

かずや：じゃあ，コウボは（　**う**　）が好きなんだね。

あすか：レシピを見ていると，コウボが好きな温度も大体わかるね。

ようこ先生：生地がかんそうしやすいので，手早くこねるのもポイントですよ。

かずや：先生，フィンガーテストって，何のためにするんですか。

ようこ先生：はっこうは，コウボが③気体を出すことによって進んでいるんです。だから，はっこうが順調に進んでいるか，気体を少しぬいて確認しているんです。

かずや：なるほどー。その気体によって，生地がふくらんでいるんですね。

ようこ先生：そのとおりです。逆にはっこうを遅く進ませたいときには，温度や材料の分量を工夫する必要がありますね。

あすか：コウボがたくさんはたらいてくれて，おいしいピザができるといいね。

かずや：うん，がんばって作ろう。

(1)　下線部①に関して，夏野菜とは言えないものを，次の**ア**～**エ**から１つ選び，記号で答えなさい。

ア．トウモロコシ　　**イ**．キャベツ　　**ウ**．ピーマン　　**エ**．オクラ

(2)（　**あ**　）に入る適切な語句を，次の**ア**～**エ**から１つ選び，記号で答えなさい。

ア．根　　**イ**．幹　　**ウ**．枝　　**エ**．葉

(3) （　い　）に入る適切な語句を，ひらがな３字で答えなさい。なお「ゃ」「ゅ」「ょ」などの小書き文字は１文字とします。

(4) 下線部②に関して，スイカのように，栽培の仕方や実のなり方は野菜で，食品としての食べ方や扱いは果物であるものの例として適切なものを，次の**ア〜エ**から１つ選び，記号で答えなさい。

ア．ミカン　　**イ**．ブドウ　　**ウ**．リンゴ　　**エ**．イチゴ

(5) かずやさんとあすかさんが，１枚ずつピザを作るとき，強力粉は２人分で合計何ｇ必要ですか。

(6) 図のデジタルはかりで，強力粉を計量しようとしています。次の**ア〜エ**の手順を，**ア**からはじめて正しく計量できる手順に並べ，記号で答えなさい。

ア．デジタルはかりの電源を入れる。

イ．ボウルに強力粉を入れる。

ウ．ボウルをデジタルはかりにのせる。

エ．デジタルはかりのボタンを押し，数値を０にする。

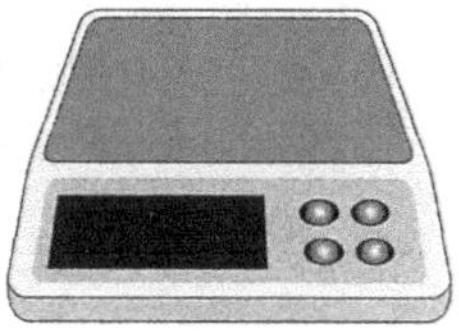

図

(7) （　う　）に入る適切な材料を，次の**ア〜オ**から１つ選び，記号で答えなさい。

ア．強力粉　　**イ**．薄力粉　　**ウ**．砂糖　　**エ**．塩　　**オ**．オリーブオイル

(8) 下線部③に関して，この気体は空気中にも約0.04％含まれています。この気体の名前を答えなさい。

(9) かずやさんは，家に帰ってからもピザを作って，朝食に食べたいと思っています。そこで，夜に生地をこねておき，朝からそれを焼いて食べようと考えました。このときに，注意すべきこととして，適切なことを次の**ア〜エ**から２つ選び，記号で答えなさい。

ア．生地をラップにつつみ，約40℃の水をはったボウルの中に置いておく。

イ．生地を冷蔵庫に入れておく。

ウ．ドライイーストの量を半分にする。

エ．ドライイーストの量を２倍にする。

2 いくとさんは，家族で海に来ています。そのときの会話文を読んで，次の問いに答えなさい。

いくと：天気予報で見たとおり，a空はくもっているけど，雨は降らなそうだね。

お父さん：そうだね。夜のb花火大会までにくもりが晴れればいいね。

いくと：うん。それにしても海はやっぱり独特なにおいがあるね。ぼく，このにおい，好きだな。

お父さん：そうだな。でもこのにおい，海の中にいる目に見えないほどの小さな生き物たちが作り出した物のにおいなんだよ。

いくと：そうなんだ！c海の水にはいろいろなものが溶けていると聞いたけど，その中にいる生き物がにおいを生み出しているなんてびっくりだよ。

お父さん：海にはたくさんの不思議があるし，人間を含めたあらゆる生き物が生きていく上で，大きな役割をもっているんだ。人の手で汚すことなく，大切にしていきたいね。

いくと：そうだね。ぼく，今度，地域で開かれるd海岸ゴミ拾いのイベントに参加してみようかな。

お父さん：意外なゴミが見つかって新しい発見があるかもね。

(1) 下線部aについて，天気のうち，晴れとくもりのちがいは，空にある雲の量で決められます。空全体の広さを10としたときに，空をおおっている雲の広さがいくつのとき，くもりとなるでしょうか。最も適しているものを次の**ア～オ**から１つ選び，記号で答えなさい。

ア．６～10　　**イ**．７～10　　**ウ**．８～10　　**エ**．９～10　　**オ**．10

(2) 下線部bについて，花火の色が変わるのは，含まれる金属が燃えるときに，金属ごとに炎の色がちがうからです。金属である鉄とアルミニウムの性質に関する内容として，誤っているものを，次の**ア～エ**から１つ選び，記号で答えなさい。

ア．塩酸を注いだとき，鉄もアルミニウムもあわを出してとける。

イ．水を注いだとき，鉄もアルミニウムもとけない。

ウ．鉄もアルミニウムも電気を通す。

エ．鉄もアルミニウムも磁石につく。

⑶ 下線部**c**について，海の水には食塩などがとけています。ここでは海の水を食塩水とみなし，そのこさは海の水100ｇあたりに食塩が３ｇとけているものとします。20℃の海の水を300ｇ用意し，そこに食塩を少しずつ加えていきます。食塩のとけ残りが見られるのは，食塩を何ｇより多く加えたときですか。小数第一位を四捨五入して**整数**で答えなさい。なお，20℃の水100ｇにとける食塩の量は36ｇとします。

⑷ 食塩水を蒸発させたときに出てくる食塩のつぶを拡大して観察したようすとして正しいものを，次の**ア**～**エ**から１つ選び，記号で答えなさい。

ア． 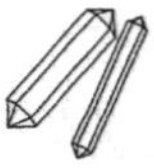 **イ．**  **ウ．** 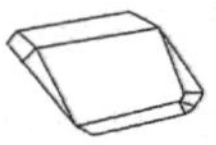 **エ．** 

⑸ 海の水も含め，地球上の水は地上と空との間を，すがたを変えながらめぐっています。これについて説明した次の①～⑤の文の（　**ア**　）～（　**ウ**　）にあてはまる語句をそれぞれ答えなさい。

① 海や川などの水は（　**ア**　）となって空へとのぼっていく。

② （　**ア**　）が冷やされて，上空にて（　**イ**　）ができる。

③ 雨や雪などになり，地上に降ってくる。

④ 山や森林に降った雨は地表で流れるほか，土の中にしみこみたくわえられて，ほとんどは（　**ウ**　）となる。

⑤ 川の水や（　**ウ**　）が海に流れていく。

⑹ 下線部**d**について，海のごみの半分以上を占めるのはプラスチックごみと言われています。プラスチックの説明として正しいものを次の**ア**～**オ**からすべて選び，記号で答えなさい。

ア． ガラスと比べると，加工が難しい。

イ． 石油を原料としてつくられる。

ウ． 自然界では必ず分解される。

エ． 燃やしても二酸化炭素を発生しない。

オ． 熱によって変形しやすい。

3 **下の文章はこうすけさんの夏休みの日記です。次の問いに答えなさい。**

8月16日（金）晴れ

私は，夏休みに家族でキャンプに行きました。夜になり，お父さんと一緒に草むらに寝転んで夜空をながめていると，①3つの明るい星を観察することができました。お父さんにこの星のことを聞くと，この星は（　ア　）のベガとわし座の（　イ　）とはくちょう座の（　ウ　）ということを教えてくれました。そして，この3つの星で（　エ　）をつくっていることを知りました。また，ベガと（　イ　）はおりひめ星とひこ星と呼ばれていて，七夕の物語のいい伝えになった星ということも教えてくれました。

ほかの星をながめてみると，明るい星や暗い星，黄色い星や②赤い星などいろいろな明るさや色の星がありました。

(1) 文章中の（　ア　）には星座の名前，（　イ　）と（　ウ　）には星の名前，（　エ　）には当てはまる語句をそれぞれ書きなさい。

(2) 下線部①について，この3つの明るい星は何等星ですか。

(3) 下線部②について，夏の南の夜空に見られるさそり座の赤い星の名前を答えなさい。

こうすけさんは，夏の別の日にほかの星座を観察してみました。下はそのときに観察した星座のようすです。

8月20日（火）晴れ　夜9時　北の空

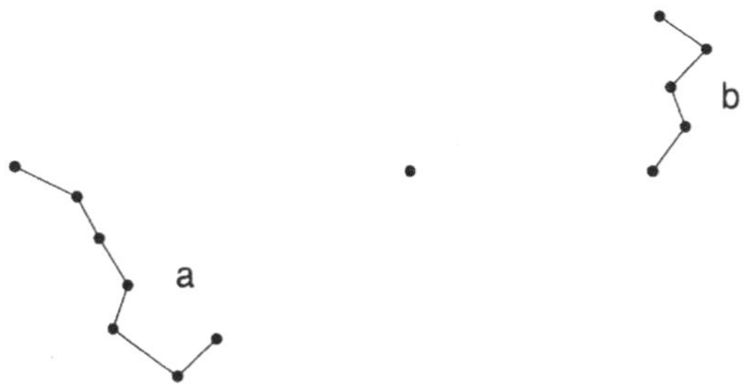

(4)　**a**は何という星座の一部ですか。また，**b**は何という星座ですか。それぞれ名前を答えなさい。

(5)　少し時間がたつと下の図のように**b**の星座が**A**の位置に60°移動していました。**b**の星座が**A**の位置に見えるのは，８月21日の午前何時ごろになりますか。

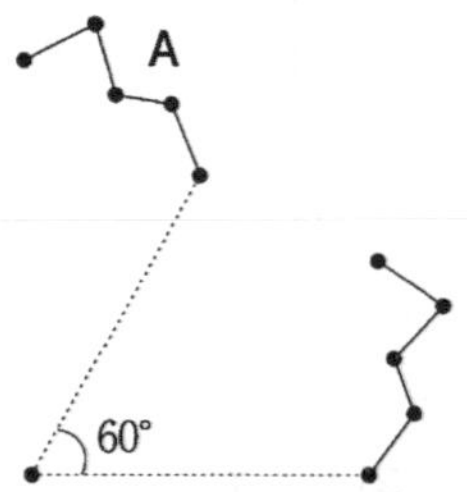

(6)　この日から２か月後の日に，**b**の星座が**A**の位置に見られる時刻は夜の何時ごろになりますか。最も適当なものを次の**ア～オ**から１つ選び，記号で答えなさい。

ア．７時　　**イ**．８時　　**ウ**．９時　　**エ**．10時　　**オ**．11時

(7)　こうすけさんは，次の日の８月21日も同じように星座をながめていました。星座が次の日に同じ位置に見える正確な時刻は24時間後ではありません。その時間は，24時間よりも長いですか，それとも短いですか。そして，その時間の差は何分間ですか。ただし，１年間を360日として計算することとします。

4 しんすけさんは理科の授業で，実験用てこにおもりをつり下げて，てこのうでの部分を地面と平行にする実験を行いました。この実験に関する次の問いに答えなさい。

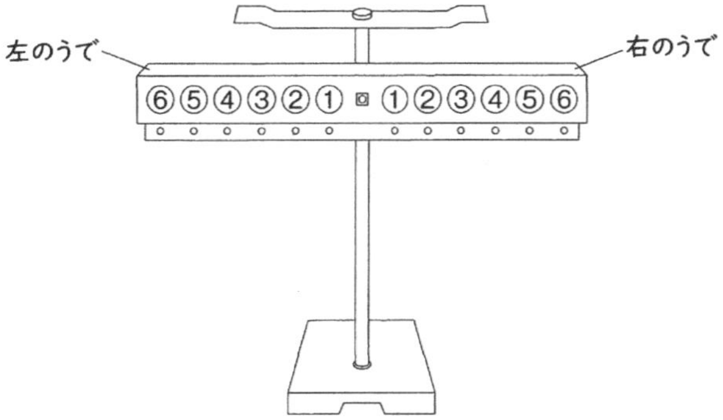

図１－１

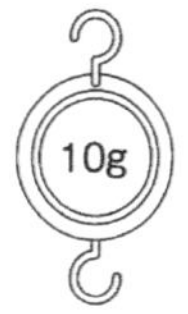

使用するおもり

図１－２

(1) 図１の実験用てこを用いて実験をしました，右のうでの目盛りの数字が③の位置に10g のおもりを４個つり下げたとき，左のうでの目盛りの数字が⑥の位置に10g のおもりを何個つり下げると，うでの部分は地面と平行になるか答えなさい。

しんすけさんの班では，さまざまな条件で実験を行い，左右のそれぞれのうでの複数の位置におもりをつり下げて，うでが地面と平行になる条件に気付きました。表１はその実験の結果です。なお，実験に使ったおもりはすべて10g のおもりでした。

表１　【実験用てこのうでが地面と平行になるときの，各目盛りにつり下げたおもりの数】

左のうで	⑥	⑤	④	③	②	①	右のうで	①	②	③	④	⑤	⑥
実験１	×	2	×	×	×	2	実験１	×	3	2	×	×	×
実験２	1	×	1	2	×	×	実験２	5	1	×	1	1	×
実験３	1	×	×	×	4	×	実験３	あ	い	う	え	お	か

※　表の中で「×」印を書いている場所にはおもりをつり下げていない。

(2) しんすけさんたちはこの実験の結果についてまとめを書きました。そのまとめについて，（　ア　）～（　エ　）にあてはまる語句または数字を書きなさい。

【まとめ】

実験用てこで，左のうでの１か所と右のうでの１か所をそれぞれ使用して，うでを地面と平行にするためには，『うでの番号×おもりの数』が左右のうでで等しければよい。

実験１のように左のうで２か所と右のうで２か所をそれぞれ使用して，うでを地面と平行にするためには，各位置での『うでの番号×おもりの数』を計算して，左のうでの『うでの番号×おもりの数』の合計と右のうでの『うでの番号×おもりの数』の合計が等しくなるようにおもりをつり下げればよい。

実験１では，左のうでの⑤の位置におもりを２個つり下げたので，『５×２＝10』，①の位置におもりを２個つり下げたので，『１×２＝２』となり，左のうでの合計は12となる。右のうでては，②の位置におもりを３個つり下げたので，『２×３＝６』，③の位置におもりを２個つり下げたので，『３×２＝６』となり，右のうでの合計は12となり，『うでの番号×おもりの数』の合計が等しくなる。

実験２では，左右のうでの『うでの番号×おもりの数』の合計は両方とも（　ア　）になり，実験３では左のうでの合計は（　イ　）となる。

実験２で左のうでの④の位置のおもりを外しておもりを０個にしたとき，うでを地面と平行にするためには右のうでの（　ウ　）の位置のおもりを（　エ　）個にすればよい。

(3)　実験３では右のうでに合計３個のおもりをつり下げました。どの位置に何個つり下げたと考えられるか。解答用紙のそれぞれの位置の番号のところにつり下げたおもりの数を書きなさい。なお，０個の場合は，『×』を書き入れなさい。答えは１パターンだけでよい。

はなこさん，たろうさん，しんすけさん，マチルダさんの４人は公園で遊んでいます。さまざまな遊具で遊びながら，理科の知識を確認できることに気づきました。次の問いに答えなさい。

まず４人はシーソーで遊ぶことにしました。シーソーでは，４人の体重と座る位置の関係で，シーソーが地面と平行な状態を保てることに気づきました。しんすけさんがもってきたまきじゃくを使って，シーソーの中央からの距離を測りながら遊んでいます。ただし，シーソーの重さは無視して考えます。

図２

【遊びの内容と結果】

① はなこさんとたろうさんが向き合ってシーソーに座りました。シーソーの中央からはなこさんが座った位置までの距離は100cm，シーソーの中央からたろうさんが座った位置までの距離は80cm でした。このとき，はなこさんとたろうさんは足を地面からはなした状態で，シーソーは地面と平行な状態で止まりました。

② はなこさんとマチルダさんが向き合ってシーソーに座りました。シーソーの中央からはなこさんが座った位置までの距離は80cm，シーソーの中央からマチルダさんが座った位置までの距離は90cm でした。このとき，はなこさんとマチルダさんは足を地面からはなした状態で，シーソーは地面と平行な状態で止まりました。

③ シーソーの片側にはなこさんとしんすけさんが座りました。はなこさんは，シーソーの中央から30cm の位置，しんすけさんはその60cm 後方に座りました。もう片方には，たろうさんとマチルダさんが座りました。たろうさんはシーソーの中央から40cm の位置，マチルダさんはその50cm 後方に座ります。このとき，４人が地面から足をはなした状態で，シーソーは地面と平行な状態で止まりました。

④ シーソーの片側にたろうさんとしんすけさんが座りました。たろうさんは，シーソーの中央から40cm の位置，しんすけさんはその50cm 後方に座りました。もう片方には，はなこさんとマチルダさんが座りました。はなこさんはシーソーの中央から50cm の位置に座り，マチルダさんがその後方50cm の位置に座ったところ，シーソーはかたむきました。そこで，マチルダさんが水の入ったペットボトルを持ったところ，シーソーを地面と平行な状態で止めることができました。

(4)　たろうさんの体重は45kgです。はなこさんの体重は何kgですか。必要であれば四捨五入をして，整数で答えなさい。

(5)　マチルダさんとしんすけさんの体重はそれぞれ何kgですか。それぞれ必要であれば四捨五入をして，整数で答えなさい。

(6)　マチルダさんが持っている，２Ｌのペットボトルは何本になりますか。なお，水を入れた２Ｌのペットボトルは，ちょうど2kgの重さであるとします。

令和６年度

入　学　試　験　問　題

社　　会

令和６年１月６日(土)　12：20〜13：00

注　意

1．試験開始の合図《あいず》があるまで問題を開いてはいけません。

2．解答用紙の指定《してい》されたところに答えを記入しなさい。

3．解答用紙に「氏名」の記入を忘れないこと。

受験番号記入例（※1002番の場合）

番号	1	0	●	2	3	4	5	6	7	8	9
	0	●	1	2	3	4	5	6	7	8	9
	0	●	1	2	3	4	5	6	7	8	9
	2	0	1	●	3	4	5	6	7	8	9

受験番号を記入し，横のマークをきれいに塗りつぶしてください。また名前も記入してください。

受験番号	

長崎日本大学中学校

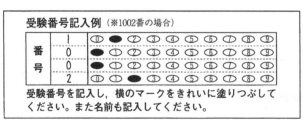

1 次の日本の自然や都道府県に関する問いに答えなさい。

問１ 次の九州の地名・県名の組み合わせとして正しいものをそれぞれ選び、数字で答えなさい。

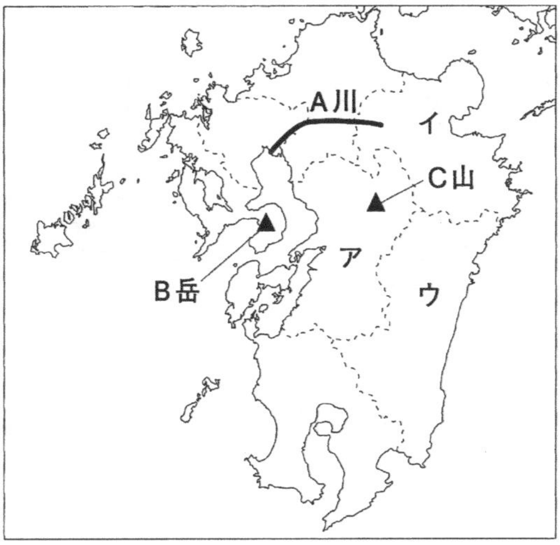

(1)

	1	2	3	4	5	6
筑後	A	A	B	B	C	C
阿蘇	B	C	A	C	A	B
雲仙	C	B	C	A	B	A

(2)

	1	2	3	4	5	6
熊本県	ア	ア	イ	イ	ウ	ウ
大分県	イ	ウ	ア	ウ	ア	イ
宮崎県	ウ	イ	ウ	ア	イ	ア

問2　次の近畿地方の地名・府県名の組み合わせとして正しいものをそれぞれ選び、数字で答えなさい。

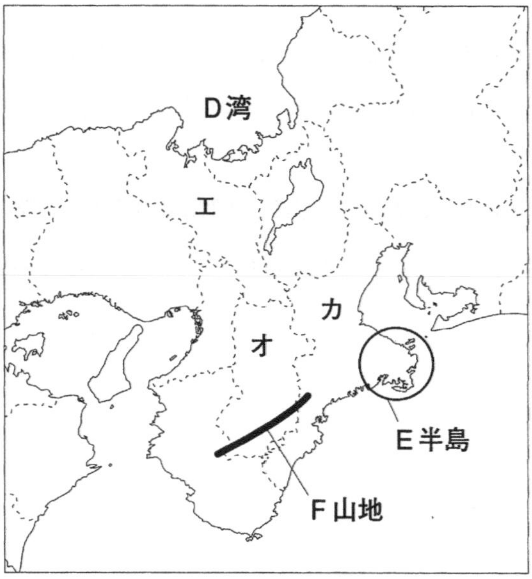

(1)

	1	2	3	4	5	6
志摩	D	D	E	E	F	F
若狭	E	F	D	F	D	E
紀伊	F	E	F	D	E	D

(2)

	1	2	3	4	5	6
三重県	エ	エ	オ	オ	カ	カ
京都府	オ	カ	エ	カ	エ	オ
奈良県	カ	オ	カ	エ	オ	エ

問3　次の文は、ある県庁所在地について述べたものである。県名と県庁所在地の名前を漢字で正しく答えなさい。

(1)　市の北側が瀬戸内海に面した港町で、晴れの日が多い気候であり、塩の生産が有名である。平野が多く、農業用水を確保するためのため池が多く見られる。

(2)　最も面積が広い県で、東側に太平洋、西側に山脈があり、県のほぼ中央部にある盆地に位置する市である。初夏にやませと呼ばれる湿った冷たい風が吹くことがある。

問4　下の地図中の断面**A**と、**B**の範囲における水深について、問いに答えなさい。

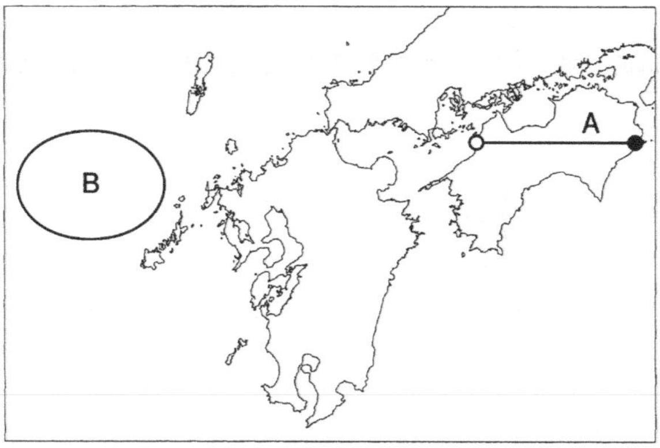

(1)　断面**A**に当てはまる図として正しいものを次の**1**～**4**から1つ選び、数字で答えなさい。ただし標高は強調してある。

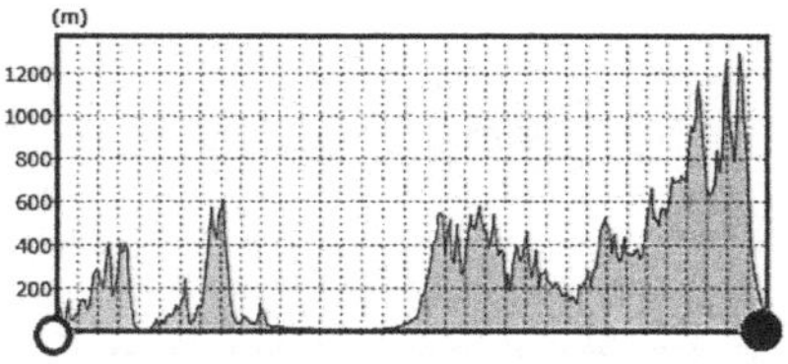

1

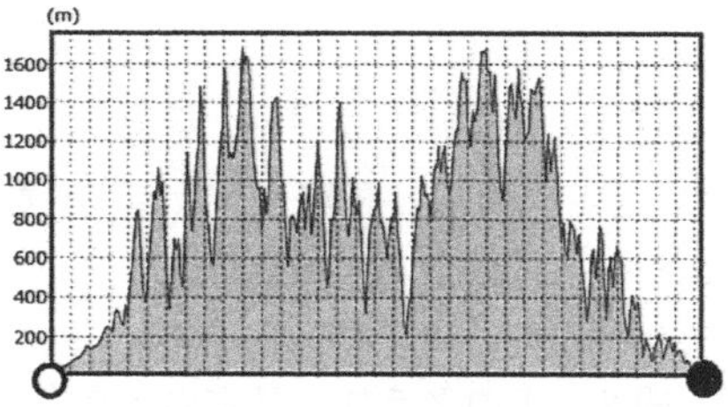

2

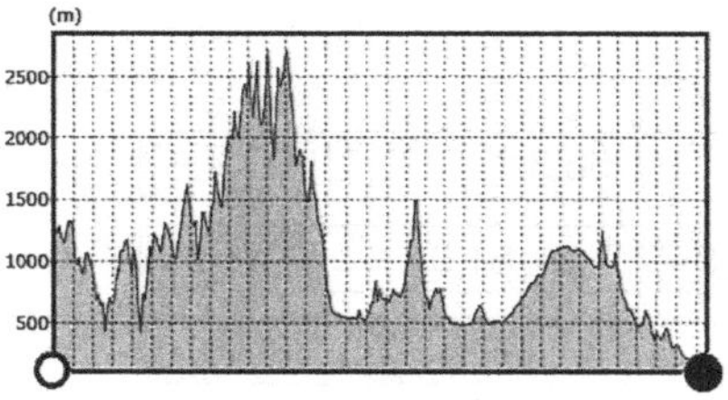

3

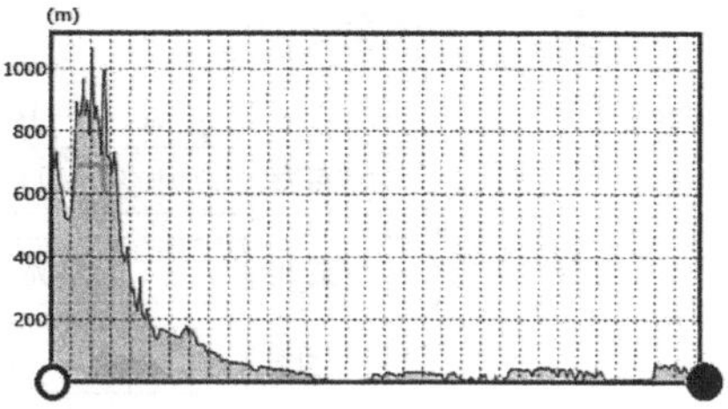

4

(2)　**B**の海域で最も多くを占める水深として、正しいものを次の**1**～**4**から1つ選び、数字で答えなさい。

1．-200m以上0m未満

2．-1000m以上 -200m未満

3．-3000m以上 -1000m未満

4．-3000m未満

2 次の日本の産業や世界の国々に関する問いに答えなさい。

問 1 次の地図はある農作物の生産量を割合で表したものである。それぞれの作物名を語群から選び、答えなさい。

A

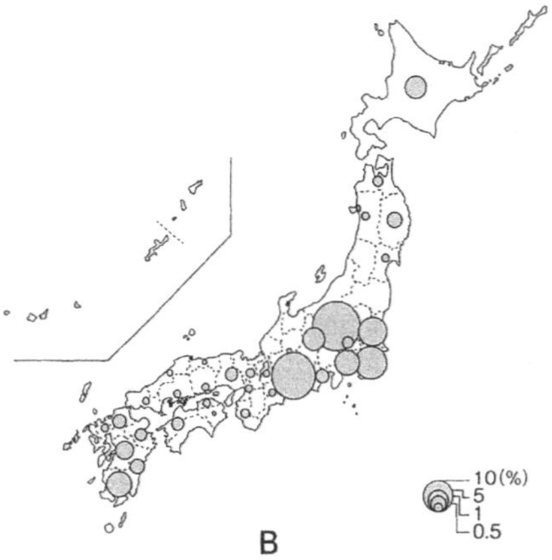

B

（『日本国勢図会』2020-21）

語群 米　小麦　キャベツ　みかん　ぶどう

問 2 下のグラフは日本の各地方における農畜産物の生産割合を表しており、**A**～**C**は野菜・米・畜産のいずれかである。組み合わせとして正しいものを次の**1**～**6**から選び、数字で答えなさい。

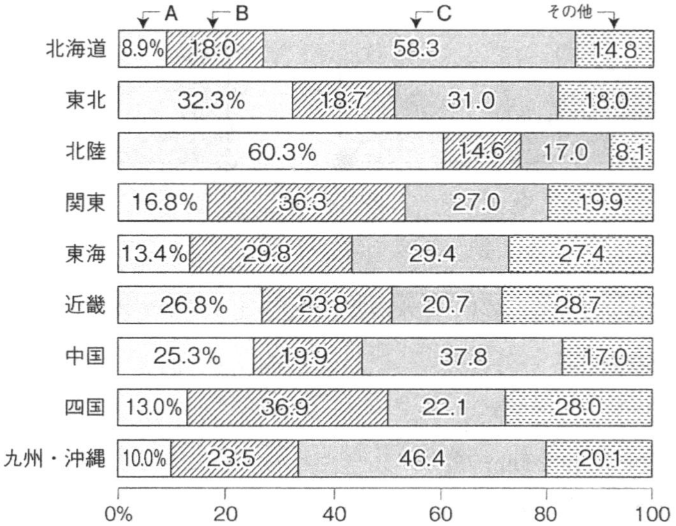

（『日本国勢図会』2020-21）

	1	2	3	4	5	6
米	A	A	B	B	C	C
畜産	B	C	A	C	A	B
野菜	C	B	C	A	B	A

問 3　森林は、林業や二酸化炭素の吸収だけでなく、さまざまな価値がある。森林が雨水をためこみ、一気に川に流れ込むことを防ぐことを何と呼ぶか、4 文字で答えなさい。

問 4　下の図は、国連が掲げる SDG s の17の目標の一部である。SDG s とは「(　　　) な開発目標」のことである。(　　　) に当てはまる漢字 4 文字を答えなさい。

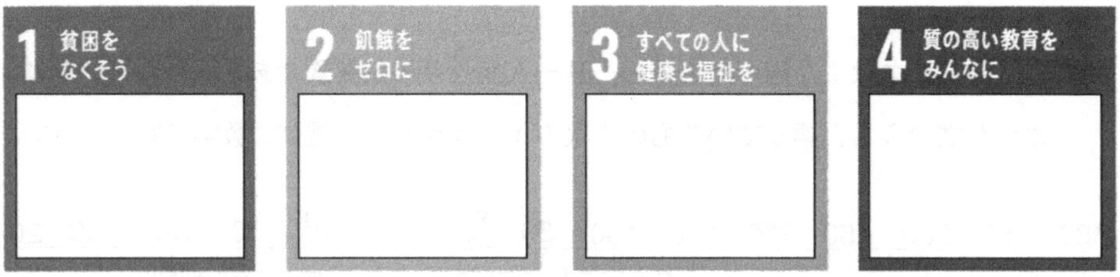

問５　下の地図中の**Ａ～Ｃ**の国名を答えなさい。

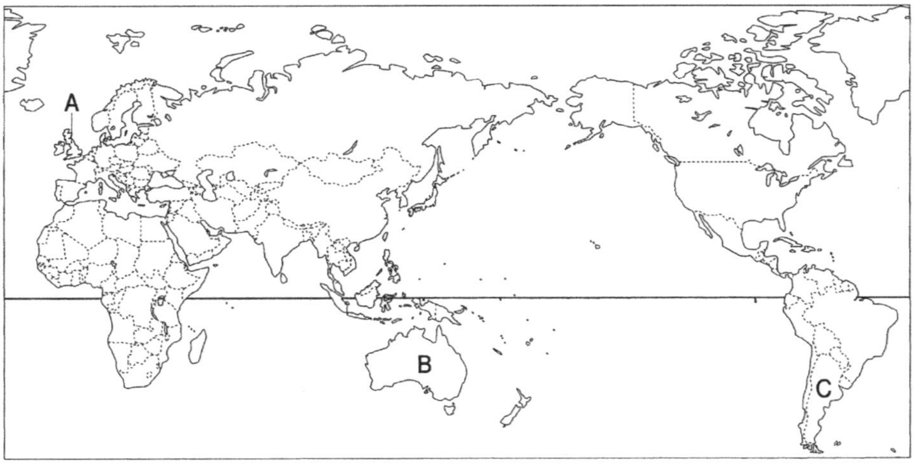

問６　下のグラフは主な国の肉と魚の一日一人当たりの消費量である。このグラフについて述べた文のうち、**誤っているもの**を次の**１～４**から１つ選び、数字で答えなさい。

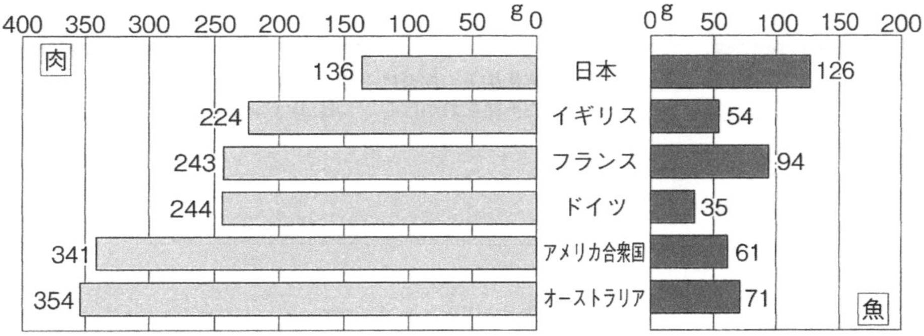

（『日本国勢図会』2020-21）

１．日本は魚の消費量が最も多いが、それでも肉の消費量よりも少ない。

２．フランスは肉と魚の消費量のどちらもイギリスより多い。

３．ドイツで魚の消費量が少ないのは国土が海に面していないからである。

４．アメリカ合衆国やオーストラリアは広い国土での牧畜が肉の消費量と関係している。

3　次の年表や資料を見て、あとの問いに答えなさい。

〈年表〉

年	できごと
239	邪馬台国の女王（　A　）が中国に使いを送る
4世紀	B大和朝廷による国土統一がすすむ
593	聖徳太子が（　C　）の摂政となる
645	D大化の改新がおこる
710	E平城京に都が移る
794	平安京に都が移る
1016	藤原道長らが（　　　　　F　　　　　）ことで政治を独占する
1167	平清盛が太政大臣となる

問1　年表中の（　A　）に当てはまる人物を答えなさい。

問2　年表中の下線部Bのころにつくられた右のような形の豪族《ごうぞく》の墓《はか》を何というか、答えなさい。

問3　年表中の（　C　）に当てはまる人物を答えなさい。

問4　年表中の下線部Dのできごとに**関係が無い人物**を次の**1**～**4**から1つ選び、数字で答えなさい。

1．中大兄皇子《なかのおおえのおうじ》
2．蘇我入鹿《そがのいるか》
3．中臣鎌足《なかとみのかまたり》
4．鑑真《がんじん》

問5　年表中の下線部Eがある都道府県はどこか、答えなさい。

問6　年表中の（　F　）にあて　まる言葉を考えて答えなさい。そのさいに必ず「娘《むすめ》」という語を使用すること。

〈資料①〉

> 1185年に平氏がほろびたあと、（　G　）は征夷《せいい》大将軍《たいしょうぐん》となり、鎌倉に幕府を開いた。家来となった武士たちは御家人とよばれ、Hご恩と奉公で結ばれる関係をきずいた。

問7　資料①中の（　G　）に当てはまる人物を答えなさい。

問8　資料①中の下線部Hに関する説明文Ⅰ・Ⅱについて、正誤《せいご》の組み合わせとして正しいものを次の**1**～**4**から１つ選び、数字で答えなさい。

Ⅰ　「ご恩」とは将軍が御家人に対して領地《りょうち》を保証《ほしょう》したり、ほうびとして新たな土地をあたえたりすることである。

Ⅱ　「奉公」とは、一定の期間住《す》み込《こ》みで商人《しょうにん》の仕事をして、その技術《ぎじゅつ》を学ぶことである。

1．Ⅰ－正しい　Ⅱ－正しい　　**2**．Ⅰ－正しい　Ⅱ－間違っている

3．Ⅰ－間違っている　Ⅱ－正しい　　**4**．Ⅰ－間違っている　Ⅱ－間違っている

〈資料②〉

> 戦国時代にI種子島《たねがしま》に流れ着いたヨーロッパ人から鉄砲が伝わった。（　J　）はこれを利用して全国統一をすすめ、1575年には武田氏《たけだし》の騎馬隊《きばたい》を破った。
>
> その後、（　J　）は家来の明智光秀《あけちみつひで》の裏切《うらぎ》りにあい、自害したが、その後を豊臣秀吉がついで、1590年に全国統一をなしとげた。

問9　資料②中の下線部Iの国として正しいものを次の**1**～**4**から１つ選び、数字で答えなさい。

1．アメリカ

2．イギリス

3．スペイン

4．ポルトガル

問10　資料②の（　J　）に当てはまる人物を答えなさい。

4 次の年表や資料を見て、あとの問いに答えなさい。

〈年表Ⅰ〉

年	できごと
1600	A徳川家康が豊臣方をやぶる
1615	全国の大名をおさえるためB武家諸法度が定められる
1637	C島原・天草一揆がおこる
1853	（　D　）が浦賀《うらが》へやってくる
1854	E日米和親条約が結ばれる
1858	日米修好通商条約が結ばれる

問1　年表Ⅰ中の下線部Aの戦いを何というか、答えなさい。

問2　年表Ⅰ中の下線部Bについて、右の資料の内容が追加された。

その内容について述べた下の文中の（　　）に適する語句を答えなさい。

（　　　　）を制度化《せいどか》する

問3　年表Ⅰ中の下線部Cの原因となった、当時西日本で広まりつつあった宗教は何か、答えなさい。

問4　年表Ⅰ中の（　D　）に当てはまる人物を答えなさい。

問5　年表Ⅰ中の下線部Eの際に、日本が開いた港として正しいものを次の1～4から2つ選び、数字で答えなさい。

1．下田《しもだ》
2．横浜《よこはま》
3．新潟《にいがた》
4．函館《はこだて》（箱館）

〈年表Ⅱ〉

年	できごと
1868	F五か条の御誓文が出される
1873	徴兵令《ちょうへいれい》が出される
1889	日本でG最初の憲法が制定される
1890	H第一回帝国議会が開かれる
I 1894	日清戦争がおこる
1904	J日露戦争がおこる
1914	第一次世界大戦がおこる

問6　年表Ⅱ中の下線部Fに関する次の文中の空らんに共通して入る言葉として、もっともふさわしいものを下の**1**～**4**から1つ選び、数字で答えなさい。

> 一、(　　　)が心を合わせて、国の勢《いきお》いをさかんにしよう。
> 一、(　　　)一人一人の意見がかなう世の中にしよう。

1．大名
2．皇族《こうぞく》（天皇の一族）
3．国民
4．僧《そう》

問7　年表Ⅱ中の下線部Gの名前を答えなさい。

問8　年表Ⅱ中の下線部Hのときに選挙権をもつことができた人について説明したものとして正しいものを次の**1**～**4**から1つ選び、数字で答えなさい。

1．18歳以上のすべての男女
2．25歳以上のすべての男女
3．一定の金額以上の税金を納めた25歳以上の男性
4．一定の兵役《へいえき》経験のある25歳以上の男性

問 9　年表中の下線部 **I** の年に日本は、イギリスとの交渉《こうしょう》に成功して、日本の法律で外国人の裁判《さいばん》ができるようになった。このときの外務大臣《がいむだいじん》は誰か、答えなさい。

問10　年表中の下線部 **J** のあと、重工業《じゅうこうぎょう》が発達するなど産業が発展したが、1890年代から起こった深刻《しんこく》な公害問題《こうがいもんだい》に取り組んだ下の写真の人物は誰か、答えなさい。

5 次の【Ⅰ】・【Ⅱ】を読んで、あとの問いに答えなさい。

【Ⅰ】選挙のしくみについて、あとの問いに答えなさい。

選挙には普通選挙・平等選挙・直接選挙・A秘密選挙の４つの原則がある。

選挙権は、満18歳以上のすべての男女にあり、病気や仕事などで投票日に投票できない人は、前もって投票できる。被選挙権は、（　B　）できる権利で、衆議院議員・市区町村長・地方議会議員は満（　C　）歳以上、参議院議員とD都道府県知事は満（　E　）歳以上のすべての男女に与えられている。

問１　下線部Aについて、秘密選挙とはどういう内容か簡単に答えなさい。

問２　文章中の（B）、（C）、（E）に当てはまる語句を次の１～５からそれぞれ選び、数字で答えなさい。

１．投票　　２．立候補　　３．18　　４．25　　５．30

問３　下線部Dについて、全国にいる都道府県知事の合計人数を解答らんに合わせてそれぞれ答えなさい。

都知事…（　　）人、道知事…（　　）人、府知事…（　　）人、県知事…（　　）人

【Ⅱ】社会保障について、あとの問いに答えなさい。

社会保障制度は、Fすべての国民が、健康で文化的な最低限度の生活ができるように、国が行うものであり、社会保険・公的扶助《ふじょ》・社会福祉・公衆《しゅう》衛生に大きく分けることができる。

現代社会はG少子高齢社会で、社会保障の費用増加が大きな課題になっている。

問４　下線部Fについて、これは人が生まれながらにもっている基本的人権のうち社会権に属するものであるが、特に何と呼ばれる権利か解答らんに合わせて答えなさい。

問５　下線部Gについて、下記の図は、人口ピラミッドである。このうち、2020年の日本にあたるものを次の１～３から１つ選び、数字で答えなさい。

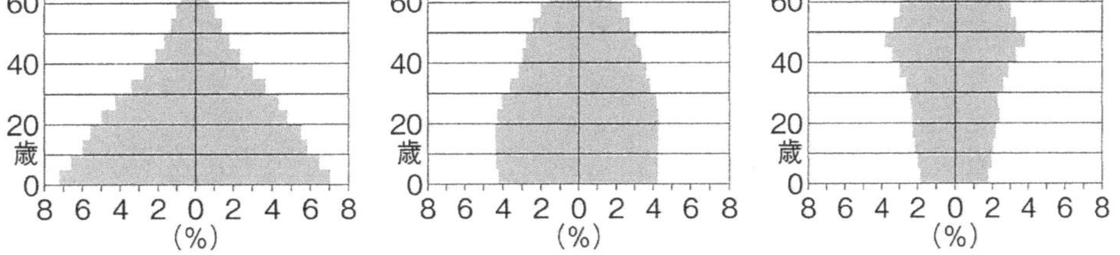

1　　2　　3

二宮書店　データブックオブザワールド2021

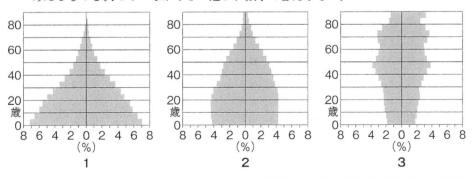

令和６年度　入学試験解答用紙　国語

得点（記入しないこと）

（配点非公表）

氏名

番号

⓪	①	②	③	④	⑤	⑥	⑦	⑧	⑨
⓪	①	②	③	④	⑤	⑥	⑦	⑧	⑨
⓪	①	②	③	④	⑤	⑥	⑦	⑧	⑨
⓪	①	②	③	④	⑤	⑥	⑦	⑧	⑨

（記入例）

良い例	●	
悪い例	✓	◎ ●

受験番号を記入し，横のマークをきれいに塗りつぶしてください。また名前も記入してください。

用紙タテ 上　こちらを上にしてください

一

問一　①　②

問二　①　漢字　意味　②　漢字　意味

問三　①　②

問四

問五

問六　①　②

二

問一

問二

問三

問四

問五　から。

問六

【解答

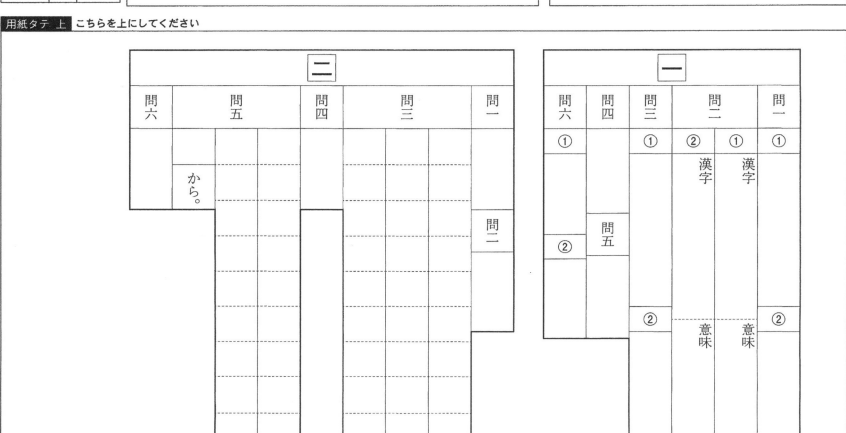

得点（記入しないこと）	令和6年度　入学試験解答用紙　算数
（配点非公表）	氏名

番号		
		⓪ ① ② ③ ④ ⑤ ⑥ ⑦ ⑧ ⑨
		⓪ ① ② ③ ④ ⑤ ⑥ ⑦ ⑧ ⑨
		⓪ ① ② ③ ④ ⑤ ⑥ ⑦ ⑧ ⑨
		⓪ ① ② ③ ④ ⑤ ⑥ ⑦ ⑧ ⑨

（記入例）

良い例	●	
悪い例	✓	◉ ●

受験番号を記入し，横のマークをきれいに塗りつぶしてください。また名前も記入してください。

用紙タテ 上　こちらを上にしてください

1

(1)	
(2)	
(3)	
(4)	
(5)	
(6)	
(7)	倍

3

(1)	①	cm^3
	②	cm^2
	③	cm^2
	④	cm
(2)	①	$\frac{\quad}{21}$ cm
	②	$\frac{\quad}{21}$ cm^2

【解答

得点（記入しないこと） （配点非公表）	令和６年度　入学試験解答用紙　理科	
	氏名	

番号		
		⓪ ① ② ③ ④ ⑤ ⑥ ⑦ ⑧ ⑨
		⓪ ① ② ③ ④ ⑤ ⑥ ⑦ ⑧ ⑨
		⓪ ① ② ③ ④ ⑤ ⑥ ⑦ ⑧ ⑨
		⓪ ① ② ③ ④ ⑤ ⑥ ⑦ ⑧ ⑨

（記入例）

良い例	●	
悪い例	✓	◎ ●

受験番号を記入し，横のマークをきれいに塗りつぶしてください。また名前も記入してください。

用紙タテ 上　こちらを上にしてください

1

(1)		(2)		(3)			
(4)		(5)	g				
(6)	ア →　　→　　→	(7)					
(8)		(9)					

2

(1)		(2)			
(3)	g	(4)			
(5)	ア		イ		ウ	
(6)					

【解答用

得点（記入しないこと） （配点非公表）	令和６年度　入学試験解答用紙　社会
	氏名

番号											
		0	1	2	3	4	5	6	7	8	9
		0	1	2	3	4	5	6	7	8	9
		0	1	2	3	4	5	6	7	8	9
		0	1	2	3	4	5	6	7	8	9

（記入例）

良い例	●	
悪い例	✓	◎ ●

受験番号を記入し，横のマークをきれいに塗りつぶしてください。また名前も記入してください。

用紙タテ 上　こちらを上にしてください

1

問1	(1)	(2)		問2	(1)	(2)	
問3	(1)　県	市		(2)　県	市		
問4	(1)	(2)					

2

問1	(A)	(B)		問2				
問3					問4			
問5	(A)	(B)	(C)	問6				

3

問1		問2			
問3	天皇	問4		問5	

【解答用

問7		問8	
問9		問10	

4

問1	の戦い	問2	（　　）を制度化する		
問3	教	問4		問5	
問6		問7		問8	
問9		問10			

5

I	問1								
	問2	(B)		(C)		(E)			
	問3	都知事	人	道知事	人	府知事	人	県知事	人
II	問4	権	問5						

(1)	エ			
(2)	等星			
(3)				
(4)	a		b	
(5)	午前　　　時ごろ			
(6)				
(7)			分間	

4

(1)	個		(2)	ア		イ		ウ		エ		
(3)	①		②		③		④		⑤		⑥	
(4)	はなこさん　　kg		(5)	マチルダさん　　kg		しんすけさん　　kg		(6)	本			

(9)	
(10)	個

2

(1)	
(2)	円
(3)	[31, 7]+[17, 3]を計算すると
	個
(4)	個
(5)	%

(2)	個
(3)	
(4)	番目
(5)	個

5

(1)	時間
(2)	時間後
(3)	時間
(4)	時間

三

問一 a b c d e

問二

問三

問四

問五

問六

問七

問八

問九

問十

問十一

四

問一

問二

問三

問四

問五

問六

問七 (1) (2)

問八 (1) (2) (3)

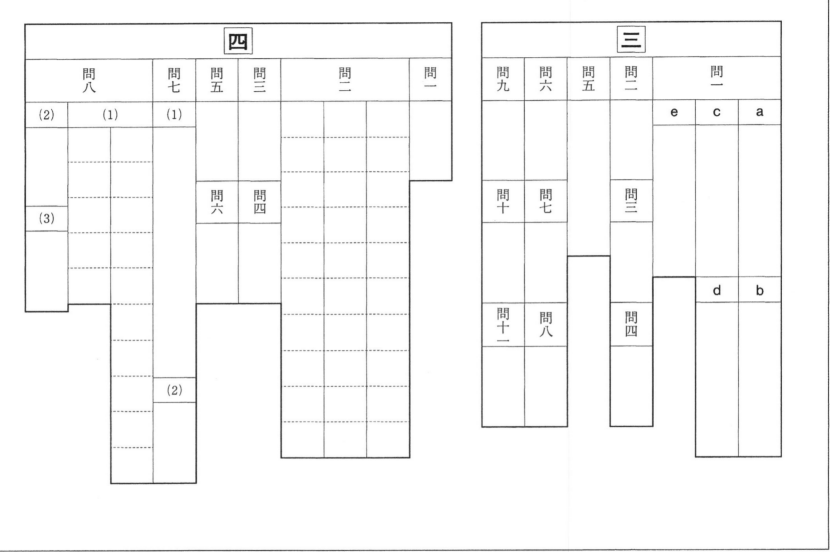

長崎会場

令和５年度

第１回入学試験問題

総合問題

令和４年12月４日(日)　10：00～11：00（60分）

注意

１．「はじめ」の合図《あいず》があるまでこの問題用紙を開いてはいけません。

２．問題用紙は、１ページから８ページまであります。

３．答えは、すべて解答用紙に記入してください。

４．印刷《いんさつ》がはっきりしなくて読めないときや体の具合が悪くなったときは、だまって手をあげてください。

５．試験中は、話し合い、わき見、音をたてること、声を出して読むことなどをしてはいけません。

６．試験時間は60分です。

７．「やめ」の合図でえんぴつを置き、問題用紙と解答用紙は机《つくえ》の中央に置いてください。

受験番号	

長崎日本大学中学校

1 かれんさんのクラスでは「似ている言葉」についてグループで研究し、発表することになりました。かれんさんたちのグループが担当した言葉は「ねる」と「ねむる」です。

かれん　「『ねる』と『ねむる』はよく似ているけど、意味は同じかな。」
まさし　「まずは国語辞典で調べてみよう。」

「ねむる」
①目をつむり、心や体が自然に活動をやめて、休んだ状態になる。例ぐっすりねむる。
②死んで横たわる。例この墓には、祖先がねむっている。
③物が使われないで、そのままになっている。例本棚《ほんだな》に本がねむっている。

「ねる」
①ねむる。例早くねて、早く起きる。
②横になる。例ねながら本を読む。
③病気で床《とこ》につく。例かぜで、二日間ねていた。

「三省堂例解小学国語辞典」より

ともみ　「同じ部分もあるけど、ちがいもありそうだね。実際にどんなふうに使われているか、用例をインターネットを使ってもっとさがしてみよう。」
しょう　「『ねむる』の用例を見つけたよ。『地下に徳川家のお宝がねむっている。』これは、辞典の［ア］の意味で使われている用例だね。」
としや　「『ねる』の②の意味は、人間や動物以外にも使えそうだね。例えば『［イ］』という使い方を見つけたよ。」
なおこ　「調べて分かったけど『ねる』の①と②の意味と反対の意味を表す言葉は『起きる』だそうよ。」
まさし　「『ねむる』の①の意味と反対の意味を表す言葉は『起きる』以外に『［ウ］』もあるね。」
としや　「どちらも②と③の用例の中の『ねる』と『ねむる』を入れかえたら、変な文になるよ。たとえば、『この墓には、祖先がねている。』っておかしな文だよね。」
なおこ　「たしかに。『ねむりながら本を読む。』って変だよ。」
しょう　「ということは、『ねる』と『ねむる』の共通する意味は『目をつむり、心や体が自然に活動をやめて、休んだ状態になる。』ということかな。」
ともみ　「そして、それぞれの②と③の意味は、二つの言葉のちがいを表しているということね。」
かれん　「では、調べて分かったことを発表用のスライドにまとめよう。」

問題１　［ア］にあてはまる番号を答えなさい。

問題２　［イ］にあてはまる文を、次のあ～えから一つ選び、記号で答えなさい。
あ　満天の星空のもと、街中がねしずまっている。
い　動物園のオスライオンはいつもねている。
う　昨日の台風で田んぼの稲《いね》がねてしまった。
え　豚肉《ぶたにく》をみそにつけこんで一晩《ひとばん》ねかせる。

問題３　［ウ］にあてはまる言葉を３字で答えなさい。（ひらがなでもよい。）

としや　「『ねる』と『ねむる』について調べていたら、おもしろいアンケート調査を見つけたよ。このアンケートに答えたＮ市の小学生5000人のうち、朝８時よりおそく起きる人で、朝ごはんを『食べない』人と『あまり食べない』人を合わせると、えっと、［エ］人いることになるね。」

かれん　「さすがとしやさん、計算がはやいね。」

N市の小学生5000人にアンケート

「ふだん何時ごろ起きますか」

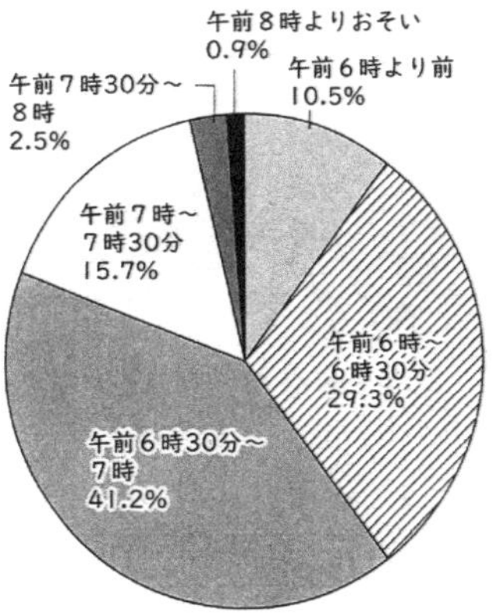

「あなたは、朝食を食べますか」

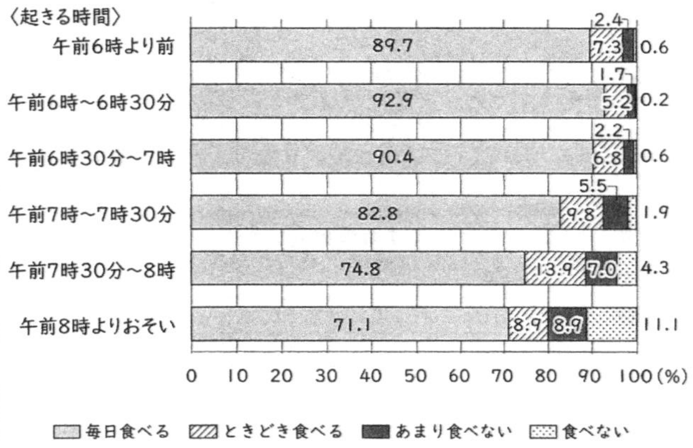

問題４　[エ]にあてはまる数を答えなさい。

かれんさんたちは話し合いながら、発表用のスライドをパソコンで作っています。

かれん　「最後のまとめのスライドはＡとＢのどちらにしようか。」
まさし　「Ａの方が、文できちんと説明してあるから分かりやすくていいんじゃない。」
としや　「そうだね。Ａなら発表の時にそのまま読めばいいし。」
ともみ　「そうかな。[オ]から、Ｂの方がいいと思うよ。」
なおこ　「それに、スライドをそのまま読み上げるのはいい発表ではないと先生がおっしゃっていたよ。」

Ａ

「ねる」と「ねむる」は、どちらも「目をつむり、心や体が自然に活動をやめて、休んだ状態になる」という意味を持っています。しかし、異なる意味もあります。「ねる」は「横になる」や「病気で床につく」という意味があり、「ねむる」には「死んで横たわる」や「物が使われないで、そのままになっている」という意味でも使われます。

Ｂ

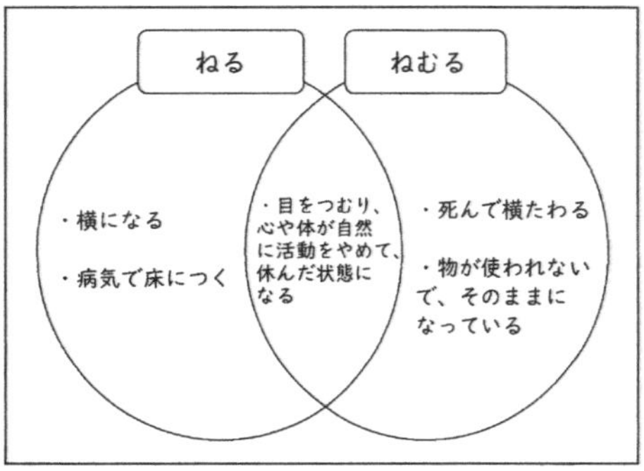

問題５　[オ]にはどのような内容が入るでしょうか。あなたの考えを書きなさい。

問題６　下線部「いい発表」とありますが、クラス内で発表をする時、スライドの作り方以外でどのようなことに気をつけたらよいですか。次の[カ]にあてはまるあなたの考えを書きなさい。

《発表の時に気をつけること》
・聞いている人が聞き取りやすいように、大きな声ではきはきと話す。
・[カ]。など

2　けんじさんは学校の研修旅行で水族館に行きました。

けんじ　「先生、この生き物はこれまで見つかっていなかった新種みたいですね。」
先　生　「そうですね。ダイオウグソクムシのなかまで、もともとは深海に生きているみたいですね。」
けんじ　「去年の８月に新種とわかったばかりだと書いてあります。」
先　生　「深海の生き物には新種が見つかりやすいんですよ。」
けんじ　「それはなぜですか。」
先　生　「［　　　　　　　　］からですよ。」
けんじ　「なるほど。」

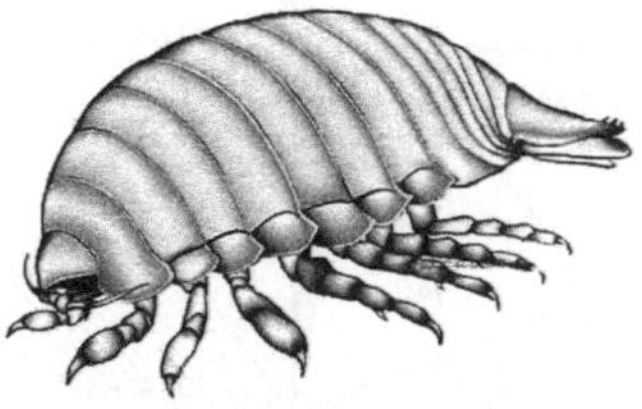

ダイオウグソクムシの絵

問題１　下線部「ダイオウグソクムシ」とありますが、ダイオウグソクムシはダンゴムシのなかまです。ダイオウグソクムシやダンゴムシのなかまとして正しいものを次のあ～おから一つ選び、記号で答えなさい。

あ　カブトムシ　　い　イセエビ　　う　アルマジロ　　え　クラゲ　　お　オニヒトデ

問題２　［　　］にはどのような内容が入るでしょうか。あなたの考えを書きなさい。

けんじ　「ところで、深海ってどれくらい深い海のことをいうんですか。」
先　生　「水深200ｍよりも深いところみたいですね。ほら掲示《けいじ》板《ばん》にも書いてありますよ。」
けんじ　「本当だ。深海は『暗い』『低温』『高圧』って書いてある。『暗い』のは深ければ深いほど日光が届かないからだとわかるけど、『低温』と『高圧』って何ですか。」
先　生　「『低温』とは水温が低いってことですね。日光が届かないから海水があたたまらないし、海水のような液体や空気のような気体は、温度が下がると下の方に行く性質があるんですよ。」
けんじ　「たしかに、今まででそういう経験をしたことがあります。冷たい水や空気が下に動くんですよね。」
先　生　「『高圧』は、水の重さによる力が大きくかかっているということです。２Ｌのペットボトルの水って重いでしょ。その何倍もの水が上にのっていることになるので、とても大きな力がかかるんですよ。」
けんじ　「２Ｌは［ア］mLだから［ア］㎤のことですよね。水１㎤で［イ］ｇだから２Ｌの水は［ウ］kgですね。１ｍもぐったときに１㎡の面積の上に１㎥の水がのると考えると、１㎥は１㎤の［エ］倍だからその重さは［オ］kgにもなるのか。」
先　生　「水深200ｍではその200倍で、もっと深いところではさらに大きくなります。『高圧』の理由がわかりましたか。」

深海とは…水深200ｍよりも深い海のこと

暗い

低温　　高圧

深海についての掲示板

問題３　下線部「冷たい水や空気が下に動く」とありますが、あなたがこれまでの生活の中で経験したり、知識として知っている「冷たい水や空気が下に動く」現象にはどのようなことがありますか。具体的に一つ答えなさい。

問題４　[ア]～[オ]にあてはまる数を答えなさい。

問題５　水中にあるものにかかる水の重さによる力のことを水圧といいます。水圧は水深が深くなるほど大きくなります。下の図のように、側面に３つの穴が開いた水そうが台の上においてあります。この水そうに水をいっぱいに入れたとき、それぞれの穴から水が出るようすを実線で表しなさい。ただし、穴から出た水は着地点Ａ～Ｃのどれかに着地します。また、着地点は何度使用してもかまいません。

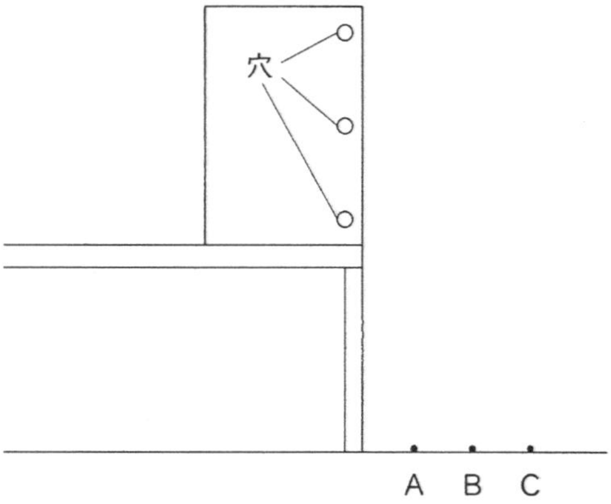

けんじ　「深海とは呼ばないところは何というんですか。」
先　生　「深いという言葉の反対の意味の言葉を考えてみてください。」
けんじ　「深いの反対は浅いかな。」
先　生　「ということは、深海でない海を浅海《せんかい》というのは想像がつきますね。」
けんじ　「浅海は聞いたことがないけれど[カ]は聞いたことがあります。」
先　生　「[カ]は日本の周辺に分布し豊かな漁場《ぎょじょう》を形成しています。」

問題６　下線部「深いの反対は浅い」とありますが、「深い」⇔「浅い」のように「○い」⇔「□い」となる反対の意味の言葉の組み合わせを答えなさい。ただし、○や□は漢字一字とします。

問題７　[カ]にあてはまる言葉を答えなさい。

3 せいなさんが調理実習をしています。

先　生　「野菜をボウルで洗いましょう。」
せいな　「ジャガイモ、キュウリ、ニンジン。今日の調理実習はポテトサラダね。こんなに大きなボウルで洗うのかな。」
先　生　「大きなボウルの方が洗いやすいので、今日はこれを使いましょう。」
せいな　「あれ、キュウリって水に浮《う》かぶんだ。ジャガイモやニンジンは沈《しず》んでいるのに不思議だな。」
先　生　「いいところに気がつきましたね。地上でできるものは水に浮かんで、地中でできるものは水に沈むといわれています。」
せいな　「おもしろいな。じゃあ、ほかの野菜はどうなるんですか。」
先　生　「ピーマンとサツマイモとカボチャについて、考えてみましょう。前のスクリーンを見てください。３つとも水に入れてみます。」
せいな　「あっ、[ア]と[イ]は浮いて、[ウ]は沈むんだ。もう少し調べてみたいな。」
先　生　「トマトもあるので、試してみましょう。」
せいな　「トマトは地上でできるから水に浮かぶはずだよね。えっ、このトマト沈んでる。」
先　生　「ふつうのトマトは浮かぶのに不思議ですね。試しにピーマンとサツマイモを切ってみましょう。断面を見てください。」

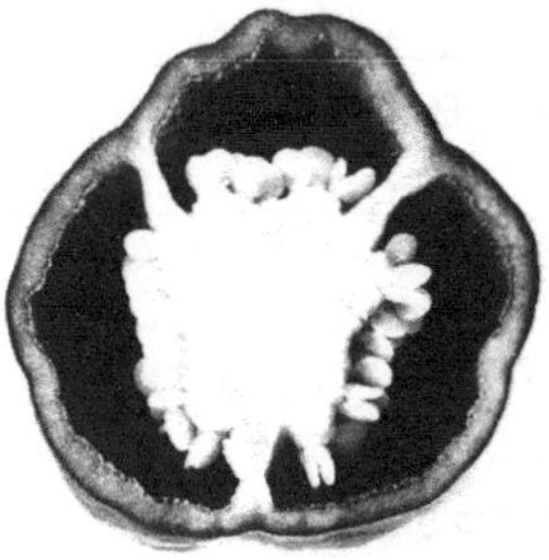
ピーマン

サツマイモ

せいな　「あっ、ピーマンとサツマイモの断面を比べるとサツマイモの方が[エ]いることがわかります。だからこのトマトも[エ]いるという理由で沈んでいるってことですか。」
先　生　「その通りです。切って確かめてみるといいですね。」
せいな　「トマトっておもしろい野菜ですね。」

問題１　[ア]～[ウ]にあてはまる野菜の名前をピーマン、サツマイモ、カボチャからそれぞれ一つ選び、答えなさい。

問題２　[エ]にあてはまる言葉を答えなさい。

せいなさんは、トマトについて調べてＡ～Ｄのようにまとめてみました。

Ａトマトの原産地

　トマトはナス科の植物であり、南アメリカのアンデス山脈の高原地帯に野生のトマトが見られるため、ここが原産地であると考えられている。日本には、江戸時代に唐[*1]柿（とうがき）として伝わり、現在全国各地で生産されている。

＊１　唐とは中国のことである。

Ｂ日本のトマトの収穫《しゅうかく》量ランキング　　令和２年

順位	都道府県名	年間の収穫量	冬春の収穫量	夏秋の収穫量
１位	熊本県	135,300	112,400	22,900
２位	北海道	66,200	10,500	55,700
３位	愛知県	43,300	39,900	3,400

＊収穫量の単位は（トン）

農林水産省「作物統計」より作成

Ｃトマトを使った料理：カプレーゼ

Ｄトマトの種類

　主に、赤色系トマトともも色系トマトの２種類がある。赤色系は皮があつく、トマトのにおいが強いため、ケチャップやトマトソースなどにすることが多い。もも色系は皮がうすく、トマトのにおいが弱いため、冷やしトマトやサラダなどで食べられることが多い。

問題３　Ａについて、トマトが南アメリカから日本へ伝わったルートは、下の図のように考えられます。（　　　）にあてはまる地域の名前を答えなさい。

南アメリカ　→　（　　　　　）　→　中国　→　日本（長崎）

問題４　Ｂについて、熊本県、北海道、愛知県のトマトの収穫量は、日本全体のトマトの収穫量のおよそ３分の１でした。日本全体のトマトの収穫量はおよそ何万トンになりますか。Ｂの表を参考に計算して答えなさい。

問題５　Ｂについて、熊本県と愛知県では、12月～６月にかけて収穫される冬春トマトの収穫量のほうが夏秋の収穫量より多くなっていますが、どのような方法で栽培《さいばい》されていると考えられますか。あなたの考えを答えなさい。

問題６　カプレーゼは、Ｃの写真のように、バジル、チーズ、トマトをお皿に盛り付けます。バジルの緑、チーズの白、トマトの赤は、この料理の作られる国の国旗の色とも同じになります。この国はどこか答えなさい。

バジルの緑	チーズの白	トマトの赤

問題７　せいなさんは家でカプレーゼを作ることにしました。その時に使用するトマトは、Ｄにある赤色系トマトともも色系トマトのどちらが良いと思いますか。あなたの考えとその理由を書きなさい。

4 すすむさんは自由研究で自動車のナンバーについて調べるため、運輸局で係の山南《やまなみ》さんとお話をしています。

すすむ　「自動車のナンバーっていろんな数字があるんですね。」
山南さん「そうです、大きな数字の部分だけ考えたら、『0001』から『9999』まであります。先頭に0は使わないので、『0001』は『・・・1』、『0101』は『・101』と表します。・を使わない4ケタの番号の場合は『12－34』のように間に『－』が入ります。」

問題1　自動車のナンバーは『0001（表示は・・・1）』から『9999（表示は99－99）』までで何個ありますか。ただし数字はすべて使うものとします。

すすむ　「自動車のナンバーを4けたの数字と考えたとき、奇数《きすう》と偶数《ぐうすう》は半分ずつなんですか。」
山南さん「考えてみましょう。すぐにわかると思いますよ。」

問題2　ナンバーの奇数偶数について、次の㋐～㋒の中から一つ選び記号で答えなさい。ただし数字はすべて使うものとします。
㋐　奇数のほうが多い　　㋑　偶数のほうが多い　　㋒　奇数と偶数の数は同じ

すすむ　「ナンバーは数字が『12－34』のように全く同じものがない場合と、『11－22』のように同じ数字が含《ふく》まれる場合があるけど、どっちが多いんですか。」
山南さん「面白そうですね、では全く同じ数字がない場合を考えてみましょう。
4つの数字を左から ABCD とします。・は0だとしましょう。Aにはどんな数字が入ってもいいので、使える数字は[ア]個、BにはAに入った数字を使わないので[イ]個、CはAとBで使った数字を使わないので[ウ]個、同じように考えるとDは[エ]個、これらをすべてかけたらいいので、[オ]個が全く同じ数字がないものの数となりますね。ナンバー全部の数字から引くと[カ]個となり、これは[キ　全く同じ数字がない・同じ数字が含まれる]ものの数となります。比べたら、[ク　全く同じ数字がない・同じ数字が含まれる]ほうが、[ケ]個多いということがわかりますね。」

問題3　山南さんの説明文の中の[ア]～[ケ]にあてはまる数を答えなさい。ただしキ、クは正しい方を選び○で囲みなさい。

すすむ　「自動車のナンバープレートには、いろんなことが書いてあるけどどのような意味がありますか。」
山南さん「実は、自動車のナンバープレートにいろんな情報が表示されていて、数字にはもっと細かな決まりがあるんです。例えば、このようになっています。」

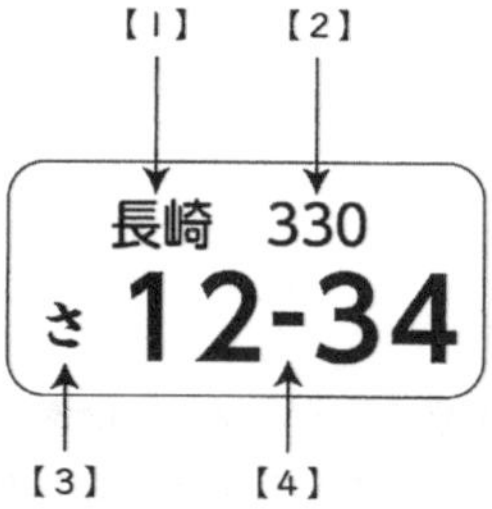

【1】は登録している地方
【2】は車の種類
【3】は車の区分
【4】は車の固有の番号（ナンバー）

すすむ　「なるほど。」
山南さん　「【２】から【４】については、さまざまな決まりがあります。【２】は３けたの数字となりますが、よく見るのは『330』のように３から始まるものと『500』のように５から始まるものですね。今回は３で始まるものに注目しましょう。【４】の番号は車を買うときに自分で好きなものにすることができます。これを希望ナンバーといいます。希望ナンバーの場合は【２】が330から始まります。330の『・・・１』から『99－99』までを使うと331、332、…と使っていって、398までを使ってしまったら、次は310から329までが使われます。希望しない場合は300から309までが使われます。圧倒的《あっとうてき》に希望ナンバーが多いですね。」

<希望ナンバー>	
330	310
331	311
332	312
⋮	⋮
⋮	327
⋮	328
396	329
397	
398	

<希望なしナンバー>
300
301
302
⋮
307
308
309

問題４　希望ナンバーの数は希望なしナンバーの数の何倍になりますか。

すすむ　「つまり、【２】の数字を見たら、希望ナンバーかどうかがわかるんですね。」
山南さん　「そうですね、希望が多い場合は抽選《ちゅうせん》となります。」
すすむ　「【３】のひらがなはどんな意味があるんですか。」
山南さん　「【３】は車の用途《ようと》を示しています。大きくは自家用か仕事用かで使われるひらがなが異なっています。自家用車の場合は、

さすせそ　たちつてと　なにぬねの　はひふほ　まみむめも　やゆ　らりるろ

がこの順に使われます。軽自動車は別です。」
すすむ　「ひらがな全部が使われるわけではないのですね。」
山南さん　「そうです。そして、『お』『し』『へ』『ん』は理由があってナンバーには使われません。またナンバーの中には、<u>『〇〇－42』や『〇〇－49』</u>のように通常は使用されないナンバーがあります。希望しても断られる場合があるんですよ。」

問題５　【１】は「長崎」、【２】は「300」、【３】を「さ」とします。【４】の『23－45』は『・・・１』から数えて何番目になりますか。また、【３】が「さ」から始まるとき、『・・・１』から数えて50000番目のナンバーにおける【３】のひらがなは何になりますか。ただし、上の下線部のナンバーは使用されないものとします。

問一　本文の――部A「生み出してゆく人」、B「それを受け取る人々」と同じ意味の言葉を、本文からそれぞれ五文字で書きぬきなさい。

問二　表の1989年と2021年のランキングについて、男女共通して新しくランキングに入った職業は何ですか。また、その職業が新しく入った理由について、あなたの考えを三十字以内で書きなさい。

問三　あなたは将来《しょうらい》どのような仕事をしたいと思っていますか。あなたの希望する職業（表の中の職業を参考にしてもよい）を一つあげ、本文の内容および次の【条件】や【注意】に合わせて、自分の考えを解答用紙に書きなさい。

【条件】

一、その仕事を希望することになったきっかけを、具体的に書くこと。

二、その仕事が、何を生み出し、どのように人々の役に立つのかを書くこと。

三、四五〇字以上五〇〇字以内で書くこと。

【注意】

一、題名や名前は書かないこと。

二、原こう用紙の一行目から書き始めること。

三、必要に応じて、段落に分けて書くこと。

（表）小学生全体　将来つきたい職業ランキング【上段1989年・下段2021年】

	女子（1989年）	1,800人中
1位	保育士・幼稚園教諭《ようちえんきょうゆ》	20.4%
2位	小・中・高校の先生	9.9%
3位	看護師《かんごし》	5.3%
4位	歌手	3.2%
5位	ファッションデザイナー	2.6%
6位	一般女子事務員	2.2%
7位	音楽家	2.0%
8位	美容師・理容師	1.9%
9位	商店経営	1.8%
10位	まんが家	1.7%
11位	スチュワーデス	1.3%
11位	スポーツ選手	1.3%
13位	俳優《はいゆう》	0.7%
14位	アナウンサー	0.6%

	男子（1989年）	1,800人中
1位	プロ野球選手	16.5%
2位	一般サラリーマン	9.5%
3位	プロ野球選手以外のスポーツ選手	8.4%
4位	警察官《けいさつかん》	5.1%
5位	パイロット	4.8%
6位	公務員	3.5%
7位	大学教授・研究者	2.8%
8位	まんが家	2.3%
9位	小・中・高校の先生	1.9%
10位	エンジニア	1.7%
11位	医者	1.6%
12位	運転手	0.8%
12位	自動車整備士	0.8%

	女子（2021年）	600人中
1位	パティシエ（ケーキ屋さん）	14.3%
2位	漫画家《まんがか》・イラストレーター	4.2%
2位	保育士・幼稚園教諭	4.2%
2位	看護師	4.2%
5位	医師（歯科医師含《ふく》む）	4.0%
6位	学校の教師・先生	2.7%
7位	パン屋さん	2.2%
8位	獣医師《じゅういし》	2.0%
8位	動物園の飼育係	2.0%
8位	ダンサー	2.0%
8位	デザイン関係（ファッション・ゲームなど）	2.0%
12位	歌手・アイドル	1.8%
13位	トリマー	1.5%
13位	YouTuberなどのネット配信者	1.5%
13位	美容師	1.5%

	男子（2021年）	600人中
1位	プロサッカー選手	5.3%
1位	YouTuberなどのネット配信者	5.3%
3位	警察官	4.7%
4位	プロ野球選手	3.7%
4位	研究者	3.7%
6位	会社員	3.0%
7位	エンジニア・プログラマー（機械・技術・IT系）	2.7%
8位	医師（歯科医師含む）	2.5%
9位	運転士	2.3%
10位	eスポーツプレーヤー・プロゲーマー	1.8%
11位	コック・板前（料理人）	1.7%
12位	その他スポーツ選手	1.5%
12位	公務員	1.5%
14位	自動車関連	1.3%

総合問題

令和五年度
第1回入学試験解答用紙

長崎日本大学中学校

氏名	

番号										
*	*	*	*	*	*	*				
0	0	0	0	0	0	0	0	0	0	0
1	1	1	1	1	1	1	1	1	1	1
2	2	2	2	2	2	2	2	2	2	2
3	3	3	3	3	3	3	3	3	3	3
4	4	4	4	4	4	4	4	4	4	4
5	5	5	5	5	5	5	5	5	5	5
6	6	6	6	6	6	6	6	6	6	6
7	7	7	7	7	7	7	7	7	7	7
8	8	8	8	8	8	8	8	8	8	8
9	9	9	9	9	9	9	9	9	9	9

得点(記入しないこと)

（配点非公表）

	イ	ウ

	問題４	万トン

甬するトマト（　　　　　　　　　　）
由

	個	問題２	

	イ	ウ	エ

	カ

全く同じ数字がない　・　同じ数字が含まれる

全く同じ数字がない　・　同じ数字が含まれる

	問題４	倍

『23 − 45』は　　　　　番目

000 番目のひらがなは

450

500

I

A	10	8	6	4	2
B	10	8	6	4	2
C	10	8	6	4	2

II

A	5	3	1
B	5	3	1
C	5	3	1
D	5	3	1

得点	

（評価基準非公表）

令和五年度　第一回入学試験問題　作文問題解答用紙

受験番号

問一

A

B

問二

職業	理由

問三

【解答用

用紙ヨコ 上 こちらを上にしてください

1

問題1		問題2	
問題3		問題4	
問題5			
問題6			

2

問題1			
問題2			
問題3			
問題4	ア	イ	ウ
	エ	オ	
問題5	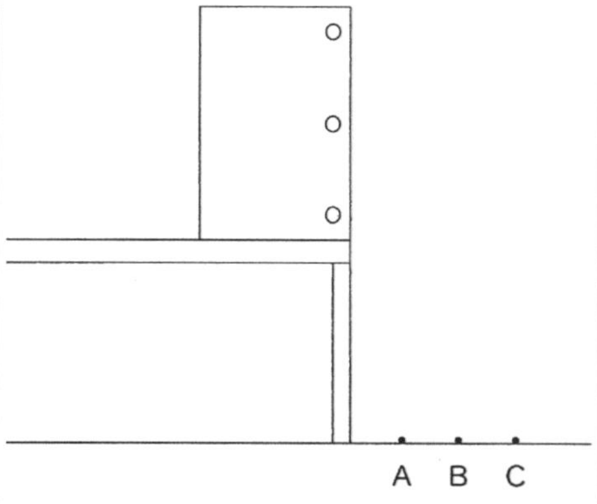		
問題6	い⇔ い		
問題7			

3

問
問
問
問
問
問

4

問
問
問

次の文章を読んで、あとの問いに答えなさい。

――考えてみたまえ。世の中の人が生きてゆくために必要なものは、どれ一つとして、人間の労働の産物でないものはないじゃあないか。

いや、学芸だの、芸術だのという高尚《こうしょう》※1な仕事だって、そのために必要なものは、やはり、すべてあの人々※2が額に汗《あせ》を出して作り出したものだ。

あの人々のあの労働なしには、文明もなければ、世の中の進歩もありはしないのだ。

ところで、君自身はどうだろう。君自身は何をつくり出しているだろう。世の中からいろいろなものを受け取ってはいるが、逆に世の中に何を与《あた》えているかしら。

改めて考えるまでもなく、君は使う一方で、まだなんにも作り出してはいない。

毎日三度の食事、お菓子《かし》、勉強に使う鉛筆《えんぴつ》、インキ、ペン、紙類、――まだ中学生の君だけど、毎日、ずいぶんたくさんのものを消費して生きている。着物や、靴《くつ》や、机《つくえ》などの道具、住んでいる家なども、やがては使えなくなるのだから、やはり少しずつなし崩《くず》し※3に消費しているわけだ。

して見れば、君の生活というものは、消費専門家《せんもんか》の生活といっていいね。

むろん、誰《だれ》だって食べたり着たりせずに生きちゃあいられないんだから、まるきり消費しないで生産ばかりしている人はない。また、元来《がんらい》ものを生産するというのは、結局それを有用に消費するためなんだから、消費するのが悪いなどということはない。

しかし、自分が消費するものよりも、もっと多くのものを生産して世の中に送り出している人と、何も生産しないで、ただ消費ばかりしている人間と、どっちが立派《りっぱ》な人間か、どっちが大切な人間か、――こう尋《たず》ねてみたら、それは問題にならないじゃあないか。

生み出してくれる人がなかったら、それを味わったり、楽しんだりして消費することはできやしない。生み出す働きこそ、人間を人間らしくしてくれるのだ。

これは、何も食物とか衣服とかという品物ばかりのことではない。学問の世界だって、芸術の世界だって、A生み出してゆく人は、Bそれを受け取る人々より、はるかに肝心《かんじん》な人なんだ。

だから、君は、生産する人と消費する人という、この区別の一点を、今後、決して見落とさないようにしてゆきたまえ。

（吉野源三郎《よしのげんざぶろう》「君たちはどう生きるか」マガジンハウス　より）

※1　高尚《こうしょう》＝程度が高く、立派な様子

※2　あの人々＝作者は、本文の前に一生懸命《いっしょうけんめい》に物を作っている人の事を書いている。

※3　なし崩《くず》し＝少しずつ物事を変えていく（ここでは消費していく）こと。

令和５年度

第１回入学試験問題

作文問題

令和４年12月４日(日)　11：40～12：25（45分）

注意

１．「はじめ」の合《あい》図《ず》があるまでこの問題用紙を開いてはいけません。
２．問題用紙は、１ページから３ページまであります。
３．答えは、すべて解答用紙に記入してください。
４．印刷《いんさつ》がはっきりしなくて読めないときや体の具合が悪くなったときは、だまって手をあげてください。
５．試験中は、話し合い、わき見、音をたてること、声を出して読むことなどをしてはいけません。
６．試験時間は45分です。
７．「やめ」の合図でえんぴつを置き、問題用紙と解答用紙は机《つくえ》の中央に置いてください。

受験番号	

長崎日本大学中学校

関東会場

令和５年度
入　学　試　験　問　題
国　　語

令和５年１月６日㈮　９：00〜９：50

注　意

１．試験開始の合図まで問題を開いてはいけません。

２．解答用紙の指定されたところに答えを記入しなさい。

３．字数指定のある場合は，句点（。）や読点（、）や符《ふ》号《ごう》（「」など）も字数にふくめます。

受験番号	

長崎日本大学中学校

2023(R5) 長崎日本大学中（関東）
K 教英出版

一　次の《文章1》・《文章2》を読んで、後の問いに答えなさい。

《文章1》

子どもにやる気を出させたいとき、部下に自発的に頑張《がんば》ってほしいとき、自身を＊1鼓舞《こぶ》したいとき等々、自分も含《ふく》めて誰《だれ》かの①モチベーションを上げたい、という場面には頻繁《ひんぱん》に遭遇《そうぐう》します。

多くの人はそんなとき、目に見える＊2報酬《ほうしゅう》を用意して、モチベーションアップにつなげようとするのではないでしょうか？

［Ⅰ］、子どもには「ₐセイセキが上がれば欲《ほ》しいものを買ってあげよう」と伝えてみたり、部下には昇給《しょうきゅう》や昇進を約束したり、自分自身にも「自分へのごほうび」を期して何ごとかを頑張ろうとしたりする、などです。

しかし、②この方法は本当に良い方法と言えるのでしょうか？

この問題について、実験的に分析《ぶんせき》した人たちがいます。スタンフォード大学の心理学者レッパーの研究グループです。

実験は、子どもたちに絵を好きになってもらうにはどうしたらよいか、というテーマのもとにᵇ立案されました。子どもたちをふたつのグループに分け、片方のグループには「良く描《か》けた絵には素晴らしい金メダルが与《あた》えられる」ということを前もって知らせておきます。もう一方のグループには、メダルが与えられるという話は一切《いっさい》しないでおきます。

この操作のしばらくあとに、子どもたちのグループそれぞれに、実際にクレヨンと紙が渡《わた》されます。［Ⅱ］、子どもたちがどれだけ絵に取り組んでいたか、取り組んだ時間の総計と課題に傾《かたむ》ける熱心さを観察します。

すると、メダルを与えると伝えた子どもたちのグループは、メダルのことを何も知らなかった子どもたちよりも、ずっと【　Ａ　】のです。あたかも報酬を与えることそのものが、子どもたちを絵から遠ざけることになってしまったかのような結果でした。

絵を好きになってもらうために、良かれと思ってごほうびを約束したことが、かえって③逆効果になってしまったのです。グループを変えて何度実験してもこの結果は変わらず、データには再現性がありました。

なぜ、このような現象が生じてしまったのでしょうか？　この実験を行った学者たちは次のように述べています。

子どもは、「大人が子どもに『ごほうび』の話をするときは、必ず『嫌《いや》なこと』をさせるときだ」というスキーマ（構造）をそれまでの経験の中から学習してきており、報酬を与えられた子どもは「大人が『ごほうび』の話をしてきたということは『絵を描くこと』＝『嫌なこと』なんだ」と、報酬そのものの存在が＊3タスクを嫌なこととして＊4認知《にんち》させてしまう要因になると指摘《してき》したのです。

《文章2》

これは、子どもに限った話ではありません。④別の研究者による実験では、大人の*5被験者《ひけんしゃ》を対象に、公園でのごみ d ヒロいという課題に楽しさをどのくらい感じたか、という心理的な*6尺度が測定されています。

「目的は公園の美化*7推進を効率的に行うにはどうすればよいかの調査です」と被験者には伝え、絵を描かせる実験と同様に、この実験でも⑤被験者を2グループに分け、片方のグループには報酬として多めの金額を提示しました。もう一方のグループにはごくわずかな報酬額を提示しました。そして作業終了後には全員に、ごみヒロいがどのくらい楽しかったかを10点満点で採点してもらいました。

【 Ⅲ 】、e 謝礼として多めの金額を提示されたグループでは、楽しさの度合いの平均値は10点満点中2点となったのに対し、ごくわずかな報酬額を提示されたグループでは、平均値が8・5点だったのです。

つまり、何かをさせたいと考えて報酬を高くすると、かえってそのことが楽しさや課題へのモチベーションを奪《うば》ってしまうということが明らかになったのです。

公園のごみヒロいで高い報酬を提示された人たちは、ごほうびをもらえると言われた子どもたちと同じように「高い報酬をもらえるからには、この仕事はきつい、嫌な仕事に違《ちが》いない」と考え、楽しさが激減してしまったのです。

〈中略〉

類似《るいじ》の実験は課題を変えて何度も【 B 】が確認されていますが、報酬額や仕事の内容によらず、低い報酬を約束された人は高い報酬の人よりも常に頑張ってしまい、課題のセイセキも良く、しかも圧倒《あっとう》的に楽しいと感じているという傾向《けいこう》が見られます。

この心理が、*8ブラック企業《きぎょう》に利用されているのかもしれません。酷使《こくし》されても辞《や》めないケースの中には、【 C 】という要因も考えられます。

（中野信子《なかののぶこ》『空気を読む脳《のう》』より）

＊1 鼓舞……人をおおいにはげまし、気持ちをふるいたたせること。
＊2 報酬……労働や力をつくしたことに対するお礼としてしはらわれる、お金や品物。
＊3 タスク……果たすべきものとして与えられた仕事。
＊4 認知……あることがらをはっきりと認めること。
＊5 被験者……実験などの対象となる人。
＊6 尺度……物事を評価・判断する際のめやす。基準。
＊7 推進……取り組みを進めていくこと。
＊8 ブラック企業……長時間労働など、労働者を酷使する悪い環境《かんきょう》で働かせる会社のこと。

問一 ＝部a「セイセキ」、b「立案」、d「ヒロ（い）」、e「謝礼」について、漢字は読み方をひらがなで書き、カタカナは漢字に直しなさい。

問二　――部①「モチベーション」と同じ意味を表す言葉を、《文章1》の本文中からぬき出して答えなさい。

問三　［Ⅰ］～［Ⅲ］に当てはまる言葉を次の中からそれぞれ一つずつ選び、記号で答えなさい。

ア　すると　　**イ**　そして　　**ウ**　したがって
エ　たとえば　　**オ**　けれども

問四　――部②「この方法」とは、どのような方法ですか。「～方法。」に続くように、本文中から三十二字で探し、最初と最後の三字をぬき出して答えなさい。

問五　【　A　】に当てはまる言葉としてもっともふさわしいものを次の中から一つ選び、記号で答えなさい。

ア　課題に取り組む時間が少なかった
イ　課題に取り組む時間が多かった
ウ　メダルを欲しがった
エ　メダルをもらえなかった

問六　――部③「逆効果になってしまった」とは、どういうことですか。本文中の言葉を用いて六十字以内で具体的に説明しなさい。

問七　――部④「別の研究者による実験」では、どのようなことが明らかになりましたか。本文中から五十五字以上、六十字以内で探し、最初と最後の三字をぬき出して答えなさい。

問八　――部⑤「被験者を」はどの言葉にかかっていますか。次の中から一つ選び、記号で答えなさい。

ア　2グループに　　**イ**　分け
ウ　片方の　　**エ**　提示しました

問九　【　B　】に当てはまる言葉を、《文章1》の本文中から漢字三字でぬき出して答えなさい。

問十　【　C　】に当てはまる言葉としてもっともふさわしいものを次の中から一つ選び、記号で答えなさい。

ア　報酬が欲しいから　　**イ**　嫌な仕事だから
ウ　高い報酬だから　　**エ**　低い報酬だから

問十一　本文の内容を説明したものとして、正しいものを次の中から一つ選び、記号で答えなさい。

ア　《文章1》では、報酬よりも子どもをほめることのほうが教育には大切だという考えを示している。
イ　《文章2》では、報酬が少ないほうが楽しく感じる大人の例を示し、《文章1》に反論している。
ウ　《文章1》も《文章2》も、報酬は不幸につながるという実験結果を示しているが、ごほうびがないと人は頑張れないため、少しずつ与えることが効果的だと強調している。
エ　《文章1》も《文章2》も、報酬とモチベーションの関係について同様の実験結果を示しており、類似した結果を多く示すことによって説得力を強めている。

二　次の文章を読んで、後の問いに答えなさい。

スナオは、夫・奎男《むつお》とともに大型犬アポロを我《わ》が子のように愛してきた。しかし、スナオは老犬のアポロが息を引き取る前に眠《ねむ》ってしまい、最期《さいご》を見届けてやらなかった自分を許せずにいる。ある日スナオは、不思議な喫茶店《きっさてん》に入り、「カップに注いだコーヒーが冷めきるまでの間だけ」という条件で、アポロが生きていたころにタイムスリップできた。そこには、一年ほど前の奎男とアポロがいた。

お詫び

著作権上の都合により、文章は掲載しておりません。
ご不便をおかけし、誠に申し訳ございません。

教英出版

お詫び

著作権上の都合により、文章は掲載しておりません。
ご不便をおかけし、誠に申し訳ございません。

教英出版

お詫び

著作権上の都合により、文章は掲載しておりません。
ご不便をおかけし、誠に申し訳ございません。

教英出版

お詫び

著作権上の都合により、文章は掲載しておりません。
ご不便をおかけし、誠に申し訳ございません。

教英出版

お詫び

著作権上の都合により、文章は掲載しておりません。
ご不便をおかけし、誠に申し訳ございません。

教英出版

お詫び

著作権上の都合により、文章は掲載しておりません。
ご不便をおかけし、誠に申し訳ございません。

教英出版

お詫び
著作権上の都合により、文章は掲載しておりません。
ご不便をおかけし、誠に申し訳ございません。
教英出版

（川口俊和《かわぐちとしかず》『さよならも言えないうちに』より）

＊1　タブー……話題にしてはいけないこと。
＊2　体外受精……通常は体内で行われる受精を体外で行う方法。スナオはなんとかして子供がほしいと願って通院していた。

問一　═══部a「バン」、b「マヨ（って）」、c「ハンセイ」、d「細（かに）」、e「断念」について、漢字は読み方をひらがなで書き、カタカナは漢字に直しなさい。

問二　——部①「こういうところ」とありますが、これは奎男のどのようなところを表していますか。もっともふさわしいものを次の中から一つ選び、記号で答えなさい。

ア　なんとなく内容がわかっていても、相手をからかって無駄話をしたがるところ。

イ　相手の気持ちを思いやって、リラックスできるようにさりげなく気を遣うところ。

ウ　相手が何を言おうとしているのかをすぐに理解して、大切なことから逃げるように話をそらすところ。

エ　常に相手が話してくれるまで待ち、自分の意見をまったく言おうとしないところ。

問三　——部②「奎男はすべてを悟って」とありますが、このとき奎男が悟ったことを十五字以内で答えなさい。

問四　本文中に二か所ある［ A ］に、共通して当てはまる言葉としてもっともふさわしいものを次の中から一つ選び、記号で答えなさい。

ア　パタリと　**イ**　キュンと
ウ　ギュッと　**エ**　スラリと

問五　――部③「ふりしぼるように、私は正直に話した」とありますが、このときのスナオの心情の説明としてふさわしくないものを次の中から一つ選び、記号で答えなさい。

ア　アポロに申し訳ないことをしてしまった自分を許すことができないために、思い出すのも口にするのも本当はつらいという気持ち。
イ　奎男の質問に答えるためには、自分が最も後悔していることについて話さなければならないので、言うのがとても苦しいという気持ち。
ウ　嘘をついてしまった自分自身を情けなく思い、奎男には本当のことを話してあやまろうという気持ち。
エ　奎男に本当のことを話せば悲しませるかもしれないと心配しながらも、これからアポロに起こることを正直に話そうという気持ち。

問六　――部④「それ」とはどのようなことをさしていますか。もっともふさわしいものを次の中から一つ選び、記号で答えなさい。

ア　アポロの呼吸を感じて、スナオが幸せな気持ちになったこと。
イ　アポロはまだ大丈夫だと思って、スナオが体を起こしたこと。
ウ　アポロが、久しぶりにおいしそうに水を飲んでくれたこと。
エ　アポロが、久しぶりに目を開けてスナオに笑いかけたこと。

問七　【 1 】・【 2 】に入る言葉の組み合わせとしてもっともふさわしいものを次の中から一つ選び、記号で答えなさい。

ア　1 過去　2 過去　**イ**　1 過去　2 未来
ウ　1 未来　2 過去　**エ**　1 未来　2 未来

問八　――部⑤「そうだってアポロも言ってる」とありますが、奎男はアポロがどのようなことを言っていると考えていますか。次の【　】に当てはまる言葉を、本文中の言葉を用いて三十字以内で答えなさい。

◎スナオちゃんは悪くないし、【三十字以内】ということ。

問九　――部⑥「ここに戻ってきてよかった」とありますが、このときスナオがそう感じた理由としてもっともふさわしいものを次の中から一つ選び、記号で答えなさい。

ア　過去の奎男と話せたことで、本当はアポロを看取れなかったのではないとわかり、後悔の気持ちが消えたから。
イ　まだ生きている優しいアポロに会うことができたため、これからも思い出を大切に生きていけると感じたから。

ウ　過去の奎男とアポロに出会い、後悔してきたことを正直に話すことができたうえ、温かい優しさを感じることができたから。

エ　未来の奎男の言葉に救われたことで、これまで一人でかかえてきた苦しみを手放すことができたから。

問十　――部⑦「その時、いつも、アポロがそばにいてくれた」とありますが、スナオはその理由をどのように感じていますか。もっともふさわしいものを次の中から一つ選び、記号で答えなさい。

ア　アポロは自分の死が近いことを感じ取っていたため、少しでも長くスナオのそばにいたかったから。

イ　アポロは、子供をあきらめるしかなかったスナオの悲しみを感じ取り、眠れないスナオのことが心配だったから。

ウ　アポロは誕生日に泣いているスナオをかわいそうに思い、年を取っても自分がそばにいることを伝えたいと思ったから。

エ　アポロは、奎男に対して正直になれないスナオの苦しみを感じ取り、自分だけは味方だと伝えようとしていたから。

問十一　〰〰部**A**「必ず、スナオちゃんの目元を舐めてからアポロは寝る」、〰〰部**B**「アポロが『バウバウ』と吠えながら、私の頰を優しく舐めてくれた」とありますが、これらの行動に共通してこめられていたアポロの望みとしてもっともふさわしいものを次の中から一つ選び、記号で答えなさい。

ア　スナオには、いつまでも自分（アポロ）のことを忘れないでいてほしいという願い。

イ　スナオが悲しいときには、いつでも自分（アポロ）のそばで泣いてほしいという願い。

ウ　スナオには、これまでよりも正直に「ごめんね」と言える人になってほしいという願い。

エ　スナオには、涙を流さないで元気に生きていってほしいという願い。

問十二　［**B**］に当てはまる言葉を、本文中から五字でぬき出して答えなさい。

問十三　本文について話し合っている次の**1**～**4**のうち、本文の内容を正しく読み取れているものには○、読みまちがえているものには×を記入しなさい。

1　アポロは、スナオのことをとても愛していたから、スナオの悲しむ姿を見たくなかったんだろうね。だから、いつもあえて寝たふりをして、泣いているスナオを見ないようにしていたんだよ。

2　そうかなあ。タイムスリップしたときも、スナオが泣いているのにアポロはうれしそうだったよ。だから、アポロはスナオの悲しむすがたを見ても、本当はそんなに気にしていなかったと思うな。

3　いや、アポロはスナオの悲しみを気にしていたからこそ、スナオが眠るのを見届けてから寝ていたんでしょ。最後の日も、スナオが幸せそうに眠ったからこそ、アポロはほっとして永遠の眠りについたんだよ。

4 そんなアポロの気持ちに気づいていた奎男は、アポロのこともスナオのことも、思いやりをもって見守り続けているよね。スナオはその深い愛情に気づいたから、苦しみから解放されて、感謝の思いに包まれたんだと思う。

三 次の各問いに答えなさい。

問一　次の熟語の構成を**ア**～**カ**の中からそれぞれ一つずつ選び、記号で答えなさい。

①　本心

②　投票

ア　上の漢字が主語、下の漢字が述語の関係であるもの
イ　上の漢字が下の漢字を修飾《しゅうしょく》するもの
ウ　似ている意味の漢字が並ぶもの
エ　反対の意味の漢字が並ぶもの
オ　上の漢字が動作を表し、その対象を表す漢字が下にくるもの
カ　打ち消しの漢字が上につくもの

問二　次の――部のカタカナを、漢字一字と送りがな（ひらがな）になおして書きなさい。

①　切手をたくさんアツメル。

②　トランペットのイサマシイ音が鳴りひびいた。

問三　次の――部を適切な敬語表現に改めて書きなさい。

①　先生が「いいですよ。」と、優《やさ》しくおっしゃられた。

②　みなさま、どうぞ、おかしをいただいてください。

問四　次の――部が慣用句・ことわざになるように、□に当てはまる漢字を答えなさい。

①　私一人の能力では、手に□る問題だ。

②　雨降って□固まる。

令和5年度

入　学　試　験　問　題

算　　数

令和5年1月6日㈮　10：10～11：00

注　意

1．試験開始の合図《あいず》があるまで問題を開いてはいけません。

2．解答用紙の指定《してい》されたところに答えを記入しなさい。

3．答えは，最《もっと》も簡単《かんたん》な形で表《あらわ》しなさい。なお，分数で答えるときは，約分してできるだけ簡単な分数にしなさい。

4．計算については，余白《よはく》を利用してもかまいません。

受験番号	

長崎日本大学中学校

1 次の各問いに答えなさい。

(1)　$3\times4-2\times5+6\div3$ を計算しなさい。

(2)　$\dfrac{1}{4}+\dfrac{2}{3}-\dfrac{5}{6}$ を計算しなさい。

(3)　$8\div(58+174\div29)$ を計算しなさい。

(4)　$17.8-(26.7-13.2)$ を計算しなさい。

(5)　$0.8\times\left(1\dfrac{1}{4}-\dfrac{7}{20}\right)+\left(\dfrac{1}{16}+0.1875\right)\div5$ を計算しなさい。

(6)　$2.6\times300+130\times2-65\times7-325\div5$ を計算しなさい。

(7)　正7角形の内角の和を求めなさい。

(8)　45と126の最小公倍数を求めなさい。

(9)　$\dfrac{2}{m}+\dfrac{1}{n}=1$ となる0より大きい整数 m と n を2組求めなさい。答えは，(m , n)の形で書きなさい。m と n が同じ数でもかまいません。

(10)　容器Aには濃度10％の食塩水が100g，容器Bには濃度15％の食塩水が150g入っています。それぞれの容器から食塩水を20gずつ容器Cに移してかき混ぜたとき，容器Cの食塩水に含《ふく》まれる食塩の量は何gですか。

2 次の問いに答えなさい。

(1) 時速 88 km で走る自動車は，242 kmを移動するのに何時間何分かかりますか。

(2) ある長さのリボンを姉と妹で分けました。姉はリボン全体の $\frac{1}{3}$ の長さをもらい，妹は姉のリボンの $\frac{3}{4}$ にあたる長さをもらったところ，残ったリボンの長さは 5 m でした。このリボンの全体の長さは何 m ですか。

(3) 6 で割《わ》ると 2 余る 2 けたの整数はいくつありますか。

(4) 定価 950 円の品物があります。定価で売れば仕入れ値《ね》の 2 割《わり》 5 分の利益があります。定価の 1 割 2 分引きの値段《ねだん》で売りました。このときの利益はいくらになりますか。

(5) あきら君は算数のテストを 3 回受けて，平均点が 76 点でした。4 回目のテストで最低でも何点をとれば，平均点が 80 点以上になりますか。

3 **次の図形の斜線《しゃせん》部分についての問いに答えなさい。ただし，円周率は $\frac{22}{7}$ とし，分母を7とした分数で分子の数字を答えなさい。(2)の面積は整数で答えなさい。**

(1) 図は1辺の長さが6 cmの正方形と，半円2つを組み合わせた図です。斜線部分の周の長さと面積を求めなさい。

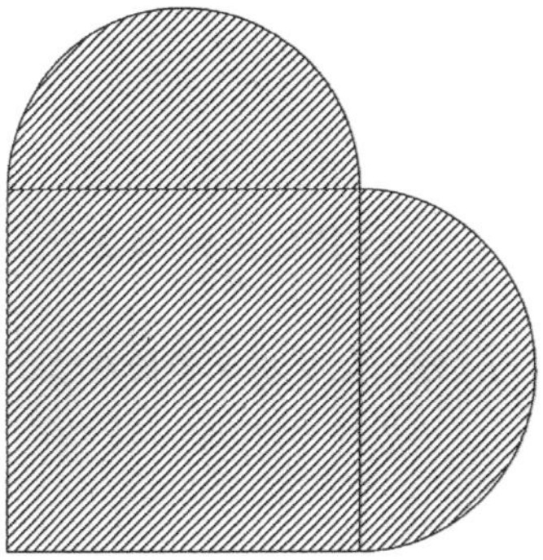

(2) 下の図は直角三角形と3つの半円を組み合わせた図です。斜線部分の周の長さと面積を求めなさい。ただし，面積は整数値になります。

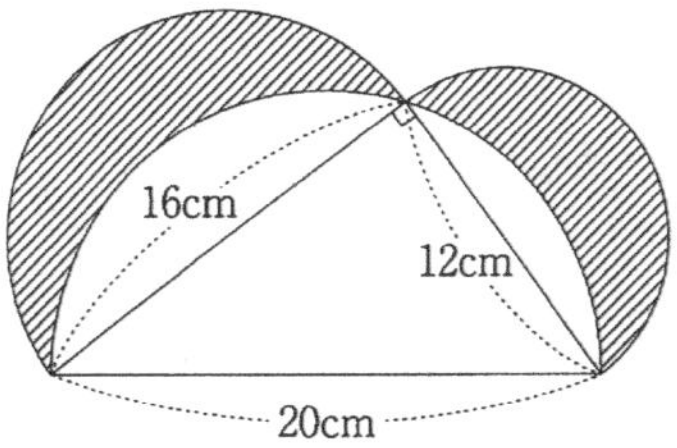

(3) 図は1辺の長さが6 cmの正方形と，おうぎ形2つを組み合わせた図形です。斜線部分の周の長さを求めなさい。

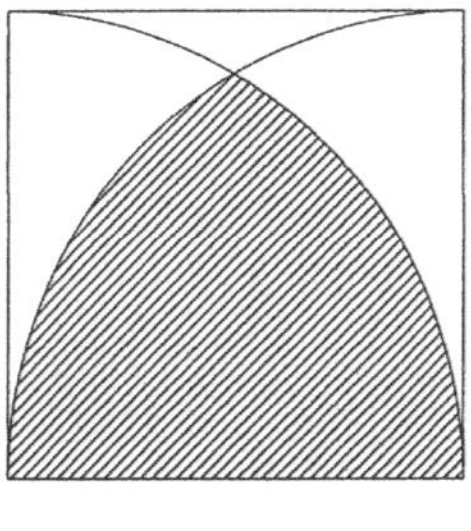

(4) 図は、半径4 cmのおうぎ形と，直角二等辺三角形を組み合わせた図です。斜線部分の面積を求めなさい。

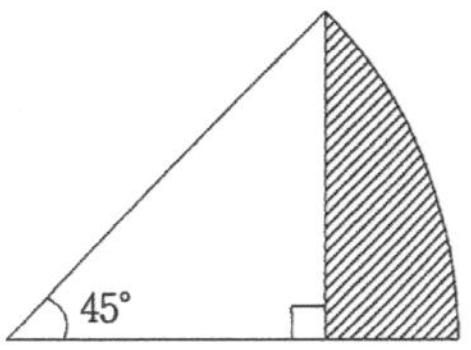

4 以下のようにある規則に従って並《なら》んでいる分数の列があります。

$\frac{1}{1}$, $\frac{1}{2}$, $\frac{2}{2}$, $\frac{1}{3}$, $\frac{2}{3}$, $\frac{3}{3}$, $\frac{1}{4}$, $\frac{2}{4}$, $\frac{3}{4}$, $\frac{4}{4}$, $\frac{1}{5}$, $\frac{2}{5}$, ‥‥‥

これらの分数について分母が同じものを「グループ」と名づけます。例えば，分母が 3 の $\frac{1}{3}$, $\frac{2}{3}$, $\frac{3}{3}$ は「グループ 3」と呼《よ》ぶこととします。また，$\frac{1}{1}$ から順番に○番目と呼ぶこととします。例えば，$\frac{2}{5}$ は 12 番目となります。それぞれのグループ内でも順番を考えて，$\frac{2}{5}$ は最初から数えると 12 番目ですが，「グループ 5」の中では 2 番目となります。

以下の問いに答えなさい。

(1) 「グループ 13」の 7 番目の分数を求めなさい。また，$\frac{6}{10}$ は最初から数えると何番目ですか。

(2) 「グループ 10」のすべての分数の和を求めなさい。

(3) 最初から数えて，170 番目の分数を求めなさい。

(4) 最初から数えて，170 番目の分数が含まれるグループまでのうち，和が整数になるグループの数を答えなさい。

(5) 1 番目から 171 番目までのすべての分数の和を求めなさい。

5 Aさんは10分間ランニングをし，5分間ウォーキングをするという運動を毎日数セットずつ行っています。最初のセットでは，10分間ランニングをしたときの消費カロリーは120キロカロリー，5分間ウォーキングをしたときの消費カロリーは20キロカロリーです。また，2回目以降のセットでは、ランニングの消費カロリーは10キロカロリーずつ増えていきます。ウォーキングの消費カロリーは変わりません。グラフはAさんがこの運動を行ったときに消費したカロリーを表したものです。以下の問題に答えなさい。

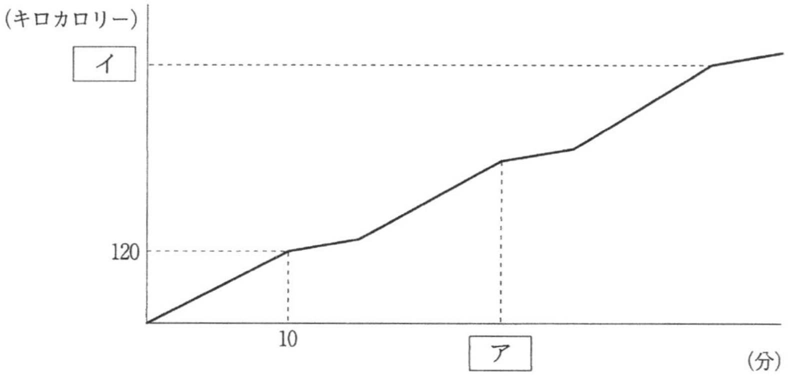

(1) Aさんが2セット目のランニングで消費したカロリーは何キロカロリーですか。

(2) ア，イ に入る数字を答えなさい。

(3) Aさんがこの運動を1時間行ったときの消費カロリーは何キロカロリーですか。

(4) Bさんは5分間で40キロカロリー消費するウォーキングを行っています。Aさんが1時間運動したときと同じ消費カロリーをBさんが消費するためには，Bさんは何分何秒間ウォーキングをする必要がありますか。

令和５年度

入　学　試　験　問　題

理　　科

令和５年１月６日㈮　11：20～12：00

注　意

1．試験開始の合図《あいず》があるまで問題を開いてはいけません。
2．解答用紙の指定《してい》されたところに答えを記入しなさい。
3．計算については，余白《よはく》を利用してもかまいません。

受験番号	

長崎日本大学中学校

1 下は，こうすけさんが釣《つ》ってきたブラックバス（オオクチバス）について調べたことのレポートです。次の問いに答えなさい。

令和４年８月24日

天気　晴れ

ブラックバスの胃の中と日大池の（　１　）について

１．調べた理由

お父さんと日大池にブラックバスを釣りに行きました。全部で16匹《ひき》釣れました。ブラックバスは他の生き物の稚魚《ちぎょ》（魚の子ども）や卵などを食べてしまい，もともと池にいた生き物が減ったり，いなくなってしまったりすることを知りました。「ブラックバスは何を食べているんだろう？」と思い，ブラックバスの胃の中を調べることにしました。

２．調べ方

お父さんといっしょに，釣れた16匹のブラックバスを解剖《かいぼう》して胃の中を調べてみました。胃の中には魚やエビや昆虫《こんちゅう》と思われるものがありました。また，胃の中に何もないブラックバスもいました。それらをまとめて表にしました。

３．結果

表

胃の中のもの	ブラックバスの数
何もなし	３匹
魚のみ	６匹
エビのみ	３匹
昆虫のみ	１匹
魚とエビ	２匹
魚と昆虫	１匹
エビと昆虫	０匹
魚とエビと昆虫	０匹
計	16匹

4．わかったこと

ブラックバスは，魚だけではなくエビや昆虫なども食べることがわかりました。そして，このような「食べる・食べられる」の関係を（　1　）ということを確認《かくにん》しました。

小学校の授業でもこの（　1　）については習っていたので，釣りに行った日大池についてもう少しくわしく調べてみました。そして，下の図のように日大池の生き物たちの（　1　）のようすをまとめてみました。

なお，図の中の矢印は，食べられる生き物から食べる生き物に向かっています。

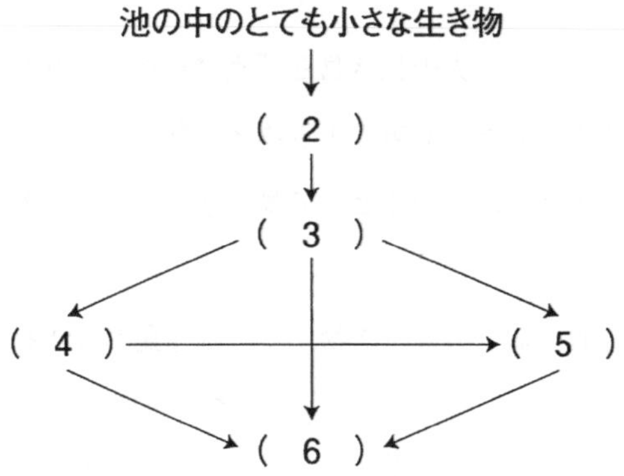

図

5．感想

今回，ブラックバスを釣ったことがきっかけで，日大池の（　1　）についてくわしく調べることができました。また，ブラックバスはもともとの池の環境《かんきょう》をこわしてしまう生き物だと知ることができました。もっと，いろんなことを勉強して地球環境を守っていく人になりたいと思いました。

(1)（　1　）に入る語句を答えなさい。

(2) 図の中の「池の中のとても小さな生き物」は，日光が当たるとある気体をとり入れます。ある気体とは何ですか。

(3) 図の中の（　2　）～（　6　）には，サギ・ミジンコ・メダカ・ブラックバス・アメリカザリガニのいずれかが入ります。ミジンコとブラックバスはどれになりますか。それぞれ番号を答えなさい。

(4) 釣《つ》ったブラックバスの胃の中を調べた表から言えることを，次の**ア～エ**からすべて選び記号で答えなさい。ただし，日大池にはエビや魚や昆虫はじゅうぶんな数がいたものとします。

ア．ブラックバスはエビよりも魚を好んで食べる。

イ．ブラックバスはエビよりも昆虫を好んで食べる。

ウ．ブラックバスは常に何かを食べている。

エ．胃の中に食べたものが入っているブラックバスの60％以上が魚を食べていた。

(5) 自然の中には「食べる」方の生き物と「食べられる」方の生き物がいっしょにすんでいます。自然の中での「食べる」方の生き物と「食べられる」方の生き物の数の関係をグラフに表した場合，考えられる変化として最も適当なものを次の**ア～カ**から1つ選び記号で答えなさい。

なお，――が「食べる」方の生き物，┈┈┈は「食べられる」方の生き物を表しています。

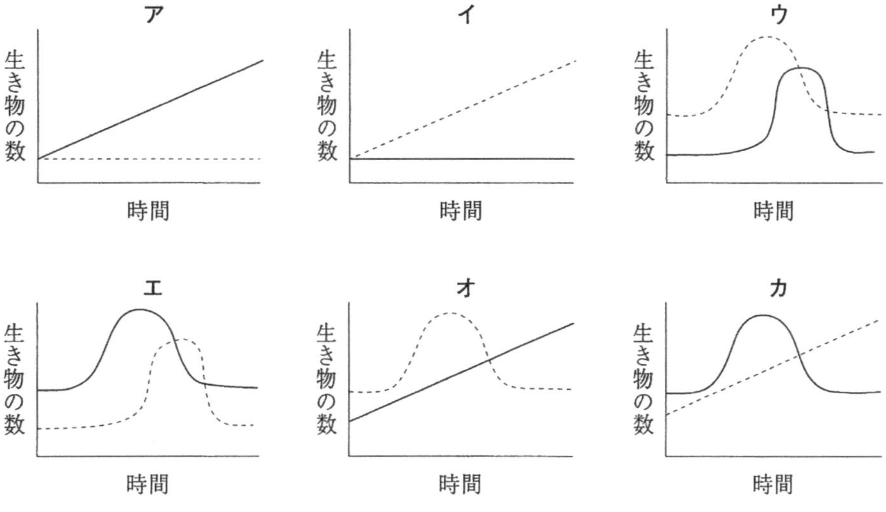

(6) 下線部について，近年，地球環境を守るためにレジ袋の有料化がはじまりました。これは何でつくられたゴミを減らすためでしょうか。

(7) (6)のゴミを減らすことで(6)のゴミが最終的に行き着く場所の地球環境が守られると考えられています。この場所はどこですか。漢字で答えなさい。

2 **てつやさんは，家族でキャンプに来ています。そのときの会話文を読んで，次の問いに答えなさい。**

て つ や：	お父さん，今日は晴れてよかったね。
お父さん：	そうだね。雲ひとつない快晴で，キャンプ日和《びより》だ。ただし昼間は，気温が30℃以上の（　**A**　）になるだろうと今朝の天気予報で言っていたから，熱中症《ねっちゅうしょう》には十分注意をしようね。
て つ や：	分かったよ。さっそく料理の準備をしよう。
お父さん：	てつやはこのカセットコンロで水を沸かしてくれるかな。
て つ や：	任せてよ。カセットコンロについている**a**ガスボンベは振《ふ》るとサラサラと音がするね。ガスが入っているはずなのになぜ音がするのかな。
お父さん：	この中には燃料が液体の状態で入っているんだよ。けれども，ボンベから出るときに気体に変化するんだ。
て つ や：	ふーん。不思議だね。じゃあ，やかんに水を入れてくるね。
お父さん：	クーラーボックスに水が入った**b**ペットボトルがあるから，その水を沸かしておくれ。

(1)（　**A**　）にあてはまる言葉として最も適しているものを次の**ア**～**エ**から１つ選び，記号で答えなさい。

ア．猛暑《もうしょ》日　　**イ**．真夏日　　**ウ**．夏日　　**エ**．熱射日

(2) 下線部**a**について，外に出て気体となった燃料$1000cm^3$を燃やすために必要な空気は最低何m^3必要ですか。なお，この気体となった燃料が燃えるには，その6.5倍の体積の酸素が必要です。また，空気の体積のうち20％が酸素であると仮定して計算しなさい。

(3) 下線部**a**について，缶《かん》はスチール製と書かれていました。また，その他にも缶には，アルミ製のものもあります。では，この２種類の缶はどのような方法で区別できるでしょうか。最も適している方法を次の**ア**～**エ**から１つ選び，記号で答えなさい。

ア．かん電池と豆電球をつないで回路をつくり，豆電球が光る様子を観察する。

イ．水をはった水そうに浮《う》かべる。

ウ．磁石《じしゃく》を近づける。

エ．それぞれの缶を一部切りとり，塩酸の中に入れる。

(4)　やかんの中に水を入れて沸《ふっ》とうさせると，やかんの口から湯気が出ますが，よく観察すると，やかんの口と湯気の間には少しすき間があるように見えます。これについて説明した次の文章の（　①　）～（　④　）にあてはまる言葉をそれぞれ答えなさい。

「やかんの中の水が沸とうすると，やかんの口から（　①　）が出てくる。しかし，やかんの外の空気はやかんの中と比べて温度が（　②　）ので，（　①　）は（　③　）されて（　④　）になる。よって，すき間にある物体の正体は（　①　），湯気の正体は（　④　）になった水である。」

(5)　下線部**b**について，ラベルに書かれている注意書きに次のような表記がありました。

「凍《こお》らせないでください。容器が破損するおそれがあります。」

その理由を説明した，下の文の（　　）に入る言葉を10字以内で答えなさい。

「水が氷になると，（　　　　　）から」

(6)　下線部**b**について，一般にペットボトルは容器とキャップ，ラベルでそれぞれ種類がちがうプラスチックが使われています。下の表はそれら３種類のプラスチックについてまとめたものです。

プラスチックの名称《めいしょう》	密度《みつど》（g/ cm^3）	性質
ポリエチレンテレフタラート	1.35	透明《とうめい》で電気を通しにくい
ポリプロピレン	0.90	傷《きず》がつきにくい
ポリスチレン	1.04	着色しやすい

※密度…１ cm^3 あたりのものの重さを表す。水は，１ cm^3 あたりの重さは１ｇである。

水をはった水そうに容器とキャップ，ラベルを入れてしずめると，キャップはすぐに浮きました。このことから，キャップに使われているプラスチックの種類は何ですか。

(7)　プラスチックのように電気を通しにくい性質をもつものを，次の**ア**～**エ**から１つ選び，記号で答えなさい。

ア．５円玉　　**イ**．鉄くぎ　　**ウ**．ダイヤモンド　　**エ**．えんぴつの芯《しん》

3 **かずやさんと妹のあやさんは，テレビのニュースを見て宇宙《うちゅう》や星に関する話をしています。そのときの会話文を読んで，次の問いに答えなさい。**

かずや：みてみて，テレビのニュースで，アルテミス計画についてくわしく説明しているよ。

あ　や：お兄ちゃん，アルテミス計画ってなに。

かずや：簡単に言うと，アメリカが中心となって計画している，**A** 人を月や火星に送るプロジェクトだよ。

あ　や：すごいね。月や火星に人が行くのは初めてのことなのかな。

かずや：50年くらい前に，アポロ計画というのがあって，その中でアポロ11号という宇宙船が人を乗せて月に着陸したときが，人が初めて月におり立ったしゅん間だね。でもアポロ計画が終わってからは，人が月に行くことはなかったみたい。もちろん **B** 火星はもっと遠い星だから，まだ人は行ったことがないよ。

あ　や：そうなんだ。いいな。私《わたし》も宇宙に行って地球をながめてみたいな。でも，月からみた地球の写真は見たことがあるけれど，火星からながめた地球の写真は見たことないな。火星ってどのくらい遠いのかな。

かずや：ちょうど図かんを図書館から借りてきているから，調べてみよう。太陽から地球までの距離《きょり》が約1.5億 km で，太陽から火星までの距離が約2.28億 km と書いてあるね。**C** 別のページには，地球から月までの距離は約38.4万 km と書いてあるから，やはり火星の方がかなり遠いね。

あ　や：そういえば，ちょうどこのあいだ理科の授業で，星について学習したところだよ。こと座《ざ》の（　①　），はくちょう座の（　②　），わし座の（　③　），これら3つの1等星を結んだのが（　④　）の大三角だよね。

かずや：そうだね。（　⑤　）の大三角っていうのもあるんだけど，知っているかな。シリウス，プロキオン，ベテルギウスという3つの1等星を結んだものだよ。ちなみに，ベテルギウスは，（　⑤　）の代表的な星座である（　⑥　）座をつくっている星でもあるよ。

あ　や：（　⑤　）に見える星については，まだ習ってないから知らないな。でも，お兄ちゃんは宇宙や星について，よく知っているね。

かずや：実は，「宇宙兄弟」っていうまんがを読んでから，宇宙や星について興味をもつようになったんだ。まんがを読んで，１日が24時間なのは地球だけっていうことを知って驚いたよ。

あ　や：え，どういうこと。

かずや：星自身が１回転する時間がちがうということだよ。地球は24時間で１回転するけれど，月は約656時間で１回転するんだって。だから，月での１日は地球での（　⑦　）日分ということになるね。

あ　や：なるほど，その考えで行くと，火星やほかの星も１日の時間は地球とはちがうかもしれないね。

かずや：ぼくは将来《しょうらい》，宇宙飛行士になって月や火星へ行くんだから，それくらいのことは知っておかないとね。

あ　や：あれ，お兄ちゃんこのあいだ「ブラック・ジャック」っていうまんがを読んで，将来は医者になるって言ってなかったっけ。

かずや：……。医者になってからでも宇宙飛行士になれるからいいんだよ。

(1)　下線部Aについて，人や人工衛星《えいせい》を宇宙に送るロケットには，水素という物質が燃料として使われます。そのほかに，水素を宇宙で燃やすために必要なある物質が，ロケットには必ず積まれます。その物質とは何か漢字２字で答えなさい。

(2)　下線部Bについて，地球から火星までの距離は地球から月までの距離の何倍ですか，会話文中の距離数を用いて計算しなさい。ただし，小数第２位を四捨五入して，小数第１位までで答えなさい。

(3) 下線部**C**について，次の文は，太陽から地球，太陽から火星までの距離と，地球から月までの距離が，図かんの別のページに書いてあった理由の一つです。文中の（　　）に入る星の名称を答えなさい。

「地球と火星は（　**a**　）のまわりを，月は（　**b**　）のまわりをまわっている星だから。」

(4) （　①　）～（　③　）に入る星の組み合わせが正しいものを，次の**ア～カ**から選び，記号で答えなさい。

	①	②	③
ア	デネブ	ベガ	アルタイル
イ	デネブ	アルタイル	ベガ
ウ	ベガ	デネブ	アルタイル
エ	ベガ	アルタイル	デネブ
オ	アルタイル	デネブ	ベガ
カ	アルタイル	ベガ	デネブ

(5) （　④　）～（　⑥　）に入る語句を，それぞれ答えなさい。

(6) （　⑦　）に入る数字を計算しなさい。ただし，小数第１位を四捨五入して，整数で答えなさい。

4 **たろうさんとはなこさんは，クレーン車を見ながら話をしています。そのときの会話文を読んで，次の問いに答えなさい。**

たろう：クレーン車ってどうやって重いものを持ち上げているのかな。
はなこ：この前，理科の授業でかっ車の実験をしたね。先生が，クレーン車にもかっ車が利用されているって話していたよ。
たろう：なるほど。たしかに，かっ車を使うと，小さい力で，重いものを持ち上げられるという実験だったね。
はなこ：でも，持ち上げるための力が小さくなる分，同じ重さのものをある高さに持ち上げるために必要なひもの長さが（ **あ** ）なるということだったね。
たろう：そうだ。かっ車の重さを無《む》視《し》したとき，同じ重さのものを持ち上げるために必要な力の大きさと，ある高さに持ち上げるために必要なひもの長さは（ **い** ）の関係になっているからね。
はなこ：夏休みの後，台風が来たから，お父さんといっしょに台風への備えをしたのだけど，私は，水が入ったポリタンクを20kgの重さまでしか持ち上げられなかったよ。かっ車を使えばもっと重いものでも持ち上げられるのかな。
たろう：そうだね。じゃあ，かっ車を使って僕がひもにぶら下がったら，はなこさんよりもっと重いものを持ち上げられるね。

(1)（ **あ** ）と（ **い** ）にあてはまる語句を答えなさい。なお，（ **あ** ）には「長く」または「短く」が入ります。また，（ **い** ）は，4字以内の漢字で答えなさい。

(2) 道具を使って動かす距離を変えることによって，直接動かすより小さい力でものを動かすことができるものが，かっ車以外にもあります。このような性質を利用しているものを，次の**ア**～**カ**から3つ選びなさい。

ア． 台車

イ． のこぎり

ウ． ドライバー

エ． ドアノブ

オ． ペットボトルのふた

カ． ビンのせんぬき
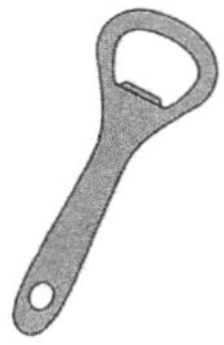

(3) **図 1** のようにかっ車とひもをつないで，20kg の荷物を持ち上げました。ひもの重さは無視《むし》できるものとして，かっ車の重さはすべて 2 kg とします。ひものはしを矢印の向きに引くときに荷物が持ち上がるために必要な力の大きさを求めます。はなこさんは，力の大きさの求め方をノートに文章でまとめました。その内容が力の大きさを求めるために適切になるよう，（ ① ）～（ ③ ）に入る語句の組み合わせを，表の**ア～カ**から選びなさい。

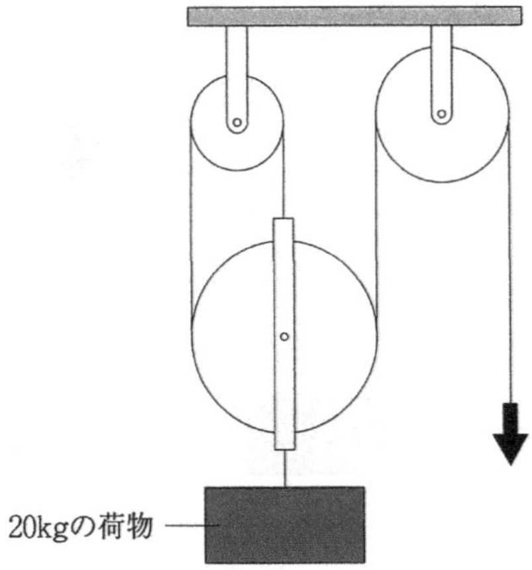

図 1

ひもは一本につながっているので，ひものはしに力を加えると，かっ車の両側に同じ大きさの力がはたらく。固定されて動かないかっ車（定かっ車）とひもを引っ張ることで動くかっ車（動かっ車）がある。**図 1** で固定されているかっ車は（ ① ）個である。固定されているかっ車は天井から支えられているので，ひもを引っ張るときに重さを考えなくてもよい。

つまり，ひもで上方向に引っ張り上げないといけない重さの合計は（ ② ）kg となる。それを（ ③ ）本のひもで（ ③ ）等分することになるので，20kg の荷物とかっ車を持ち上げるために必要な力の大きさは（ ④ ）kg となる。

表

	①	②	③
ア	1	24	2
イ	1	22	3
ウ	2	24	2
エ	2	22	3
オ	3	24	4
カ	3	22	2

(4) 上の文の④について，**図 1** の装置《そうち》で20kg の荷物とかっ車を持ち上げるために必要な力の大きさは，何 kg になりますか。答えは小数第 2 位を四捨五入して，小数第 1 位までで答えなさい。

(5) **図1**の装置のかわりに，次の**図2～図4**の装置を使った場合，20kgのおもりとかっ車を持ち上げるために必要な力の大きさをそれぞれ求めなさい。なお，かっ車の重さはすべて2kgです。答えは小数第2位を四捨五入して，小数第1位までで答えなさい。

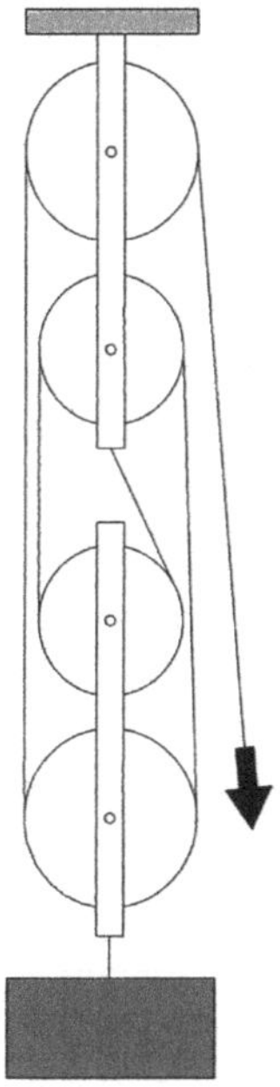

図2

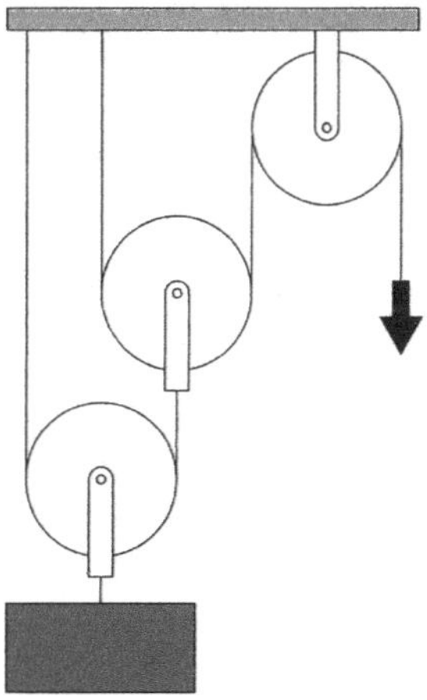

図3

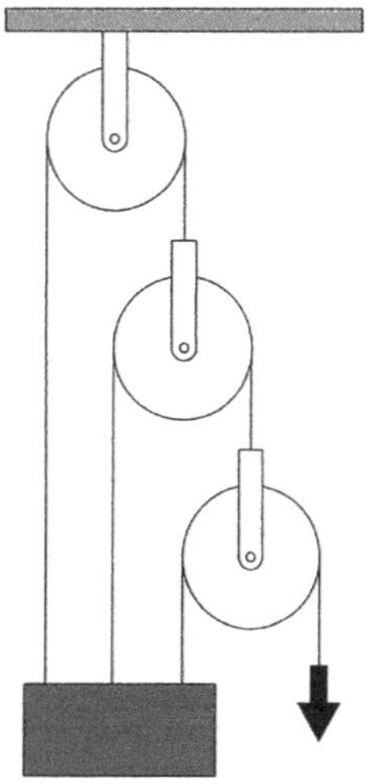

図4

(6) たろうさんの体重は32kgです。たろうさんが**図1**の装置のひもをつかんでぶら下がると，何kgの荷物まで持ち上げることができますか。

令和５年度

入　学　試　験　問　題

社　　会

令和５年１月６日㈮　12：20～13：00

注　意

1．試験開始の合図《あいず》があるまで問題を開いてはいけません。

2．解答用紙の指定《してい》されたところに答えを記入しなさい。

受験番号	

長崎日本大学中学校

1 次の日本の国土についての問いに答えなさい。

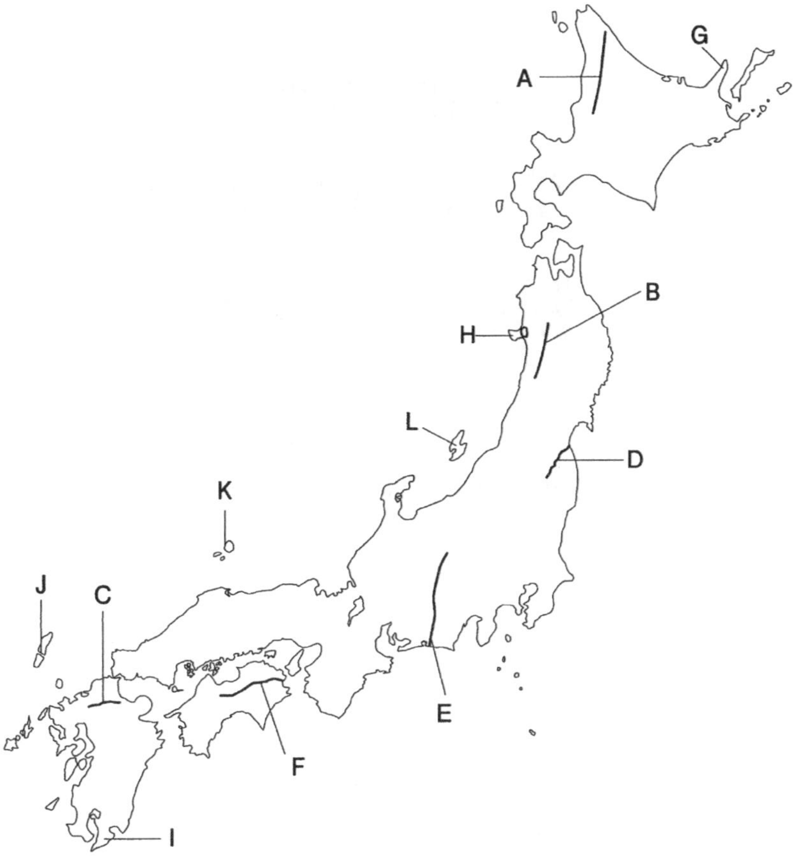

問１ 上の日本地図にある地名の組み合わせとして正しいものを一つ選び、数字で答えなさい。

(1) **山地**

	1	2	3	4	5	6
出羽山地	A	A	B	B	C	C
天塩山地	B	C	A	C	A	B
筑紫山地	C	B	C	A	B	A

(2) **河川**

	1	2	3	4	5	6
吉野川	D	D	E	E	F	F
天竜川	E	F	D	F	D	E
阿武隈川	F	E	F	D	E	D

(3) **半島**

	1	2	3	4	5	6
知床半島	G	G	H	H	I	I
男鹿半島	H	I	G	I	G	H
大隅半島	I	H	I	G	H	G

(4) **島**

	1	2	3	4	5	6
佐渡	J	J	K	K	L	L
隠岐	K	L	J	L	J	K
対馬	L	K	L	J	K	J

問２　次の地図中の金沢市・岡山市・高知市の気温と降水量を表したグラフの組み合わせとして正しいものを一つ選び、数字で答えなさい。

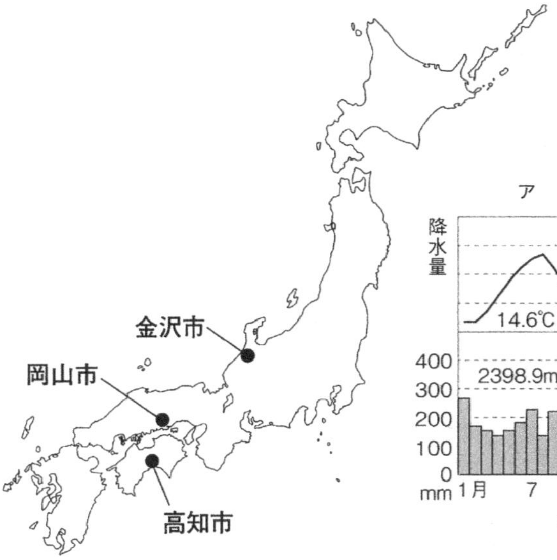

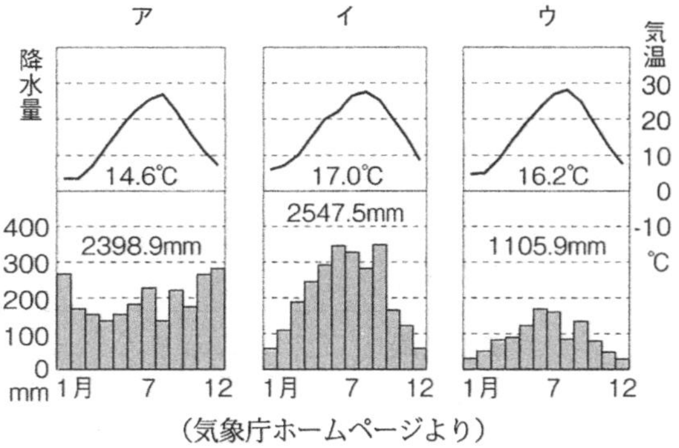

（気象庁ホームページより）

	1	2	3	4	5	6
金沢市	ア	ア	イ	イ	ウ	ウ
岡山市	イ	ウ	ア	ウ	ア	イ
高知市	ウ	イ	ウ	ア	イ	ア

問３　次の図の都道府県名を漢字で正しく答えなさい。なお図中の点は都道府県庁所在地を表している。

①

②

③

2 次の日本の産業についての問いに答えなさい。

問 1　次の日本の農業について述べた文中の（　　）に当てはまる適当な語句を答えなさい。

日本の農業は、主食である米の生産を政府が補助してきたが、米の消費量は減少し、米が余るようになってきた。そこで1970年から米の生産量を抑制する（　　）政策が2018年まで行われた。

問 2　次のグラフは2017年のある農作物の生産割合を表している。あてはまる農作物の名前を下から一つ選び、答えなさい。

A

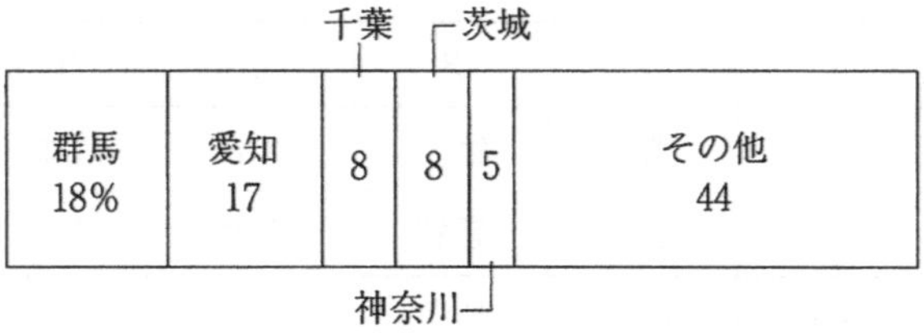

B

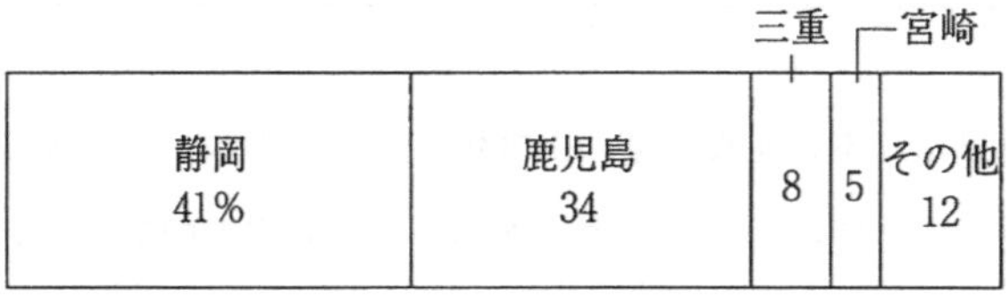

小麦・きゅうり・キャベツ・茶・じゃがいも

問 3　次のグラフは2017年のみかんの生産量である。第一位の都道府県名を答えなさい。

みかん

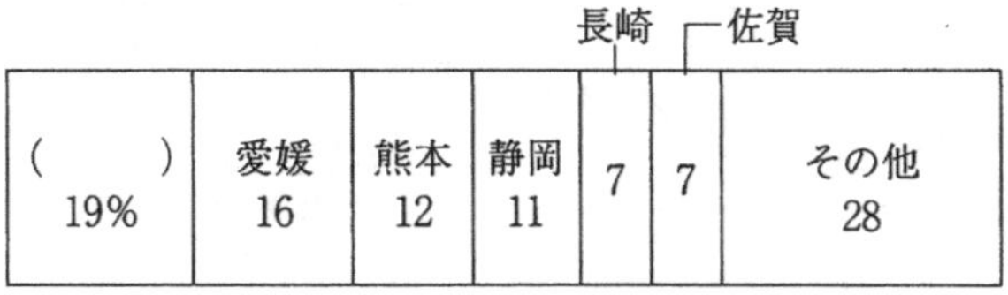

問 4　2018年、日本で飼育されている「乳牛」、「肉牛」、「豚」、「にわとり」の中で、最も飼育数が多いものと、少ないものをそれぞれ答えなさい。

問５　次の地図は2015年の日本の水揚げ量が１～３位の港である。それぞれの港の名前の組み合わせとして正しいものを一つ選び、数字で答えなさい。

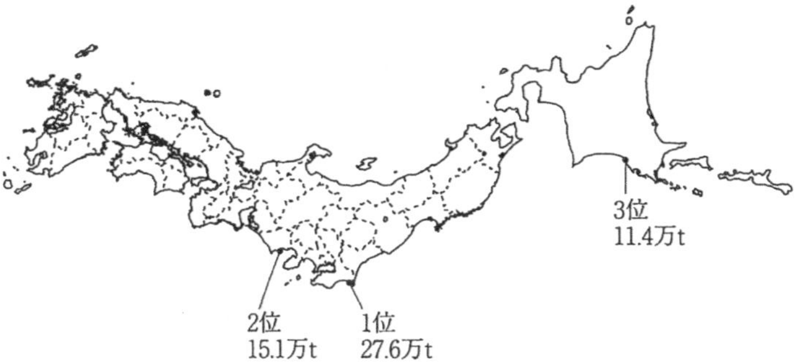

	1	2	3	4	5	6
１位	釧路	釧路	銚子	銚子	焼津	焼津
２位	銚子	焼津	釧路	焼津	釧路	銚子
３位	焼津	銚子	焼津	釧路	銚子	釧路

問６　次のグラフは日本の主な工業の工場数・働く人の数・生産額の割合を表している。このグラフについて説明した**ア～エ**の文のうち、内容が間違っているものを一つ選び、記号で答えなさい。

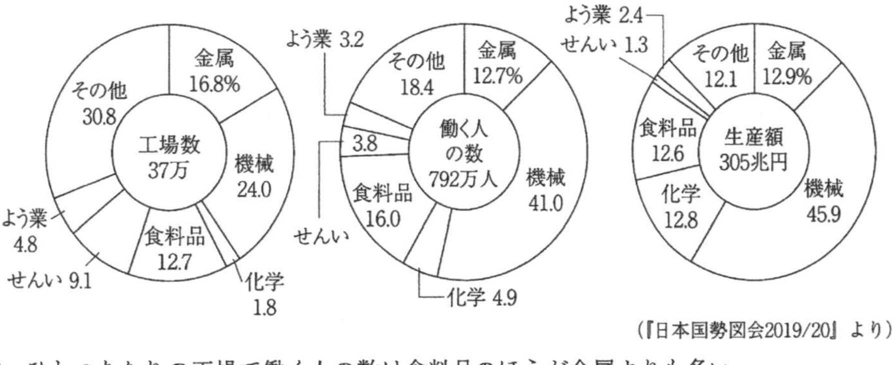

（『日本国勢図会2019/20』より）

ア　ひとつあたりの工場で働く人の数は食料品のほうが金属よりも多い。

イ　機械は工場数・働く人の数・生産額すべてにおいて最も割合が大きい。

ウ　よう業のひとり当たりの生産額はグラフの業種で最も少ない。

エ　ひとつあたりの工場の生産額はグラフの業種で化学が最も大きい。

問7　次の地図は日本の自動車・半導体・セメントの、いずれかの工場の位置を示したものである。組み合わせとして正しいものを一つ選び、数字で答えなさい。

A　　B　　C

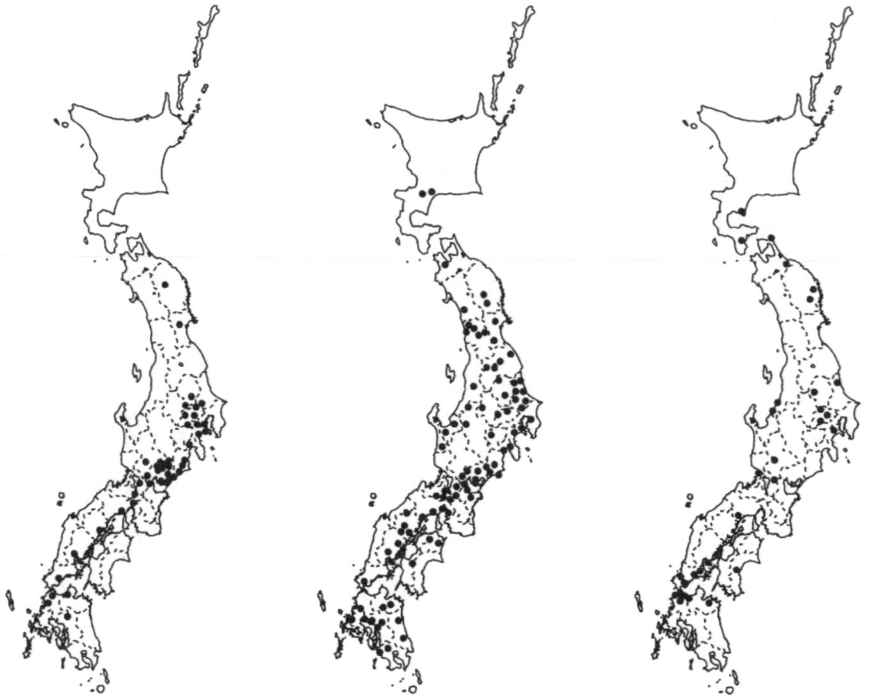

	1	2	3	4	5	6
自動車	A	A	B	B	C	C
半導体	B	C	A	C	A	B
セメント	C	B	C	A	B	A

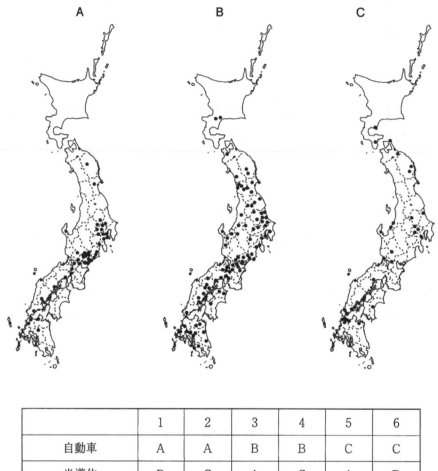

3 次の文章を見て、あとの問いに答えなさい。

一に曰《いわ》く、和《わ》をもって貴《とうと》しとなし、さからうことなきを宗《むね》とせよ。

二に曰《いわ》く、あつく三宝《さんぼう》を敬《うやま》え。三宝とは、仏《ぶつ》・法《ぼう》・僧《そう》なり。

三に曰く、詔《みことのり》を承《うけたまわ》りては必ず謹《つつし》め。

これは、593年に摂政《せっしょう》となって天皇《てんのう》中心の政治《せいじ》をめざした、聖徳太子が制定したきまりごとです。中国へ使者を送り、大陸の進んだ文化や政治の仕組みを取り入れようとするこういった取り組みをきっかけに、これ以降《いこう》も日本では中国を手本とした国づくりが進められていきました。

しかしながら、このような国づくりに大きな変化をもたらしたのが743年の墾田永年私財法《こんでんえいねんしざいのほう》の制定です。自然災害《しぜんさいがい》や疫病《えきびょう》などにより土地が荒《あ》れたため、新たな土地を開拓《かいたく》する必要が生まれ、実施《じっし》されました。ただし、これにより有力者の中には「荘園《しょうえん》」と呼ばれる私有地《しゆうち》を拡大するものが現れましたが、その結果として国家の管理《かんり》があまり行き届《とど》かなくなってしまいました。こうして、各地で次第に土地の管理をめぐって問題が起こるようになり、その解決をどのように行うかが重要な課題となってきました。

問1 上の文中の初めにある「一に曰く」から始まる言葉は何というきまりごとのことか。答えなさい。

問2 聖徳太子が使者を送った当時の中国は何という名称か。次の**ア～エ**から一つ選び、記号で答えなさい。

ア. 漢

イ. 魏《ぎ》

ウ. 隋《ずい》

エ. 唐《とう》

問3 文中の中国を手本とした国づくりの一環《いっかん》として710年につくられた都の名称を答えなさい。

問4　文中の自然災害や疫病から国を守るため、奈良時代に東大寺につくられたものは何か。答えなさい。

問5　文中の私有地を拡大するものについて、平安時代に天皇に娘《むすめ》を結婚させるなどして勢力を拡大し、摂関政治《せっかんせいじ》を行ったのは何という一族か。答えなさい。

【資料 1】　御成敗式目《ごせいばいしきもく》

> この式目は、ものの道理を書いたものである。真実よりもその人の勢力の強さによって判決したりすることもあるので、あらかじめ裁判の基準を決めて、公平に裁判できるように、細かく書いておいたのである。

問6　この決まりごとを出した一族は、鎌倉《かまくら》時代に源氏の将軍に代わって政治の実権を握った人々である。何という一族か。答えなさい。

問7　この決まりごとが出された時代について説明した次の**ア～エ**で、正しいものを一つ選び、記号で答えなさい。

ア　1221年に起こった承久《じょうきゅう》の乱では、朝廷が幕府軍に対して勝利した。

イ　兼好法師《けんこうほうし》が「つれづれなるままに」で始まる随筆《ずいひつ》である平家物語を書いた。

ウ　モンゴル軍が２度に渡って日本へ攻めてきた「元寇《げんこう》」が起こった。

エ　足利義満によって、新しく京都に室町幕府が開かれた。

【資料２】 応仁《おうにん》の乱で詠《よ》まれた和歌《わか》

> 汝《なれ》やしる　都は野辺《のび》の　夕雲雀《ゆうひばり》
>
> あがるを見ても　おつる涙《なみだ》は

問８　上の資料２は、応仁の乱で焼《や》け野原《のはら》になった京都の様子をあらわしている。この戦いに関わる人物によって建てられた建物はどれか。次の**ア～エ**から一つ選び、記号で答えなさい。

ア　金閣

イ　銀閣

ウ　東大寺

エ　正倉院

問９　安土・桃山時代に活躍《かつやく》した「豊臣秀吉《とよとみひでよし》」に関して説明した次の**ア～エ**で、正しいものを一つ選び、記号で答えなさい。

ア　桶狭間《おけはざま》の戦いで今川義元《いまがわよしもと》を破った。

イ　種子島《たねがしま》で鉄砲《てっぽう》を受け取った。

ウ　刀狩令《かたながりれい》を出した。

エ　武家諸法度《ぶけしょはっと》というきまりを定めた。

4 次の資料を見て、あとの問いに答えなさい。

【資料１】江戸時代に町人文化が花開いた２つの都市についての説明

< 江戸 >
“将軍のおひざもと”と呼ばれ、人物Aがここに幕府《ばくふ》を開いてから急速《きゅうそく》に発達した。水路をいかしたまちづくりにおいては、武士のお屋敷《やしき》や町人の住宅が計画的に配置《はいち》され、多くのにぎわいをみせた。

< 大阪 >
船の航路《こうろ》や淀川《よどがわ》の水運をいかし、全国から年貢《ねんぐ》として取り立てられたお米や特産品が集まった。これにより商業の中心として栄えたため“天下の空らんB”と呼ばれた。

問１　資料１の人物Aにあてはまる人物は誰か。漢字四字で答えなさい。

問２　資料１の空らんBに入る言葉を答えなさい。

【資料２】２つの俳句《はいく》と、その作者に関する説明

> 古池や　蛙《かわず》飛びこむ　水の音
>
> 夏草や　兵《つわもの》どもが　夢のあと
>
> 上の２つの俳句は人物Ｃのものである。彼は旅を愛した人物として知られ、『奥の細道』という作品にもその形跡が見られる。
>
> Ｄ約260年続いた江戸時代には、日本各地に街道が整備され、移動もしやすくなったと考えられるが、のちに全国を歩き回った伊能忠敬《いのうただたか》は、日本中の海岸線を歩き回り、正確な空らんＥを作り上げた。

問３　資料２の人物Ｃにふさわしいものを、次の**ア〜エ**から一つ選び、記号で答えなさい。

ア　杉田玄白《すぎたげんぱく》

イ　松尾芭蕉《まつおばしょう》

ウ　菱川師宣《ひしかわもろのぶ》

エ　小林一茶《こばやしいっさ》

問４　資料２のＤ約260年続いた江戸時代について説明した次の**ア〜エ**で、正しいものを一つ選び、記号で答えなさい。

ア　３代将軍の徳川家光《とくがわいえみつ》の時代には、日本は海外のすべての国との貿易《ぼうえき》を禁止した。

イ　財政《ざいせい》の立て直しをおこなった８代将軍の徳川吉宗《とくがわよしむね》は、広く人々の意見を聞くために目安箱《めやすばこ》を設置した。

ウ　日本を開国させるために来日したペリーは、日本の強い反対にあい条約を結ぶことができなかった。

エ　15代将軍の徳川綱吉《とくがわつなよし》は政権《せいけん》を天皇に返すこと宣言し、江戸幕府は終了した。

問５　資料２の空らんＥに入る言葉を答えなさい。

【資料3】フランス人画家ビゴーの説明

日本の美術研究のために来日したフランス人画家ビゴーは、“東洋のルソー”と呼ばれた①中江兆民《なかえちょうみん》と知り合い、漫画《まんが》を描き始めた。

当時の日本は、欧米諸国《おうべいしょこく》に追いつくために西洋風の暮《く》らしや制度を取り入れていたが、急な社会の変化は多くの反発も生んでおり、そういった当時の世相《せそう》をよく知っていたビゴーは自由《じゆう》民権運動《みんけんうんどう》や不平等条約など明治時代の日本内外の政治にも強い関心を寄せており、それを表現する風刺画《ふうしが》を多数描いた。

②【ビゴーが描いたノルマントン号事件の風刺画】

③【ビゴーが描いた鹿鳴館《ろくめいかん》の風刺画】

④【ビゴーが描いたヨーロッパとの同盟《どうめい》の風刺画】

いずれも（出典：『ビジュアル歴史』東京法令出版）

問6　下線部①の中江兆民が批判した明治時代の大日本帝国憲法《だいにっぽんていこくけんぽう》の制定の際に「君主権が強い」ことを理由に参考にされた国を、次の**ア～エ**から一つ選び、記号で答えなさい。

ア　アメリカ

イ　イギリス

ウ　フランス

エ　ドイツ（プロイセン）

問7　下線部②のノルマントン号事件について、資料の絵を参考にして、日本が当時強く改正を求めていたものは何か。答えなさい。

問8　下線部③について、日本の文明開化について、当時の様子として正しいものを次の**ア～エ**から一つ選び、記号で答えなさい。

ア　人々は馬車《ばしゃ》に乗ることが一般的になり、鉄道は普及しなかった。

イ　和服の風習は根強く、洋服を着る者はほとんどいなかった。

ウ　牛肉を食べるようになった。

エ　電気・ガス・水道が庶民《しょみん》にも普及した。

問9　下線部④について、ロシアに対抗するために日本が同盟を結んだ相手はどこの国か。答えなさい。

問10　日露戦争の反戦を訴え、「君死にたまふことなかれ」の詩を残した下の写真の人物は誰か。答えなさい。

（出典：新潮社 https://www.shinchosha.co.jp/writer/3213/）

5 下の年表を見て、あとの問いに答えなさい。

1896年　第１回オリンピック競技大会が開催される

1912年　開催されたオリンピックに日本が初めて参加する

1916年　開催が予定されていたオリンピックが第一次世界大戦で中止となる

A

1940年　戦争の影響でオリンピックを日本で開催することが取りやめになる
　　　　第二次世界大戦でオリンピックそのものが中止となる

1944年　開催が予定されていたオリンピックが第二次世界大戦で中止となる

B

1948年　オリンピックが12年ぶりに開催される
　　　　戦争に敗れた日本の参加は認められなかった

C

1952年　開催されたオリンピックへの日本の参加が認められる

1960年　第一回のパラリンピック競技大会が開催される

1964年　日本（東京）でオリンピック・パラリンピックが開催される

D

1980年　ソビエト連邦のモスクワでオリンピックが開催される
　　　　アメリカや日本などの国々が参加を拒否する

1984年　アメリカのロサンゼルスでオリンピックが開催される
　　　　ソビエト連邦などの国々が参加を拒否する

E

2021年　オリンピック・パラリンピック東京大会が開催される

問１　下の(1)〜(3)は前の年表のどの時期に入るか、**A**〜**E**の記号で答えなさい。

(1)　25歳以上の男子に選挙権が認められた

(2)　20歳以上の男女に選挙権が認められた

(3)　18歳以上の男女に選挙権が認められた

問２　年表中の**A**の時期に、アメリカ合衆国のウィルソン大統領の提案で、世界平和の確保と国際協力の促進を目的としてつくられた組織を何というか答えなさい。

問３　年表中の**B**の時期に、大日本帝国憲法から日本国憲法に変わった。大日本帝国憲法のもとで行われ、日本国憲法のもとでは行われていない義務を答えなさい。

問４　年表中の**C**の時期の1950年に、日本において、朝鮮戦争時に連合国軍総司令部の命令によってつくられた組織を何というか答えなさい。

問５　年表中の**D**の時期に起こった出来事として誤っているものを、次の**ア**〜**エ**から一つ選び、記号で答えなさい。

ア　沖縄が日本に返還された　　**イ**　韓国との国交が回復した

ウ　日中平和友好条約が結ばれた　　**エ**　チェルノブイリ原発事故が起こる

問６　年表中の下線部に関連して、オリンピックを通じてリサイクル意識を高めるきっかけとするために環境省が主催して、「［**A**］からつくる！みんなのメダルプロジェクト」が行われた。［**A**］に適する語句を漢字四字で答えなさい。なお、［**A**］には、使用済みの携帯電話やパソコン、デジタルカメラなどの小型家電に含まれる再生可能な資源をさす語句が入ります。

二

問四

問五

問六

問七

問八

問九

問十

問十一

問十二

問十三
1
2
3
4

三

問一
①
②

問二
①
②

問三
①
②

問四
①
②

受験番号

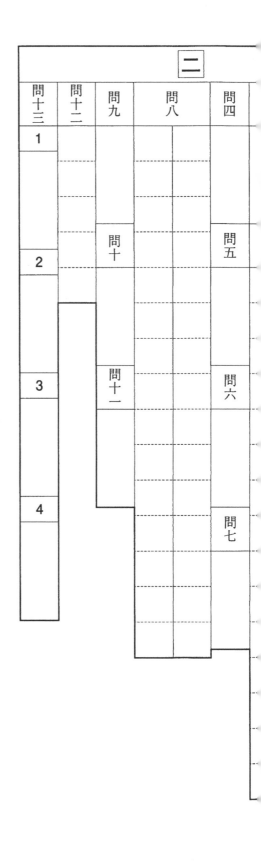

長崎日本大学中学校

令和５年度
入学試験
解答用紙

算数

受験番号	

1

(1)	
(2)	
(3)	
(4)	
(5)	
(6)	
(7)	度
(8)	
(9)	（　　，　　）と（　　，　　）
(10)	g

2

(1)	時間　　分
(2)	m
(3)	個
(4)	円
(5)	点

理科

令和５年度
入学試験
解答用紙

受験番号	

長崎日本大学中学校

1

(1)		(2)			
(3)	ミジンコ	ブラックバス		(4)	
(5)		(6)		(7)	

2

(1)		(2)		(3)	
(4)	①		②		
	③		④		
(5)					
(6)		(7)			

【解答用

社会

令和５年度
入学試験
解答用紙

受験番号	

長崎日本大学中学校

1

問1	(1)	(2)	(3)	(4)		
問2		問3	①	②	③	

2

問1		問2	A	B	問3	
問4	多い	少ない	問5		問6	
問7						

3

問1		問2	
問3		問4	

【解答用

問7		問8		問9	

4

問1					問2	
問3		問4		問5		
問6		問7				
問8		問9		問10		

5

問1	(1)	(2)	(3)
問2		問3	
問4		問5	
問6			

得点	点

（配点非公表）

2023(R5) 長崎日本大学中（関東）

K 教英出版

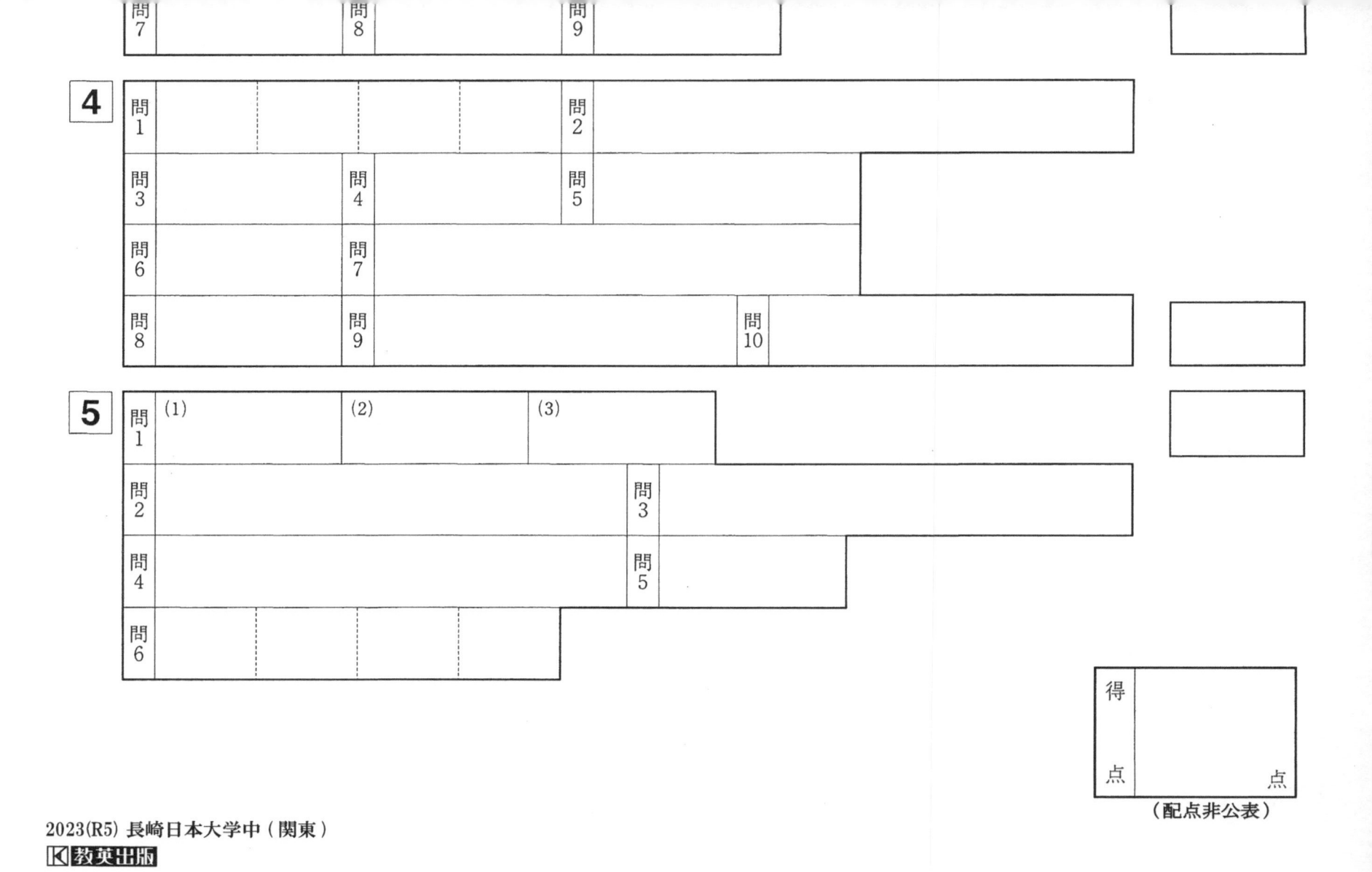

(3)	a		b		
(4)					
(5)	④		⑤		⑥	
(6)					

4

(1)	あ		い		(2)		(3)	
(4)		(5)	図2		図3		図4	
(6)								

得点	点

（配点非公表）

長さ	$\frac{\qquad}{7}$ cm
	$\frac{\qquad}{7}$ cm^2
長さ	$\frac{\qquad}{7}$ cm
	cm^2
長さ	$\frac{\qquad}{7}$ cm
	$\frac{\qquad}{7}$ cm^2

4

(1)	グループ13の 7番目は
	$\frac{6}{10}$ は　　番目
(2)	
(3)	
(4)	グループ
(5)	

5

(1)		キロカロリー
(2)	ア	
	イ	
(3)		キロカロリー
(4)		分　　秒

小計と合計

1			
2			
3			
4			
5			
得点			

（配点非公表）

国語

令和5年度　入学試験　解答用紙　長崎日本大学中学校

一

問一
a
b
c
d
（い）
e

問二

問三
Ⅰ
Ⅱ
Ⅲ

問四
最初
最後

問五

問六

問七
最初
最後

問八

問九

問十

問十一

得点
点
（配点非公表）

問一
a
b
（って）
c
d
e

長崎会場

令和４年度
第１回入学試験問題

総合問題

令和３年12月５日(日)　10：00～11：00

注意

１．「はじめ」の合図《あいず》があるまでこの問題用紙を開いてはいけません。

２．問題用紙は，１ページから８ページまであります。

３．答えは，すべて解答用紙に記入してください。

４．印刷《いんさつ》がはっきりしなくて読めないときや体の具合が悪くなったときは，だまって手をあげてください。

５．試験中は，話し合い，わき見，音をたてること，声を出して読むことなどをしてはいけません。

６．試験時間は60分です。

７．「やめ」の合図でえんぴつを置き，問題用紙と解答用紙は机《つくえ》の中央に置いてください。

受験番号	

長崎日本大学中学校

1 ゆたかさんの学級では，卒業前のお別れ会で歌うことになった「蛍《ほたる》の光」と「贈《おく》る言葉」の２曲について調べ，発表会を行っています。次は，その発表の一部です。

ゆたか　「私たちは，『蛍の光』の始まりの部分，『蛍の光，窓《まど》の雪』について調べました。この部分は『蛍雪《けいせつ》の功《こう》』という故事成語《こじせいご》に由来します。」
つよし　「故事成語は中国の昔の話からできた言葉で，例えば『五十歩百歩《ごじっぽひゃっぽ》』という言葉があります。これは五十歩逃《に》げた人が百歩逃げた人を笑ったという話からできた言葉で，『［　ア　］』という意味になります。『［　イ　］の背比《せいくら》べ』ということわざと似たような意味ですね。」
ゆたか　「さきほどの『蛍雪の功』は，明かり用の灯油《とうゆ》が買えないので集めた蛍や積もった雪の光で読書したという話から，『苦労して勉強すること』という意味になります。」

問題１　［ア］にはどのような言葉が入るでしょうか。あなたの考えを書きなさい。

問題２　［イ］に入る言葉を答えなさい。

問題３　「蛍の光，窓の雪」部分の楽譜《がくふ》として最も適当なものを次のア～エから一つ選び，記号で答えなさい。

ア

イ

ウ

エ

ちあき　「私たちは，『いつしかとしもすぎのとを／あけてぞけさはわかれゆく』について調べました。この部分は［　ウ　］。」
こうじ　「したがって，『いつしか年も過ぎ，杉《すぎ》の戸を開け，（夜が）明けて今朝は別れて行く』という内容になるのです。このような技法を『掛詞《かけことば》』と言うそうです。」

問題４　［ウ］にはどのような言葉が入るでしょうか。あなたの考えを書きなさい。

かおり　「私たちは，『贈る言葉』について調べました。これは海援隊《かいえんたい》というグループが昭和５４年に発表した歌です。」

ゆきこ　「もともと海援隊というのは［　エ　］時代後期に活躍《かつやく》した坂本龍馬《さかもとりょうま》が作った組織の名前ですが，歌手の武田鉄矢《たけだてつや》さんが坂本龍馬のファンだったので，グループ名を海援隊としたそうです。」

問題５　下線部「昭和５４年」は西暦《せいれき》何年になりますか。次を参考にして答えなさい。

・昭和６４年……１月７日まで　　※１月８日より平成元年
・平成３１年……４月３０日まで　※５月１日より令和元年

問題６　昭和時代の出来事を次のア～オから一つ選び，記号で答えなさい。

ア　第一次世界大戦の開戦　　イ　東日本大震災《しんさい》の発生　　ウ　日本で消費税導入
エ　広島・長崎への原子爆弾《ばくだん》投下　　オ　関東大震災の発生

問題７　［　エ　］に入る言葉を漢字二字で答えなさい。

まさお　「『贈る言葉』は，『暮《く》れなずむ町の光と影《かげ》の中』という歌詞《かし》から始まります。では，『暮れなずむ』とはどういうことでしょうか。」

さとし　「ヒントは，『秋の日はつるべ落とし』ということわざです。『贈る言葉』は卒業式でもよく歌われた歌で，季節は春。秋の反対だと考えると答えがわかります。」

まさお　「したがって，『暮《く》れなずむ』は［　　　オ　　　］という意味になります。冬から春，夏から秋という季節の変化を考えると，わかるような気がします。」

問題８　［　オ　］にはどのような言葉が入るでしょうか。あなたの考えを書きなさい。

問題９　「つるべ」は，井戸で水をくむときの容器の部分です。井戸で水をくむとき，直接くみ上げるのではなく，図のような装置《そうち》を作ってくみ上げた方が楽なのはなぜですか。「変える」という言葉を必ず使って，あなたの考えを書きなさい。

問題10　あなたが中学生になって大切にしたいことわざは何ですか。そのことわざと，大切にしたい理由を書きなさい。

2　てつやさんの学級では，総合的な学習の時間に鉄道や新幹線について調べました。

てつや「私たちの班《はん》は戦後の鉄道の歴史について調べました。1945年に終戦し，東京－神戸《こうべ》間を最初の電車が走ったのは1956年のことでした。最初の新幹線はその8年後の1964年に最高時速200kmの速さで，東京－大阪間を約4時間で走ったそうです。東京－大阪間の距離《きょり》は約500kmもあります。」

先　生「よく調べましたね。この年には国を挙げる大きなイベントがありました。そのイベントはなんだと思いますか。」

てつや「［ア］ですよね。」

先　生「正解です。［ア］によって日本の戦後復興を全世界にアピールすることにもつながりました。このころから日本は大きな成長を遂《と》げていきます。そこに鉄道や新幹線は大きく貢献《こうけん》しているのです。もうすぐ私たちの街にも新幹線が通ります。楽しみね。」

問題1　［ア］にはどのような言葉が入るでしょうか。8字で答えなさい。

問題2　下線部「そこに鉄道や新幹線は大きく貢献している」とありますが，どのような点で貢献したのでしょうか。あなたの考えを書きなさい。

先　生「新幹線は電気の力で走ることができますが，その電気はどこから得ているかわかりますか。」

あゆみ「たくさんの電気を必要とするから大きな発電所からじゃないでしょうか。」

先　生「そうです。では日本の発電はどのような方法で行われているのでしょう。このグラフと図を見てください。石油・石炭・天然ガスなどの［イ］を用いた火力発電が大部分を占《し》めています。しかし，この発電の方法は二酸化炭素などの温室効果ガスを大量に排出《はいしゅつ》してしまうという欠点があります。17項目《こうもく》の持続可能な開発目標（通称《つうしょう》：［ウ］）の7つ目の項目にも改善《かいぜん》目標としてあげられていますね。」

あゆみ「先生。私たちが調べた中には『新幹線はエコな乗り物』だとありました。鉄道会社のみなさんも環境《かんきょう》を守るために努力していると思います。」

先　生「そうですね。鉄道は乗り物の中では最も環境にやさしいものの一つだと言えます。」

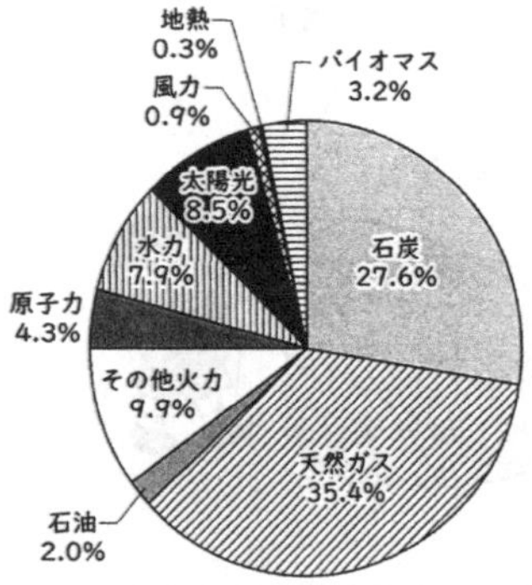

図1　日本全体の電源構成(2020年)
（資源エネルギー庁電力調査統計を基《もと》に作成）

図2　17項目の持続可能な開発目標
※1～17のイラスト省略

問題３　[イ]，[ウ]にはどのような言葉が入るでしょうか。[イ]は漢字４字，[ウ]はアルファベット４字で答えなさい。

問題４　図２は持続可能な開発目標をピクトグラムに表したものです。ピクトグラムとは，日本語では「絵文字」や「絵記号」などと言いかえることができ，これを利用した案内や表示が世界中で活用されています。ピクトグラムに関する以下の問題に答えなさい。

(1)　ピクトグラムが世界中で活用されているのはなぜだと思いますか。あなたの考えを書きなさい。

(2)　図３にあるピクトグラムは，持続可能な開発目標のうちどの項目にあてはまりますか。ア～オから一つ選び，記号で答えなさい。

ア　動物と植物にやさしくしよう

イ　貧困《ひんこん》をなくそう

ウ　ジェンダー平等を実現しよう

エ　人や国の不平等をなくそう

オ　平和と公正をすべての人に

図３

問題５　下線部「新幹線はエコな乗り物」とありますが，実際に新幹線で行われている環境へ配慮《はいりょ》した取り組みとして間違《まちが》っているものをア～オから一つ選び，記号で答えなさい。

ア　ブレーキをかけるときのエネルギーを利用して新たに発電している。

イ　車両の屋根に太陽光電池パネルを設置して，電気を補《おぎな》っている。

ウ　客席の照明は消費電力の少ないLEDを使用している。

エ　空気の抵抗《ていこう》を受けない工夫が先頭の車両や車両のつなぎ目に施《ほどこ》されている。

オ　車体に軽い素材を使用し，エネルギーの節約をしている。

けいた　「先生。ぼくたちは『リニア新幹線』という新しい新幹線について調べました。この新幹線は時速約600㎞もの速さで走ることができるそうです。」

先　生　「どのようなしくみでその速さで走ることを実現しているのですか。」

けいた　「超《ちょう》電導コイルで超電導磁石《じしゃく》がうんぬんかんぬん…。」

先　生　「さては，けいたさん，しくみがよくわかっていませんね。」

けいた　「ぎくっ…。実は，難《むずか》しくてよく理解できていません。ただ，地面から浮《う》いて走るみたいです。」

先　生　「難しいことですのでしかたありませんよ。コイルに電流を流して[エ]にして，電流の向きを反対にすると[オ]が反対になることを利用し浮いたり進んだりしているのです。」

けいた　「先生は物知りですね。ぼくももう少し調べてみます。」

問題６　[エ]，[オ]にはどのような言葉が入るでしょうか。あなたの考えを書きなさい。

問題７　[エ]のしくみを利用しコイルを回転させている装置《そうち》を何といいますか。答えなさい。

3 長崎県に住んでいるひろしさんは家族で週末の予定について話しています。

お父さん「明日はキャンプに行こう。」
ひろし　「やったー。前から行ってみたいと思っていたんだ。どこのキャンプ場に行くの。」
お父さん「そうだな。ここから［　ア　］分ぐらいかかる近くのキャンプ場なんかはどうかな。」
お母さん「そこがいいわね。川の近くにあって自然に囲まれた①ケシキのいい場所みたいよ。」
ひろし　「キャンプ楽しみだな。天気はどうなんだろう。」
お父さん「天気予報を見てみよう。」
ひろし　「［　　イ　　］から明日は晴れみたいだね。」
お母さん「よかったわね。晴れるから②カワラにテントをはっても大丈夫《だいじょうぶ》ね。」
お父さん「明日に③ソナえて，今日はもう寝《ね》よう。」

問題１　［　ア　］に入るひろしさんの自宅からキャンプ場までのかかる時間は何分ですか。次の表をもとに計算し，小数第１位を四捨五入して答えなさい。

速度		（時速60km）		（時速80km）		（時速50km）
	自宅	→	高速道路入口	→	高速道路出口	→	キャンプ場
距離		（11km）		（27km）		（16km）

問題２　下線部①「ケシキ」，②「カワラ」，③「ソナ」を漢字に直して書きなさい。

問題３　次の図は，ひろしさんが天気予報で見た次の日の予想天気図です。この図から［　イ　］にはどのような言葉が入るでしょうか。あなたの考えを書きなさい。

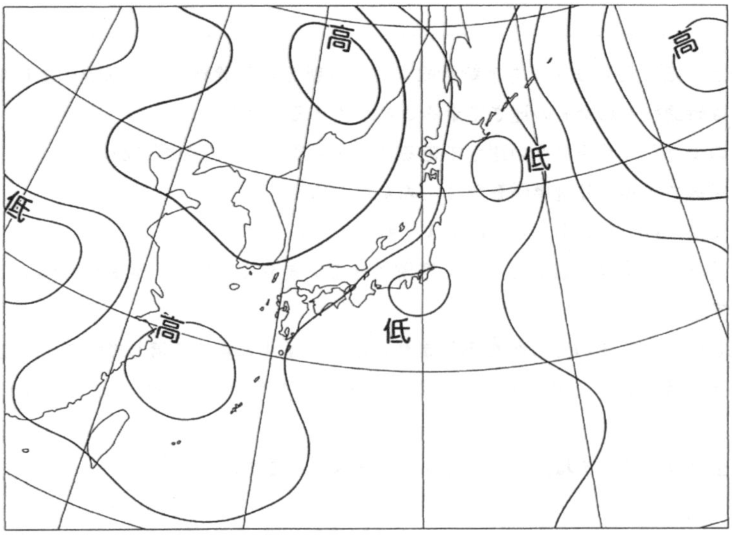

ひろし　「月がきれいだね。」

お母さん「今日は満月ね。」

お父さん「満月というと藤原道長だな。『この世をばわが世とぞおもう望月《もちづき》の欠けたることもなしとおもえば』という歌をよんでいる平安時代の有名な人物だからね。なぜこんな歌をよんだんだろうね。」

ひろし　「ぼく，知っているよ。この人は[　　ウ　　]。だから力を持っていたんだよね。」

お母さん「よく知っているわね。」

ひろし　「学校で習ったんだ。せっかくキャンプに来たんだから晩《ばん》ご飯が楽しみだな。」

お母さん「今日の晩ご飯は，えびやきのこたっぷりで作るアヒージョよ。」

ひろし　「アヒージョって何。」

お母さん「アヒージョは，オリーブオイルとニンニクで煮込《にこ》む[　エ　]生まれの料理のことよ。」

お父さん「このグラフを見てごらん。夏に気温が高く，降水量が少ないことがわかるね。こんな[　　オ　　]地域《ちいき》でオリーブは育つんだ。だから地中海に面している[　エ　]の南部はオリーブがたくさんとれるんだよ。」

ひろし　「そうなんだ。アヒージョ早く食べたいな。」

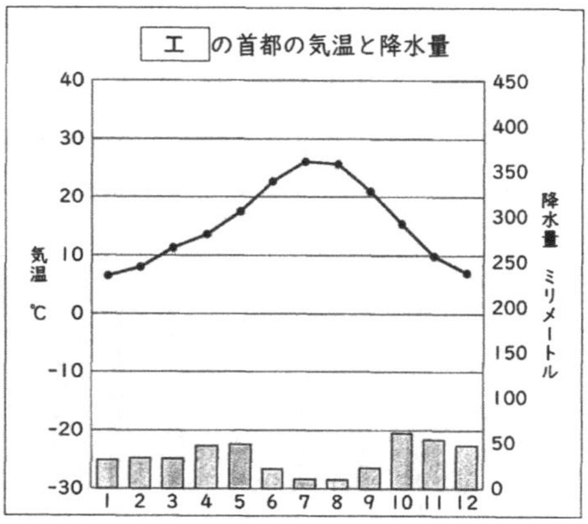

問題4　[　　ウ　　]にはどのような言葉が入るでしょうか。あなたの考えを書きなさい。

問題5　[　エ　]について以下の問いに答えなさい

(1)　これは[　エ　]の国旗です。[　エ　]の国名を答えなさい。

(2)　[　エ　]では，パエリアというお米を使う料理も有名です。日本では，ふつうに精米したお米を炊《た》く前に行う作業を，パエリアをつくる時には行いません。どのような作業か，あなたの考えを答えなさい。

問題6　[　オ　]には，どのような言葉が入るでしょうか。グラフを参考にあなたの考えを5字以上10字以内で書きなさい。

4 はなこさんとお父さんは，月ごとのアイスクリームの支出金額について話しています。

お父さん　「はなこはアイスクリームが好きかい。」
はなこ　「うん，大好き。」
お父さん　「では日本人が一人あたり月にどのくらいのアイスクリームを購入《こうにゅう》するか知っているかい。」
はなこ　「えっと，300円くらいかな。」
お父さん　「全国の月ごとのアイスクリーム支出金額を調べてみよう。」
はなこ　「2020年のデータで，一番金額が低い月は［ア］月で，一番金額が高い月は［イ］月だね。」
お父さん　「そうだね。［イ］月は［ア］月の［ウ］倍の金額となっているね。」
はなこ　「12月が11月より金額が多いのはおもしろいね。」
お父さん　「そうだね。他にもわかることがありそうだね。」

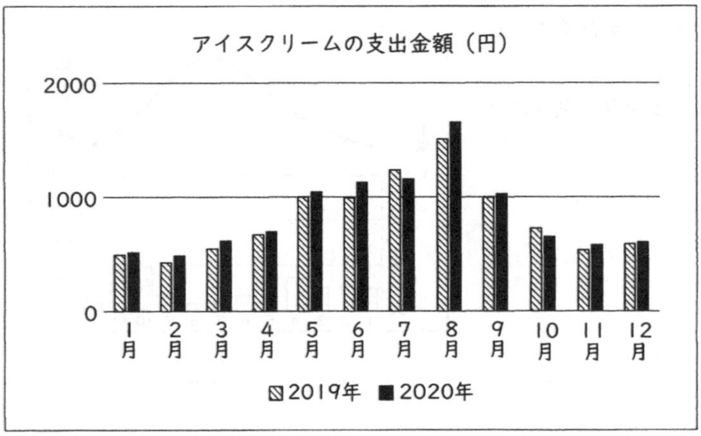

	支出金額(円)	
月	2019年	2020年
1月	494	510
2月	423	482
3月	542	610
4月	667	689
5月	1,000	1,040
6月	991	1,123
7月	1,236	1,155
8月	1,513	1,658
9月	996	1,025
10月	724	649
11月	531	573
12月	584	599

（「日本アイスクリーム協会の調査」を基に作成）

問題1　［ア］，［イ］にあてはまる数を答えなさい。

問題2　［ウ］にあてはまる数を答えなさい。割り切れない場合は小数第2位を四捨五入して答えなさい。

問題3　12月のほうが11月よりも寒いはずなのに，2019年，2020年ともに12月の支出金額が11月よりも多いのはなぜだと思いますか。あなたの考えを書きなさい。

ある日，はなこさんが家に帰ると，テーブルの上にチラシと手紙が置いてありました。

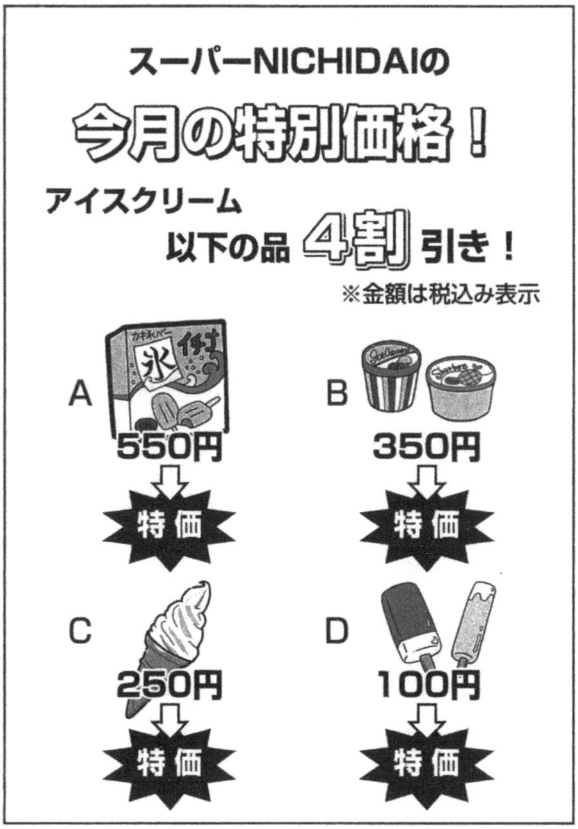

はなこへ

スーパーNICHIDAIで、

予算内でアイスクリームを

買ってきてください。

予算は2020年12月の

支出金額とします。

お父さんより

問題4　スーパー NICHIDAI では，商品 A のアイスクリームはいくらで買うことができますか。

問題5　次の［　オ　］，［　カ　］にあてはまる数を答えなさい。

はなこさんはお父さんの手紙のとおりに，スーパー NICHIDAI でアイスクリームを買いました。予算内でアイスクリームは最大で［　オ　］円分買うことができ，その買い方は［　カ　］通りありました。

しょうか？

それは、内からのやる気では、行動をすることが目的であり（簡《かん》単《たん》にいうと、「やりたいからやる！」）、外からのやる気では、行動することが手段である点です（「〇〇したいからやる」、「〇〇したくないからやる」）。言《い》い換《か》えれば、「目的—手段」の観点から、やる気を分類しているのです。

では、ここで、先に出てきました「勉強する理由」一〇個をあらためて眺《なが》めてみてください。それらが、内からのやる気に基づくものであるか、それとも外からのやる気に基づくものなのかを分類してみましょう。**（中略）**

「目的—手段」の観点から勉強する理由を分類すると、①の〝面白くて楽しいから〟と②の〝新しいことを知りたいから〟が内からのやる気に基づくもので、それ以外の八つ（③から⑩）はすべて、外からのやる気に基づくものになります。

さて、あなたが勉強する理由は、内からのやる気に基づくものでしたか、それとも、外からのやる気に基づくものでしたか？

（外山美樹《とやまみき》「勉強する気はなぜ起こらないのか」ちくまプリマー新書 より）

問一 後の〈さくらさんの作文〉について、

(1) さくらさんの「勉強する理由」は①～⑩のどれに当てはまりますか。①～⑩の中から最も近いものを一つ選び、番号で答えなさい。

(2) 〈さくらさんの作文〉から「目的」と「手段」に当たる部分をそれぞれ二〇字以内でぬき出して答えなさい。

〈さくらさんの作文〉

> 私は毎日、家で英語の勉強をしています。それは、飛行機の国際線の客室乗務員になることを将来の目標にしているからです。そのために、英語の学習動画を見て英語の勉強をすることを日課にしてがんばっています。なぜなら客室乗務員になるには高い英語力が必要だからです。

問二 あなたが勉強する理由は何ですか。あなたの考えを、次の【条件】に合わせて解答用紙に書きなさい。

【条件】

一、本文中の「勉強する理由」の①～⑩から最も近いものを一つ選んで書くこと。
二、自分の経験や具体例をあげて書くこと。
三、四五〇字以上五〇〇字以内で書くこと。

【注意】

一、題名や名前は書かないこと。
二、原こう用紙の一行目から書き始めること。
三、必要に応じて、段落《だんらく》に分けて書くこと。

総合問題

令和四年度
第一回入学試験解答用紙

長崎日本大学中学校

※130点満点
（配点非公表）

分

②

③

）

（2）

イ

円

カ

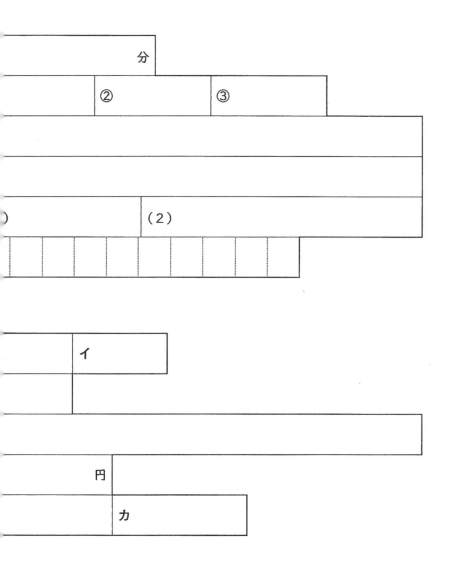

1

問題１					
問題２		問題３			
問題４					
問題５	年	問題６		問題７	
問題８					
問題９					
問題10	ことわざ				
	理由				

2

問題１			
問題２			
問題３	イ	ウ	
問題４	（１）		
	（２）		
問題５			
問題６	エ	オ	
問題７			

3

問
問
問
問
問
問

4

問
問
問
問
問

次の文章を読んで、後の問いに答えなさい。

さて、なぜ、あなたは勉強するのでしょうか。（中略）

勉強する理由なんて、突然《とつぜん》そんなことをいわれても困《こま》ると思っている人は、以下に、よくある「勉強する理由」を一〇個列記しましたので、あなたが勉強する理由として、最も近いものを一つ選んでみてください。

「勉強する理由」
①面白《おもしろ》くて楽しいから
②新しいことを知りたいから
③先生や親に叱《しか》られるから
④先生や親に褒《ほ》められるから
⑤勉強ができないと恥《は》ずかしいから
⑥良い成績をとりたいから
⑦自分の夢や目標のために必要だから
⑧良い高校や大学に入りたいから
⑨自分の能力を高めたいから
⑩知識を得ることで幸せになれるから

（中略。ここで筆者は、やる気には「内からわき出るやる気」と「外から与《あた》えられるやる気」に分けられることを述べています。）

「内からわき出るやる気」（以後「内からのやる気」ということにします）とは、行動自体が目的となっているやる気、つまり、自分の行動の理由が好奇心《こうきしん》や興味・関心から生じている状態のことをいいます。

ゲームに夢中になっている子どもたちの多くは、ゲームが楽しくてゲームをしているのであって、何も、将来《しょうらい》、ゲームに関《かか》わる職業に就《つ》きたいからでも、誰《だれ》かに褒《ほ》められたいからでもありません。

このように、内からのやる気に基《もと》づいた行動は、行動そのものが目的となっており、他《ほか》に何か目的があって行動しているわけではありません。まさに「やりたいからやる」というもの。その根底には、面白《おもしろ》いから、楽しいからやるといった、その活動に対する興味・関心があります。

新しいことを知りたいから勉強をしている、あるいは、楽しいから、好きだから勉強をしているみなさんは、内からのやる気に基づいて勉強していることになります。

一方、「外から与えられるやる気」（以後、「外からのやる気」ということにします）は、自分の行動が外部（他人や環境《かんきょう》）からの報《ほう》酬《しゅう》や罰《ばつ》、命令、義務によって生じている状態です。

たとえば、良い成績をとって親に褒められたいから勉強したり、親に叱《しか》られるのが嫌《いや》だからしぶしぶお手伝いをするといった、アメ（報酬）とムチ（罰）に基づく行動がこれにあたります。義務と命令による「やる気」というと違和感《いわかん》があるかもしれませんが、心理学ではこれらも動機付けという文脈では「やる気」と捉《とら》えます。

外からのやる気に基づいた行動は、何らかの目的を達成するための手段《しゅだん》であるといえます。「〇〇をしたいから△△する」、あるいは「〇〇をしたくないから△△する」というもので、ここでは〇〇をする（しない）が目的、△△するが手段となります。

では、内からのやる気と外からのやる気の違《ちが》いはどこにあるので

令和４年度

第１回入学試験問題

作文問題

令和３年12月５日(日)　11：40～12：25（45分）

※70点満点　作文解答用紙非公表

受験番号	

長崎日本大学中学校

関東会場

令和4年度
入　学　試　験　問　題
国　　語

令和4年1月6日(木)　9：00～9：50

注　意

1．試験開始の合図《あいず》まで問題を開いてはいけません。
2．解答用紙の指定《してい》されたところに答えを記入しなさい。
3．字数指定のある場合は，句点《くてん》（。）や読点《とうてん》（、）や符号《ふごう》（「」など）も字数にふくめます。

受験番号	

長崎日本大学中学校

一　**次の文章を読んで、後の問いに答えなさい。**
（出題にあたり、表記を一部改変しています。）

大切なことは、「考える」とやるべきことが生まれ、「悩《なや》む」とただ時間だけが過ぎていくということです。

ですから「考えること」と「悩むこと」を区別することが大切なのです。

あなたはふだん、考えてますか？　それとも悩んでますか？

①アメリカの心理学者マズローという人は、人間の欲求《よっきゅう》を五段階に分けました。

ピラミッド型で説明したのですが、一番下、最初の第一段階は、「生理的欲求」というものです。

水、食事、睡眠《すいみん》、トイレなどの生きていくために基本的なことですね。

「毒親」に虐待《ぎゃくたい》されている時は、このレベルの欲求が満たされていない場合があります。逆に言うと、このレベルの欲求を子供に保証しないのは、間違《まちが》いなく「毒親」です。

その上の第二段階は、「安全の欲求」です。

家で生活する時に寒さや暑さに苦しみたくない、健康に暮らしたい、aケイザイ的に心配しないで暮らしたい、暴力や怒声《どせい》なく暮らしたい、などです。

子供の安全と安定をさまたげるような親はやはり「毒親」ということになりますね。

第三段階は、「b所属と愛の欲求」です。【　　A　　】、というようなことです。

これも、理解しやすいでしょう。

第四段階は、②「承認《しょうにん》の欲求」です。

友だちから認められたい、親からほめられたい、周りから尊敬されたい、という気持ちです。職業を選ぶ時に、これは重要な要素になりますね。社会から認められ、尊敬される職業につきたいと思うことは自然なことです。

実は、「承認の欲求」は、「周りから認められたい」という欲求と、「自分が自分を認めたい」という欲求の二つから成っています。

あなたが絵《え》描《か》きになりたいと思っていて、学校の課題で絵を描いたとします。

その絵は、校内コンクールで優勝して、大きな展覧会でも認められたとします。

周りがあなたをほめますから、「承認の欲求」は半分、満たされます。

でも、もう半分は、「あなたがその絵に満足しているかどうか？」です。

もし、あなたが「この絵の評価は高いけれど、自分ではまったく納得《なっとく》していない。誰《だれ》にも言ってないけど、これは昔見た友だちの絵の真似《まね》をしただけなんだ。こんな絵はダメだ」と思っていたとしたら、自分自身の「承認の欲求」が満足していないことになります。ですから、あなたの希望は、周りからも認められるし、自分自身でも認められることが重要なのです。

そして、最後の一番上、第五段階は③「自己実現の欲求」です。「自己実現」というのは、ちょっと難しい言葉ですが、ここでは、自分がなりたいものになり、それが社会的に評価もされて、そして、周りを幸福にしたり豊かにしたりしている状態、としましょうか。

第四段階の絵の話で言えば、やがてあなたが絵描きになり、社会的にも評価・尊敬され、自分自身も納得した絵を描いていて、なおかつ、その絵が人々を幸福にしたり、勇気を与《あた》えたり、微笑《ほほえ》ませたりしている場合、あなたは「自己実現の欲求」を満たしているといえるのです。

そんなふうになったら素敵《すてき》だなと思いましたか？

僕《ぼく》も思います。

サラリーマンになっても、その仕事が周りから認められ、あなたもやりがいがあり、それだけではなく、その仕事が社会を豊かにしたり、人々を幸福にしたりしていれば、「自己実現の欲求」は満たされているのです。

c専業主婦になっても、その仕事が周りから評価され、あなたもやりがいがあり、そして、その仕事が周りを幸福にしたり、微笑ませたりしていれば、「自己実現の欲求」は満たされているのです。

マズローの「欲求五段階説」を紹介《しょうかい》したのは、「自分の希望はなんだろう？」ということを考える手がかりになればいいと思ったからです。

この説が唯一《ゆいいつ》正しいのではありません。

こういう考え方があるんだということを参考にしながら、「自分は何がしたいんだろう？」と考え続けて下さい。悩むんじゃなくてね。

（中略）

僕は今、演劇《えんげき》の大学で教えています。学生たちは、みんなプロの俳優になりたいと思っています。

でも、「俳優になれるかどうか自信がないんです」と不安な顔をする学生が多いです。そして「自信がつけば、堂々としてられるのに」と悲しそうに言います。

「どうしたら自信がつくの？」と聞くと、「友だちにほめられるとか……」と答える人がいます。

でも、それだけでは自信の根拠《こんきょ》にならないと僕は思います。

だって、もし友だちが「E子は絶対に俳優になれるよ」と言ってくれても、「友だちはそう言ってるけど、クラスのみんなはどう思うんだろう？」と思ってしまったら、不安で自信は持てなくなります。

もし、クラス全員が口をそろえて「E子は絶対に俳優になれるよ」と言ったとしても、「みんなはそう言ってくれてるけど、先生はどう思うんだろう？」と思ったら、自信は持てません。

もし、先生が「E子は絶対に俳優になれるよ」と言ったとしても、「あの先生はそう言ってるけど、他の先生はなんて言うんだろう?」と思ったら、自信は持てません。
　もし、学校の先生全員が口々に「E子は俳優になれるよ」と言ったとしても「プロの演劇の演出家さんはなんて言うんだろう?」と思ったら自信は持てません。
　もし、有名なプロの演出家が「E子さんは絶対に俳優になれます」と言ったとしても、「演出家はそう言ってるけど、テレビ局のプロデューサーはどう思うんだろう?」と思ったら自信は持てません。
　分かりますか? 自信の根拠を求め始めたら、終わりがないのです。

（中略）

　ないものを手に入れないと自信が持てないと思っていると、一生、自信が持てないままで終わるのです。
　本当は自分の希望があるんだけど自信がないから言わないとか、なんとなく遠ざけているという人は、【　B　】を探している限り、一歩も前には進めません。
「デザイナーになりたい」と心の奥底《おくそこ》で密《ひそ》かに思っていても、「自信がないからデザイナーなんかになれるわけがない」と思っていると、絶対になれないということです。
　じゃあ、どうしたらいいのか?
　とりあえず、【　C　】。
デザイナーなら興味のあるファッションを世界中の資料から集め始めるとか、シェフ志望ならネットのレシピや料理本から選んだ料理を作り始めてみるとか、農業をやりたいのなら d タイケン稲作《いなさく》をさせてくれるところに参加するとか、とりあえず始めるのです。軽い気持ちでいろいろと始めてみることをお勧《すす》めします。
　始めてみて、「あ、自分には向いてない」とか「これは違う」と思ったら、また、別なことを始めればいいだけです。
「自信がないからできない」なんて悩んでいる時間はもったいないのです。
　やっぱり、④「悩むこと」と「考えること」をちゃんと区別することが必要なのです。
　焦《あせ》ることはありません。中高生で「自分が本当にしたいこと」を見つけられるのは奇跡《きせき》だと言ってもいいです。
　繰《く》り返しますが、問題は、自分の頭で考えるのではなく、親の考えをそのまま自分の考えだと思い込んでしまうことです。
　または、親にまかせて、自分が考えることをやめてしまうことです。
　［Ⅰ］、自分がやりたいことが親のしてほしいことと結果的に一致《いっち》すれば、素敵なことですね。親は食べることが大好きだから、子供がシェフになりたいと言い出したことに e 大サンセイする、なんてことです。
　［Ⅱ］、一生懸命《けんめい》考えたけど、とりあえずやりたいことが見つ

からないので、大学に行ってみようか、そこで探そうか、と考えるのも悪くはないです。

でも、今から、「自分は本当は何がしたいんだろう?」と考える訓練を始めることは大切なことです。

［Ⅲ］あなたには、嫌《いや》でも自分で考えなければいけない時期がきます。

中学、高校、大学と親の意見を聞いてきた人も、何人かは就職《しゅうしょく》の時に、はたと悩みます。なんでもアドバイスを続けてきた親も、今のネットが中心の就活事情が自分の時とまったく違っているので、何も言えなくなるのです。

その時、何人かの子供は混乱します。でも、自分の頭で考える訓練ができないので、ただ混乱するだけで、よい結果は出せません。

就職をうまく乗り切っても、結婚しても同じように親とだけ相談していたら、パートナーとの関係はもめます。この時も、親が全部答えを出してくれると思っている人たちは混乱し、よい結果は出せません。

その後、子供が生まれた時にも、同じようなことが起こります。ずっと自分の親に相談していたので、子供が生まれても本当の親になれないからです。

まあ、あまり先のことを言っても、あなたにはピンとこないでしょう。

でも大切なことは、【　D　】ことです。

それがあなたが素敵な人生を送るためには必要なことなのです。

（鴻上《こうかみ》　尚史《しょうじ》『親の期待に応えなくていい』より）

問一　══部a「ケイザイ」、b「所属」、c「専業」、d「タイケン」、e「サンセイ」について、漢字は読み方をひらがなで書き、カタカナは漢字に直しなさい。

問二　──部①「アメリカの心理学者マズローという人は、人間の欲求を五段階に分けました」とありますが、筆者はなぜここでマズローの「欲求五段階説」を紹介したと考えられますか。その理由を本文中から四十字以内で探し、最初と最後の五字を答えなさい。

問三　【　A　】に入る言葉としてもっともふさわしいものを、次の中から一つ選び、記号で答えなさい。

ア　レベルの高い学校に入学したい、会社でいきいきと働きたい

イ　温かい家庭で暮らしたい、仲間がほしい、親と仲よくしたい

ウ　おいしいものを食べたい、家で好きなだけ寝《ね》ていたい

エ　きれいになりたい、健康でいたい、好きなことを学びたい

問四　──部②「承認の欲求」とありますが、この欲求を満足させるためには、どのようなことが必要ですか。三十字以内で答えなさい。

問五　――部③「自己実現の欲求」とありますが、この欲求が満たされている状態の具体例としてもっともふさわしいものを次の中から一つ選び、記号で答えなさい。

ア　妻には最初心配されたが、夫の私が会社を辞《や》めて家事をするようになってから、家族全員が安心して暮らせるようになった。

イ　父親には反対されたが、私はあこがれだった学校の先生となり、忙しいながらも多くの人にしたわれ、生徒たちとともに毎日笑顔で学び続けている。

ウ　友人に誘われてダンスを習い始めた私は、ぐんぐん上達し大会で優勝したため、多くのテレビ局から取材の申し込みがとぎれない。

エ　親のすすめでしかたなくピアノを始めたぼくだが、今では人前で演奏して驚《おどろ》かれたり拍手《はくしゅ》をもらったりすることがうれしい。

問六　【Ｂ】に当てはまる言葉を、これより前の本文中から五字でぬき出して答えなさい。

問七　【Ｃ】に当てはまる言葉としてもっともふさわしいものを次の中から一つ選び、記号で答えなさい。

ア　始めてみることです　　イ　悩んでみることです

ウ　つらぬくことです　　エ　考えないことです

問八　――部④「『悩むこと』と『考えること』をちゃんと区別する」とありますが、ここでの「悩む」と「考える」の区別の説明として、もっともふさわしいものを次の中から一つ選び、記号で答えなさい。

ア　「悩む」とは、できることを冷静に分析《ぶんせき》することであり、「考える」とは、できないことばかりを気にしてこだわることである。

イ　「悩む」とは、人の反応を気にすることであり、「考える」とは、自己主張できるように言葉を選んでいくことである。

ウ　「悩む」とは、いつまでたっても前進しないことであり、「考える」とは、自分でやるべきことにつなげて前進していくことである。

エ　「悩む」とは、やるべきことを判断することであり、「考える」とは、やるべきことを実行し前進していくことである。

問九　［Ⅰ］～［Ⅲ］に当てはまる言葉を次の中からそれぞれ一つずつ選び、記号で答えなさい。

ア　やがて　　イ　また

ウ　したがって　　エ　もちろん

問十　【Ｄ】に入る言葉を、本文中の言葉を用いて十字程度で答えなさい。

問十一　次の1～3について、本文の特徴《とくちょう》の説明として正しいものには○、間違っているものには×をそれぞれ解答欄《かいとうらん》に記入しなさい。

1　「自信がない」と悩む小学生の具体例を示すことで、他人の反応ばかりを気にしてしまう日本人の実態を印象づけている。

2　子を持つ親にやさしく語りかけるような文体で、理解しやすい表現となっている。

3　さまざまな場面を想定し、具体例を示すことで、伝わりやすくなるよう工夫《くふう》している。

二　次の文章を読んで、後の問いに答えなさい。

さて、トットちゃんが待ちに待った『海のものと山のもの』のお弁当の時間が来た。この『海のものと山のもの』って、なにか、といえば、それは、校長先生が考えた、お弁当のおかずのことだった。ふつうなら、お弁当のおかずについて、「子供が好き嫌《きら》いをしないように、工夫《くふう》してください」とか、「栄養が、片寄《かたよ》らないようにお願いします」とか、いうところだけど、校長先生はひとこと、

①「海のものと、山のものを持たせてください」

と、子供たちの家の人に、頼《たの》んだ、というわけだった。

山は……例えば、お野菜とか、お肉とか（お肉は山でとれるってわけじゃないけど、大きく分けると、牛とか豚《ぶた》とかニワトリとかは、陸に住んでいるのだから、山のほうに入るって考え）海は、お魚とか、佃煮《つくだに》とか。この二種類を、必ずお弁当のおかずに入れてほしい、というのだった。

（こんなに簡単《かんたん》に、必要なことを表現できる大人は、校長先生の他には、そういない）とトットちゃんのママは、ひどく感心していた。しかも、ママにとっても、海と山とに、わけてもらっただけで、おかずを考えるのが、とても面倒《めんどう》なことじゃなく思えてきたから、②不思議だった。それに校長先生は、海と山といっても、〝無理しないこと〟〝ぜいたくしないこと〟といってくださったから、山は〝キンピラゴボウと玉子焼〟で海は〝おかか〟という風《ふう》でよかったし、もっと簡単な海と山を例にすれば、〝おのりと梅干《うめぼ》し〟でよかったのだ。

そして子供たちは、トットちゃんが初めて見た時に、とっても、うらやましく思ったように、お弁当の時間に、校長先生が、自分たちのお弁当箱の中をのぞいて、

「海のものと、山のものは、あるかい？」

と、ひとりずつ[a]確かめてくださるのが、③うれしかったし、それから、自分たちも、どれが海で、どれが山かを発見するのも、ものすごいスリルだった。

でも、たまには、母親が忙《いそが》しかったり、あれこれ手がまわらなくて、山だけだったり、海だけという子もいた。そういうときは、どうなるのか、といえば、その子は心配しないでいいのだった。なぜなら、お弁当の中をのぞいて歩く校長先生の後から、白い、かっぽうまえかけをかけた、校長先生の奥《おく》さんが、両手に、おなべをひとつずつ持って、ついて歩いていた。そして先生が、どっちか足りない子の前で、

「海！」

というと、奥さんは、海のおなべから、ちくわの煮《に》たのを、[b]二コくらい、お弁当箱のふたに、のせてくださったし、先生が、

「山！」

といえば、もう片ほうの、山のおなべから、おいもの煮ころがしが、とび出す、というふうだったから。

こんなわけだったので、どの子供たちも、「ちくわが嫌《きら》い」なんて、そんなことは、いわなかったし、(誰のおかずが上等で、誰のおかずが、いつも、みっともない)なんて思わなくて、海と山とが揃《そろ》った、ということが、うれしくて、④お互《たが》いに笑いあったり、叫《さけ》んだりするのだった。

⑤トットちゃんにも、やっと、「海のものと山のもの」が、なんだかわかった。そしたら、(ママが、今朝c、大急行で作ってくれたお弁当は、大丈夫《だいじょうぶ》かな?)と少し心配になった。でも、ふたをとったとき、トットちゃんが、

「わあーい」

といいそうになって、口を押《お》さえたくらい、それは、それは、ステキなお弁当だった。黄色のいり卵、グリンピース、茶色のデンブ、ピンク色の、タラコをパラパラに炒《い》ったの、そんな、いろんな色が、⑥お花畑みたいな模様になっていたのだもの。

校長先生は、トットちゃんのを、のぞきこむと、

「きれいだね」

といった。トットちゃんは、うれしくなって、

「ママは、とっても、おかずジョウズdなの」

といった。校長先生は、

「そうかい」

といってから、茶色のデンブを指して、トットちゃんに、

「これは、海かい? 山かい?」

と聞いた。トットちゃんは、デンブを、ジーっと見て、

「これは、どっちだろう」

と考えた。(色からすると、山みたいだけど。だって、土みたいな色だからさ。でも……わかんない)そう思ったので、

「わかりません」

と答えた。すると、校長先生は、大きな声で、

「デンブは、海と山と、どっちだい?」

と、みんなに聞いた。ちょっと考える間《ま》があって、⑦みんな一斉《いっせい》に、

「山!」とか、「海!」とか叫んで、どっちとも決まらなかった。

みんなが叫び終わると、校長先生は、いった。

「いいかい、デンブは、海だよ」

「なんで」

と、肥《ふと》った男の子が聞いた。⑧校長先生は、机の輪のまん中に立つと、

「デンブは、魚の身をほぐして、細かくして、炒って作ったものだからさ」

と説明した。

「ふーん」

と、みんなは、感心した声を出した。そのとき誰かが、

⑨「先生、トットちゃんのデンブ、見てもいい?」

と聞いた。校長先生が、

「いいよ」

というと、学校中の子が、ゾロゾロ立って来て、トットちゃんのデンブを見た。デンブは知ってて、食べたことはあっても、いまの話で、急に興味が出てきた子も、また、自分の家のデンブと、トットちゃんのと、少し、かわっているのかな？と思って、見たい子もいるに違《ちが》いなかった。デンブを見にきた子の中には、においをかぐ子もいたので、トットちゃんは、ハナイキで、デンブが飛ばないか、と心配になったくらいだった。

　でも、初めてのお弁当の時間は、少しドキドキはしたけど、楽しくて、『海のものと山のもの』を考えるのも面白《おもしろ》いし、デンブがお魚ってわかったし、ママは、『海のものと山のもの』を、ちゃんと入れてくれたし、トットちゃんは、（ぜんぶ、よかったな）と、うれしくなった。そして、次に、うれしいのは、ママのお弁当は、たべると、おいしいことだった。

（黒柳《くろやなぎ》　徹子《てつこ》『窓《まど》ぎわのトットちゃん』より）

＊かっぽうまえかけ……料理などをするときに着る、そでのあるまえかけ。

問一　═══部a「確（かめて）」、b「コ」、c「今朝」、d「ジョウズ」、e「ハナイキ」について、漢字は読み方をひらがなで書き、カタカナは漢字に直しなさい。

問二　───部①「海のものと、山のものを持たせてください」とありますが、具体的にはどうしてほしいということですか。解答欄の形式に合うように、四十五字以内で書きなさい。

問三　───部②「不思議だった」とありますが、トットちゃんのママが「不思議だった」ことの説明としてもっともふさわしいものを、次の中から一つ選び、記号で答えなさい。

ア　言い方を変えられただけで、お弁当作りを面倒だと感じだしたこと。

イ　わかりやすく簡単な表現で、大切なことを表現できる大人が少ないこと。

ウ　お弁当を二種類作ることに慣れて、面倒ではなくなってきたこと。

エ　二種類に分けた表現によって、おかず作りを少し楽に感じ始めたこと。

問四　───部③「うれしかった」とありますが、子供たちがそのように感じた理由としてもっともふさわしいものを次の中から一つ選び、記号で答えなさい。

ア　校長先生の愛情を感じられるから。

イ　自分たちの親はお弁当作りがじょうずだから。

ウ　校長先生にお弁当を見られるスリルがあるから。

エ　ちくわやおいもをもらえるかもしれないから。

問五　───部④「お互いに笑いあったり、叫んだりする」とありますが、その理由としてふさわしくないものを次の中から一つ選び、記号で答えなさい。

ア　校長先生や奥さんのあたたかさに包まれ、安心してお弁当の時間を楽しんでいるから。

イ　おかずがなくてつらい思いをしたり、おかずを比べられてみじめな思いをしたりするしんぱいがないから。

ウ　きらいなおかずを食べなくても良いので、お弁当の時間を楽しめるから。

エ　「海と山がそろう」ことに楽しみを感じているので、人と比べたり、すききらいをしたりするような気持ちにはならないから。

問六　――部⑤「トットちゃんにも、やっと『海のものと山のもの』が、なんだかわかった」について、「トットちゃんにも」がかかっている言葉を次の中から一つ選び、記号で答えなさい。

ア　やっと

イ　「海のものと山のもの」が

ウ　なんだか

エ　わかった

問七　――部⑥「お花畑みたいな模様になっていた」について、次の問いに答えなさい。

1　「花畑」と熟語の構成が同じものを次の中から一つ選び、記号で答えなさい。

ア　曲線　イ　救助　ウ　市立　エ　高校　オ　前後

2　「お花畑みたいな」の部分に用いられている表現技法を次の中から一つ選び、記号で答えなさい。

ア　擬態《ぎたい》語　イ　擬声《ぎせい》語　ウ　擬人《ぎじん》法

エ　直喩《ちょくゆ》　オ　隠喩《いんゆ》

問八　――部⑦「みんな一斉に、『山！』とか、『海！』とか叫んで、どっちとも決まらなかった」とありますが、このときの校長先生の心情としてもっともふさわしいものを次の中から一つ選び、記号で答えなさい。

ア　急に叫びだした元気な子供たちをつかれさせ、きちんと話を聞く姿勢ができるまで待とうという気持ち。

イ　答えがなかなか決まらない話し合いにつかれ、静かになりゆきを見守ろうという気持ち。

ウ　ふだんはおとなしい子供たちが、思いがけず答えを叫びだしたので、最後まで聞いてあげようという気持ち。

エ　全員の子供たちが、質問に対する自分の考えを言い終わるまで、尊重してきちんと待とうという気持ち。

問九　――部⑧「校長先生は、机の輪のまん中に立つと」とありますが、このとき校長先生が輪のまん中に立った理由としてもっともふさわしいものを次の中から一つ選び、記号で答えなさい。

ア　全員にしっかり聞こえる位置に移動し、それから答えの理由をわかりやすく説明するため。

イ　途中《とちゅう》で話しかけてきた子供にかまわず、正しい答えを最後まで発表するため。

ウ　反対意見の子供たちが出てきそうだったので、少しはなれた場所から説得したいと考えたため。

エ　質問してくれる子供たちの声が聞こえるように、輪のまん中で話を聞きたいと考えたため。

問十　――部⑨「先生、トットちゃんのデンブ、見てもいい？」とありますが、この発言の理由として最も適当なものを次の中から一つ選び、記号で答えなさい。

ア　デンブが山のものだと考えていたため、校長先生の話に納《なっ》得《とく》がいかず、自分の目で確かめたいと思ったから。

イ　デンブのことは知っていたつもりだったが、自分がまちがっていたことにショックを受け、悲しくなったから。

ウ　デンブが海のものか山のものかを考え、その答えを学んだことで、デンブに興味がわき、自分の目でも確かめたくなったから。

エ　デンブのことは知っていたつもりだったが、自信がなくなったので、においや手ざわりを確かめたかったから。

問十一　本文について話し合っている次のア～エのうち、明らかに本文の内容を読みまちがえているものを一つ選び、記号で答えなさい。

ア　トットちゃんは、初めてのお弁当の時間に少し緊張《きんちょう》したみたいだけど、新しい発見があったし、校長先生にもお弁当をほめてもらえて、うれしいことがたくさん起きたんだね。みんなといっしょに過ごせたことが、とっても楽しかったみたい。

イ　そうだね。で、トットちゃんがいちばんうれしかったのは、やっぱりママの作ってくれたお弁当がおいしかったことだよね。大急行で作ってくれたのに、お花畑みたいにかわいいお弁当が作れるなんて、すごいよね。

ウ　トットちゃんは、お弁当を通じてママの愛も実感しているはずだよ。お弁当を作るって大変だと思うけど、この校長先生みたいに「無理をしないこと」と言ってもらえたら少し気が楽になるね。それに、「ぜいたくしないこと」と言われたらお弁当を作る人も助かるよね。

エ　ただ、校長先生が「ぜいたくしないこと」って言ったのは、もう一つ理由があると思う。おかずが上等かどうかで差別したり、されたりしないように、実はひとりひとりを守っているんだ。「海と山がそろった」ことで子供を笑顔《えがお》にする、素《す》晴《ば》らしい工夫《くふう》だね。

三　次の絵を参照しながら文章を読んで、後の問いに答えなさい。

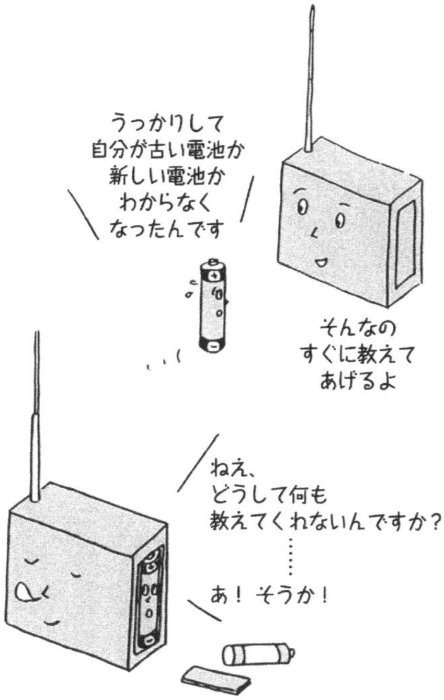

うっかりして自分が古い電池か新しい電池かわからなくなったんです
そんなのすぐに教えてあげるよ
ねえ、どうして何も教えてくれないんですか？
……
あ！そうか！

〈本文〉

このラジオさんは、電池くんの質問に答えません。いや、答えることが[1]のです。それは、この電池くんが[2]だったからです。つまり、答えないこと自体が電池くんの一番知りたい答えになっているのです。

私たちのいるこの世の中には、その前提条件で、すでに〝ある事がわかっている〟ことが、①おうおうにしてあります。

例えば占《うらな》い師のところに来る人に対して「あなたは何らかの迷いがありますね」と当てるのはとても簡単《かんたん》なことです。なぜなら、そこに来ること自体が、②それを示しているからです。

私たちは時として、このように[3]こともできるのです。

（佐藤《さとう》　雅彦《まさひこ》『プチ哲学』より）

問一　[1]・[2]に当てはまる言葉を、それぞれ五字程度で答えなさい。

問二　――部①「おうおうにして」の意味として最も適当なものを次の中から一つ選び、記号で答えなさい。

ア　めったにないが、起きてしまう可能性はある様子。

イ　ほとんど起きる可能性はないため、安心できる様子。

ウ　困ることではあるが、どうしても起きてしまう様子。

エ　そうなる傾向《けいこう》がありがちだと認められる様子。

問三　――部②「それ」とは、どのようなことを指していますか。本文中の言葉を用いて、十字程度で答えなさい。

問四　[3]に当てはまる言葉として最も適当なものを次の中から一つ選び、記号で答えなさい。

ア　答えを待たずして正しい答えを得る

イ　質問を待たずして正しい答えを得る

ウ　質問に答えないことでまちがいをおかす

エ　答えを聞かないことによってまちがいをおかす

問五　この文章には、「【　　　　】が教えてくれる」という見出しがついています。文章全体のテーマとして考えたとき、【　　　　】に入る四字の言葉としてもっともふさわしいものを、本文中からぬき出して答えなさい。

令和４年度

入　学　試　験　問　題

算　　数

令和４年１月６日(木)　10：10〜11：00

注　意

1．試験開始の合図《あいず》があるまで問題を開いてはいけません。

2．解答用紙の指定《してい》されたところに答えを記入しなさい。

3．答えは，最《もっと》も簡単《かんたん》な形で表《あらわ》しなさい。なお，分数で答えるときは，約分してできるだけ簡単な分数にしなさい。

4．計算については，余白《よはく》を利用してもかまいません。

受験番号	

長崎日本大学中学校

1 次の各問いに答えなさい。

(1) $9+10-18$ を計算しなさい。

(2) $42\div6+5\times9$ を計算しなさい。

(3) $24\times(32-23)\div6$ を計算しなさい。

(4) $\frac{3}{4}+\frac{7}{6}-\frac{2}{3}$ を計算しなさい。

(5) $\frac{2}{5}\times\frac{15}{4}-\frac{1}{6}\div\frac{1}{2}$ を計算しなさい。

(6) $12\div0.3+(0.27+0.53)\times90$ を計算しなさい。

(7) $7\times3+21\times2+15\times0.7-63\div6\times\frac{7}{3}$ を計算しなさい。

(8) 2つの数60と144の最大公約数を求めなさい。

(9) 花だんにチューリップを15 cm間かくで一列に100本植えました。両端のチューリップの間の長さは何mですか。

(10) ある自動車は60 Lのガソリンで750 km走ることができます。この自動車が1 km走るのに必要なガソリンの量は何Lですか。

2022(R4) 長崎日本大学中（関東）
K 教英出版

2 次の各問いに答えなさい。

(1)　4 mの重さが 160 gで，25 gあたりの値段が 120 円の品物の 5 mの金額を求めなさい。

(2)　面積が $540\ cm^2$ の長方形の縦の長さを 20 %短くし，横の長さを□%短くしたら，面積が $324\ cm^2$ になりました。□に当てはまる数字を求めなさい。

(3)　1964 年 10 月 10 日は土曜日でした。1964 年 12 月 31 日は何曜日でしたか。

(4)　たかし君は自転車で 9 時にスタートし，5000 mの道のりを時速 30 kmで走り，480 秒休けいした後，3600 mを時速 24 kmで進んでゴールしました。ゴールした時刻は何時何分ですか。

(5)　8 %の食塩水 150 gに食塩 10 gと水を加えて 10 %の食塩水をつくりました。加えた水の重さは何 g ですか。

3 次の図形の斜線部分の周の長さと面積を求めなさい。ただし，(2)～(4)の答えは，分母を7にした分数として分子のみを答えなさい。必要ならば円周率は $\frac{22}{7}$ とします。

(1) 外側の長方形はたて 6 cm，横 10 cmです。

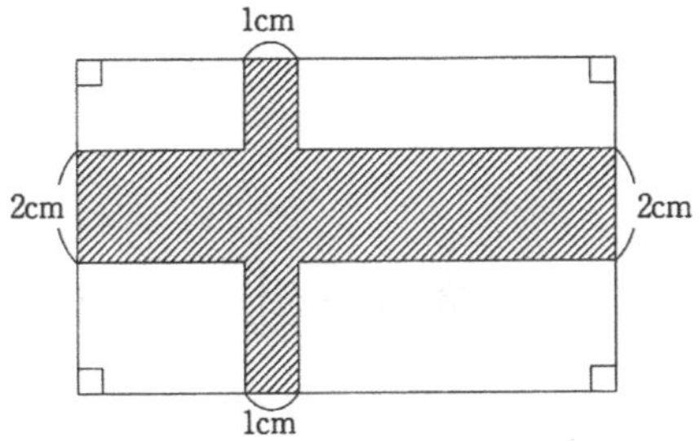

(2) 半径 4 cmの円と，半径 2 cmの半円 2 つを重ねた図です。

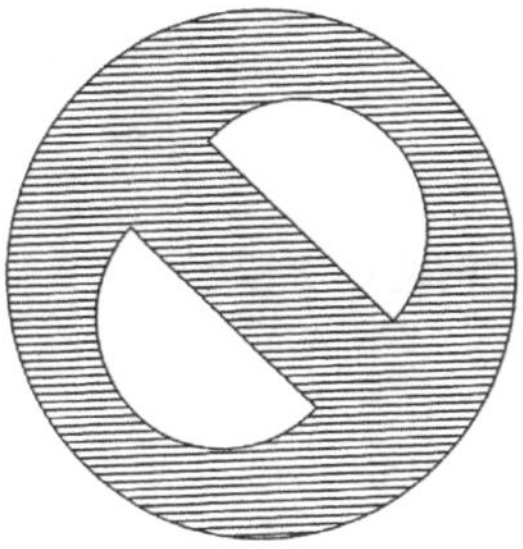

(3) 直径 6 cmの円，直径 4 cmの円，直径 2 cmの円を重ねた図です。

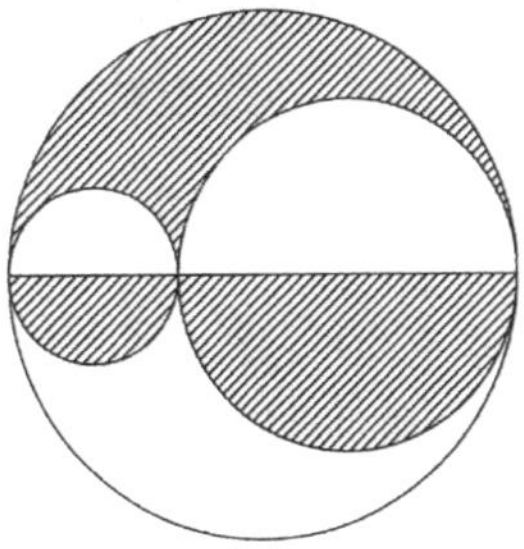

(4) 一辺が 10 cm の正方形の中に，半径 5 cm の円と，半径 10 cm のおうぎ形 2 つを重ねた図です。

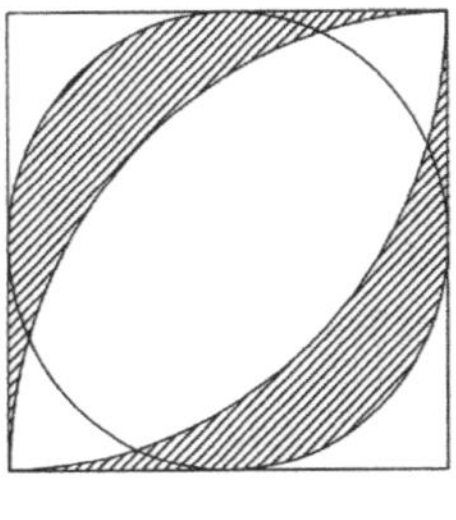

4 **下の図のような，直方体の底に三角柱をきっちりはめこんだ形の容器を作りました。グラフはこの容器に水を静かに注いだときの水面が最も高い部分の高さを示したものです。水面の最も高い部分が3 cmになったとき，注いだ水の量は225 mLでした。これについて，以下の各問いに答えなさい。**

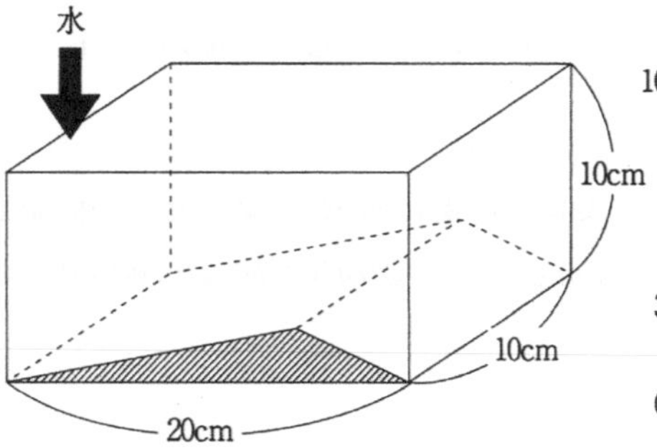

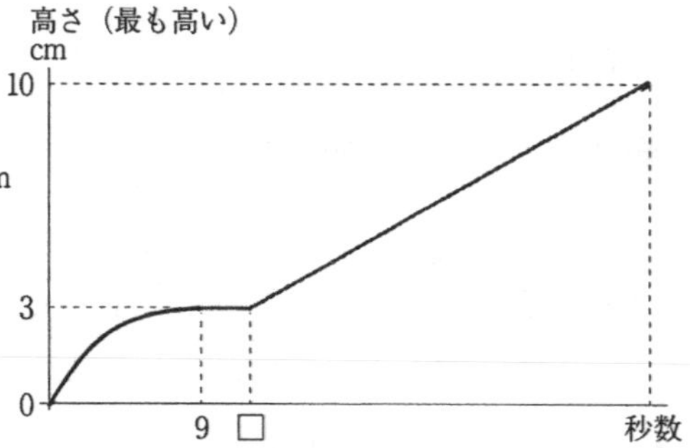

(1) はめこんだ三角柱の体積は何 cm^3 ですか。

(2) 注いだ水の量は毎秒 何mL ですか。

(3) グラフの□に入る数を答えなさい。

(4) 容器が水で満たされるまでの時間は何秒ですか。

(5) いっぱいになった水をすべて流し，代わりに油で容器を満たしました。油の比重が0.8 であるとき，容器の中の油の重さを答えなさい。（比重とは水の重さの何倍かを表し，水は1 mLで1 g とします）

5 **透明ではない机の上で，以下の操作をします。**

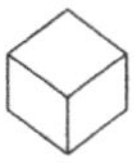
立方体が１つあります

操作①

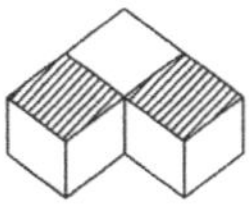

操作②

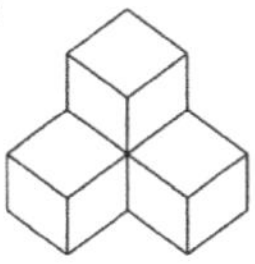

操作①‥‥‥立方体に図のように立方体を追加します
操作②‥‥‥操作①の立体に立方体をのせます

操作③

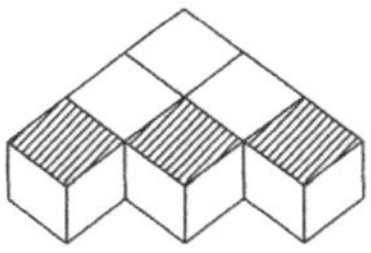

操作④

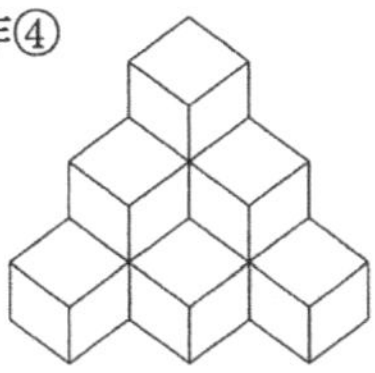

操作③‥‥‥操作①の立体に図のように立方体を追加します
操作④‥‥‥操作③の立体に操作②の立体をのせます

操作⑤

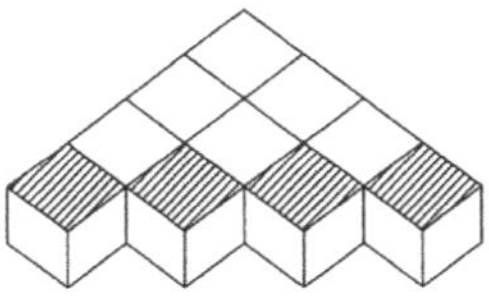

操作⑥

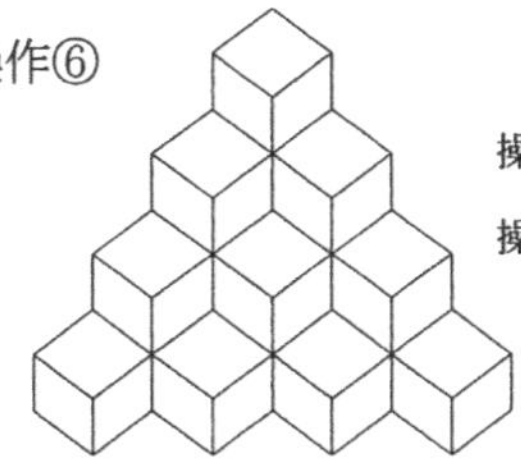

操作⑤‥‥‥操作③の立体に図のように立方体を追加します
操作⑥‥‥操作⑤の立体に操作④の立体をのせます

以下同じように，き数番目のそうさで土台の数を増やし，ぐう数番目はできた土台にひとつ前の操作でできた立体をのせるということをくり返します。このとき，以下の問いに答えなさい。

(1) 操作⑤の後と操作⑦の後を比べたとき，立方体は何個増えましたか。

(2) 操作⑩の終了後の立体における立方体の個数を求めなさい。

(3) 立方体が下のようなさいころで，すべて図と同じ向きに積み上げているとします。操作⑩が終了したときに積み上げた立体の表面に見えているさいころの目の合計を求めなさい。

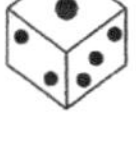
（さいころの図･･･すべてこの向きに積み上げています。）

(4) き数番目の操作のみを考えて，操作⑮までに使用した立方体の個数の合計を求めなさい。(例，操作⑤まででは 操作①，操作③，操作⑤なので 3+6+10＝ 19 となります)

(5) 操作㊾終了後の立方体の個数を求めなさい。(例，操作⑤の後は 10 個となります)

令和４年度

入　学　試　験　問　題

理　　科

令和４年１月６日㈭　11：20〜12：00

注　意

１．試験開始の合図《あいず》があるまで問題を開いてはいけません。

２．解答用紙の指定《してい》されたところに答えを記入しなさい。

３．計算については，余白《よはく》を利用してもかまいません。

受験番号	

長崎日本大学中学校

1 さとしさんとたかひろさんの会話文を読んで，次の問いに答えなさい。

さとし：昨日，海岸で死んでいるクジラの胃の中から，（　**あ**　）でできたビニール袋がたくさん見つかったというニュースをインターネットで見たよ。

たかひろ：ぼくもそのニュース見たよ。クジラは，ビニール袋がたくさん胃にたまるとお腹がいっぱいになったと思って食欲がなくなるんだって。そして，**a**養分が足りなくなって死んでしまうらしいよ。あと，ウミガメの鼻の穴に（　**あ**　）でできたストローがつまっているニュースもあってたよ。

さとし：だから最近，コンビニやスーパーのレジ袋が（　**い**　）化になったり，紙のストローが使われるようになってきたよね。

たかひろ：うん。おそらくそうだね。私たちもいろいろな他の生き物のために，生活を工夫していかないといけないね。
あと，クジラと言えば，ヒトと同じように肺で呼吸をしてるんだって。

さとし：そうなんだ。じゃあ，クジラの**b**血液の流れは，ヒトと似ているのかもね。

⑴　会話文中の（　**あ**　）と（　**い**　）に入る適当な語句を答えなさい。なお，（　**い**　）については漢字で答えなさい。

⑵　下線部**a**の養分は，小腸から何とともに血液中に吸収されますか。漢字で答えなさい。

⑶　小腸などの消化管は体長の数倍～数十倍の長さがあります。次の３種類の動物について，「消化管の長さ÷体長」の値が大きいものから順に並べなさい。

ウサギ　　ライオン　　ヒト

(4) 下線部**b**の血液の流れについて次の問いに答えなさい。なお，下図はヒトの血液の流れについてかいたもので，→は血管の中を流れる血液の流れをあらわしています。

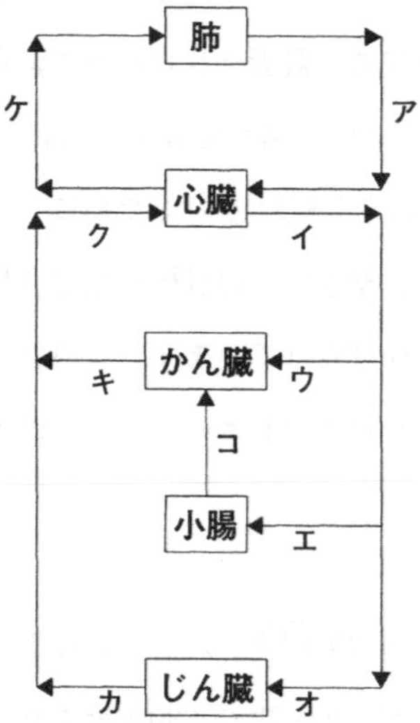

① 養分を最も多くふくむ血液が流れているのはどこですか。図の**ア〜コ**から適当なものを１つ選び，記号で答えなさい。

② アンモニアなどの体内で不要になったものが最も少ない血液が流れているのはどこですか。図の**ア〜コ**から適当なものを１つ選び，記号で答えなさい。

③ 血管には，大きく分けて二酸化炭素の多い血液が流れている血管と酸素の多い血液が流れている血管があります。図の中で二酸化炭素の多い血液が流れているのはどこですか。図の**ア〜コ**から適当なものをすべて選び，記号で答えなさい。

(5) 酸素を全身にわたすために，酸素と結合することができるヘモグロビンという物質が血液中にあります。肺から出てきた血液にふくまれるすべてのヘモグロビンのうち，90%が酸素と結びついているとします。この血液が血管を流れて，全身に酸素をわたした後，肺にもどってきた血液中では，すべてのヘモグロビンのうち，63%しか酸素と結合していませんでした。酸素と結合していたヘモグロビンのうち，何%が全身に酸素をわたしましたか。整数で答えなさい。

(6) たかひろさんの学校では，12月になっても40分に一度教室の換気を行っています。教室の窓を開けて空気を入れかえる理由は何ですか。次の**ア〜キ**から最も適当なものを２つ選び記号で答えなさい。

ア．体温を下げるため。
イ．ウイルスや細菌などに感染《かんせん》するのを防ぐため。
ウ．災害などが起こったときに外に逃げやすくするため。
エ．外の景色を見たり音を聞いて気分をなごませるため。
オ．酸素を多くふくんだ新鮮《しんせん》な空気を取り入れるため。
カ．花粉やダニなどを外に出すため。
キ．教室の空気が乾燥するのを防ぐため。

2 **気体の性質や反応について，次の問いに答えなさい。**

まいさんは夏休みの自由研究で，最近テレビなどでよく耳にする，SDGs（エスディージーズ）について調べてみることにしました。SDGsとは人類がこの地球で暮らし続けていくために，2030年までに達成すべき目標のことです。全部で17の目標が設定されており，それぞれに具体的な目標がかかげられています。まいさんはその中でも「13　気候変動《きこうへんどう》に具体的な対策を」という項目に興味をもちました。

13 気候変動に具体的な対策を

※イラスト省略

(1) 気候変動の現象として「地球温暖《おんだん》化《か》」があげられます。日本では温暖化を起こす原因の一つである二酸化炭素を，2013年度比で2030年度までに46％減らすことを目標にしています。二酸化炭素は（　A　）効果ガスの一つと言われています。（　A　）にあてはまる語句を答えなさい。

(2) まいさんは地球温暖化の大きな原因は，私たちが生活の中で「ものを燃やす」ことにあると知りました。ものを燃やす前の空気中の気体の体積の割合と燃やしたあとの割合を表すグラフを下の**ア～オ**から選び，それぞれ記号で答えなさい。

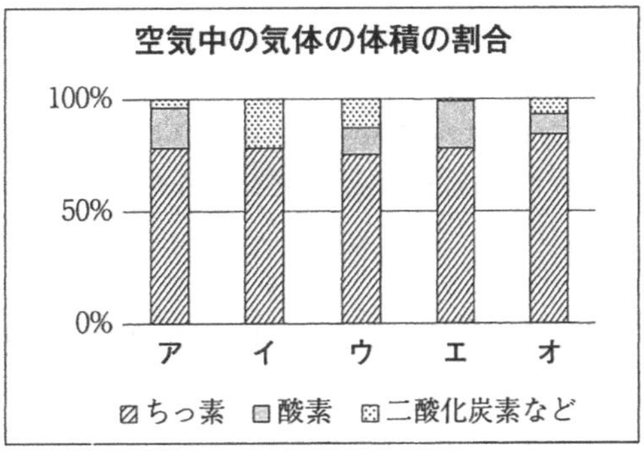

(3) まいさんは二酸化炭素を発生させる実験を行ってみることにしました。二酸化炭素を発生させるのに適したものを，下の**ア～オ**から２つ選び，記号で答えなさい。

ア． オキシドール　　**イ．** チョーク　　**ウ．** アルミニウムはく

エ． レモンの汁　　**オ．** せっけん水

(4) 二酸化炭素を発生させて試験管に集めるとき，試験管，ガラス管，ゴム管，水の入った水そうのほかに必要な器具の組み合わせとして適するものを選び，記号で答えなさい。ただし，それぞれの器具は適切な大きさのものとします。

ア．ビーカー・穴のあいたゴム栓《せん》・ガラス棒

イ．三角フラスコ・穴のあいたゴム栓・ガラス板

ウ．ビーカー・スポイト・アルコールランプ

エ．三角フラスコ・スポイト・ガラス棒

オ．ビーカー・スポイト・ガラス板

(5) まいさんはドライアイスが二酸化炭素の固体であることを知り，お店からもらってきたドライアイスで，以下の実験を行いました。

【実験】 2つのコップに水とサラダ油を別々に入れ，それぞれのコップにドライアイスのかけらを入れた。どちらのコップもたくさん泡が出たが，水の入ったビーカーのほうだけが白い煙が出た。

この実験から，泡と白い煙は何からできていると考えられますか。下の文の（　　）に入る語句を答えなさい。

「泡は（　　　）から，白い煙は（　　　）からできている」

(6) 現在，地球温暖化により，地球上ではその悪影響と思われる現象が起きています。地球温暖化と関係があると思われる現象を，下の**ア〜エ**から1つ選び，記号で答えなさい。

ア．目の病気や皮ふのがんなどがふえている。

イ．生物の遺伝子がきずつくことが生じている。

ウ．遺跡《いせき》の石像がいたんだり，銅像がさびたりする。

エ．生物の分布が変わり，ヒトに害をもたらす生物が北上する。

(7) 気候変動をおさえるため，近年水素と酸素を反応させて電気エネルギーや熱エネルギーを取り出す「燃料電池」の利用が進められています。

ある家庭用の燃料電池では，水素2gと十分な量の空気を反応させたところ290キロジュールのエネルギーが生じ，このうち40%が電気エネルギーになることがわかっています。なお，ジュールとは，エネルギーの単位です。

① 1740キロジュールのエネルギーが発生したとき，反応した水素は何gですか。

② ①の時に，残りのエネルギーをすべて熱エネルギーとして利用することができるとすると，5kgの水は最大何℃温度を上げることができますか。下の**ア〜オ**から適当なものを選び，記号で答えなさい。ただし，1kgの水の温度を1℃上昇させるのに必要な熱エネルギーは4.2キロジュールとします。

ア．20℃　　**イ**．30℃　　**ウ**．40℃　　**エ**．50℃　　**オ**．60℃

3 長崎県に住んでいるかずやさんとお父さんは，満月が見える夜に，月と太陽に関する話をしています。そのときの会話文を読んで，次の問いに答えなさい。

かずや：今日は月がよく見えるね。
お父さん：本当だ。きれいな満月だね。
かずや：月は太陽とちがって昼間にも見えたり，大きさが変わって見えたりするからふしぎだな。
お父さん：そうだね。月の見え方は，月と太陽の位置によってちがってくるんだ。月と太陽の位置によって，月の見え方がどのように変わるのか，調べてみたらどうだい。
かずや：おもしろそうだね。**a** 太陽と月を観察して調べてみるよ。
お父さん：太陽を観察するときには，（　①　）を通して見ないといけないよ。
かずや：うん。直接見たらまぶしいし，目をいためてしまうもんね。そういえば，もう一つ気になることがあるんだ。学校で（　①　）を通して太陽を観察したことがあるんだけど，そのとき月の大きさと太陽の大きさが同じくらいに見えたんだよ。でも，月よりも太陽の方がすごく大きいと聞いたことがあるよ。なぜだろう。
お父さん：それは **b** 地球からの距離《きょり》が関係しているよ。太陽の大きさは月の大きさのおよそ（　②　）倍あって，地球から太陽までの距離が地球から月までの距離のおよそ（　②　）倍あるので，地球から見ると同じくらいの大きさに見えるんだ。
かずや：なるほどー。すごいぐう然だね。

—しばらくして—

かずや：お父さん，何を見ているの。
お父さん：わが家の去年１年間の太陽光発電のグラフ（**図１**）だよ。家の屋根にのせている太陽電池※1が，月ごとにどのくらい発電したかを表しているんだ。

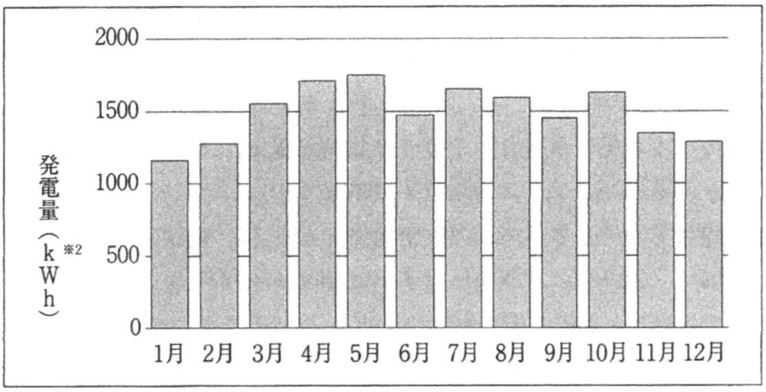

図１

かずや：見せて見せて。ふーん。予想と少しちがうな。

お父さん：何がちがうんだい。

かずや：ぼくの予想では，8月が一番多く発電しているはずなんだけど，実際には5月のほうが少し多く発電しているね。

お父さん：なぜ8月が一番多く発電すると思ったんだい。

かずや：8月は1年の中で平均の（　③　）が一番高そうだし，太陽が出ている（　④　）も一番長そうだもん。

お父さん：たしかに，8月は1年の中で平均の（　③　）が一番高いことが多いね。でも，太陽電池は（　③　）が高いからといって，たくさん発電するわけではないんだ。発電のために重要なのは，太陽電池が太陽から光を受けとることができる（　④　）の長さと，光の（　⑤　）なんだ。ちなみに，1年の中で昼の長さが一番長い日があるのは（　⑥　）月なんだけどね。

かずや：えっ，でも（　⑥　）月は発電の量が少ないよね。

お父さん：うん。なぜだかわかるかい。

かずや：わかった。（　⑦　）の時期だからだ。そういえば，去年はその次の月も（　⑧　）の日が多かったね。なるほど，昼の長さが長くても，天気がよくないと太陽の光の（　⑤　）が弱くなってしまうんだね。

お父さん：そうだね。けっきょく，太陽光発電の発電量はいろいろな条件に左右されるんだ。だから，少しでも効率《こうりつ》よく発電できるように，c 太陽電池の設置《せっち》の仕方は工夫がされているよ。

かずや：自然を利用して発電するのって，なかなか大変なんだね。

※1　太陽の光から電気をつくりだす装置《そうち》。

※2　キロワット時《じ》。発電量の単位。

(1) （　①　）に入る器具の名前を，次の**ア〜エ**から１つ選び，記号で答えなさい。

ア．しゃ光板　　　**イ**．顕微鏡　　　**ウ**．虫めがね　　　**エ**．保護めがね

(2) 下線部**a**について，次の**図２**，**図３**は，かずやさんが９月５日午前10時と９月７日午前10時に，月と太陽の位置や形がわかるようにスケッチしたものです。月と太陽の位置や形について，**図２**，**図３**からわかることとして正しいものを，次の**ア〜カ**からすべて選び，記号で答えなさい。

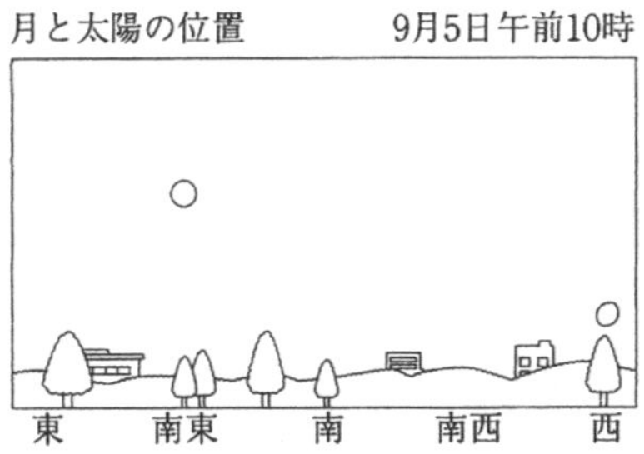

図２

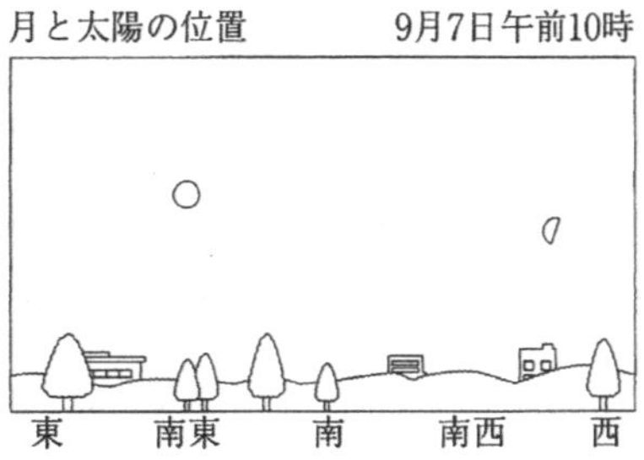

図３

ア．月のかがやいている側に太陽がある。

イ．月のかがやいている側の逆方向に太陽がある。

ウ．同じ時刻の太陽の位置はほぼ変わらないが，月の位置は日によって変わる。

エ．同じ時刻の月の位置はほぼ変わらないが，太陽の位置は日によって変わる。

オ．同じ時刻の月の形は，日によって変わる。

カ．同じ時刻の太陽の形は，日によって変わる。

(3) 月は見える形によって呼び方がちがいます。新月から次の新月になるまでの変化の順番として正しくなるように，次の**ア〜エ**の記号をならべかえなさい。

ア．満月　　**イ**．半月（上弦の月）　　**ウ**．半月（下弦の月）　　**エ**．三日月

(4) 次の表は，地球，太陽，月の大きさを表したものです。（　②　）に入る数字を，整数で答えなさい。

表

地球の大きさ	直径およそ１万3000km
太陽の大きさ	直径およそ140万 km
月の大きさ	直径およそ3500km

(5)　下線部**b**について，地球から太陽までの距離をおよそ1億5200万kmとします。地球から月までの距離を，(4)の答えを使って計算し，次の文中の□に入るように，整数で答えなさい。

「地球から月までの距離は，およそ□万kmである。」

(6)（　③　）～（　⑥　）に入る語句や数字を，それぞれ答えなさい。

(7)（　⑦　）に入る語句を漢字2字で，（　⑧　）に入る語句を漢字1字で，それぞれ答えなさい。

(8)　下線部**c**について，太陽電池を設置するときには，**図4**のように設置する方角や傾斜《けいしゃ》角（地面からの角度）などが工夫されています。仮に，太陽電池の傾斜角を自由に変えることができるとしたら，季節ごとに傾斜角を変えていくほうが，1年を通して効率よく発電することができます。季節ごとに，太陽電池の傾斜角をどのように変えていけば効率よく発電できるのか，次の文中の（　⑨　）～（　⑫　）に入る季節を，春，夏，秋，冬でそれぞれ答えなさい。

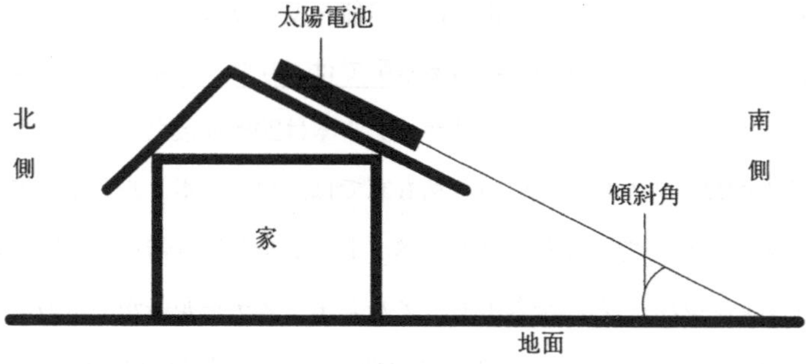

図4

・（　⑨　）は傾斜角を大きくするほうがよい。

・（　⑩　）は傾斜角を小さくするほうがよい。

・（　⑪　）と（　⑫　）の傾斜角は（　⑨　）と（　⑩　）の間にするほうがよい。

4 はなこさんとたろうさんは，新聞を見ながら話をしています。次の会話文を読んで，次の問題に答えなさい。

たろう：今日の新聞にも脱炭素の話がのっているね。

はなこ：地球温暖《おんだん》化《か》が（　あ　）化しているって言われているものね。

たろう：最近ではSDGsという言葉もよく聞くようになったね。ぼくたちが今できることって何だろう。

はなこ：私たちに関係が深いのは，⑪の〈住み続けられるまちづくりを〉や，⑫の〈つくる責任つかう責任〉や，⑬の〈気候変動に具体的な対策を〉などかな。

たろう：以前から言われているのは，**3R**（スリーアール）活動が大切だっていうことだね。３つのRは①**Reduce**（リデュース），**Reuse**（リユース），**Recycle**（リサイクル）という英語の頭文字だね。リサイクルという言葉はよく聞くけど，リデュースとリユースは何だろう。

はなこ：**use**（ユース）は『使う』という意味があるみたいよ。**Re**という英語には，『また』とか，『再び』という意味があるって聞いたことがあるわ。

たろう：一番身近なのは，リサイクルかな。家でも資源ごみはちゃんと分別しているからね。ペットボトルに空き缶。ぼくの住んでいるところでは，プラスチック製品も分別しているよ。②徳島県のある町では，リサイクル率80％を達成しているらしい。ちなみに，日本の平均リサイクル率は20％前後だって。

はなこ：その徳島県の町はすごいね。私も家では，ペットボトルと空き缶は資源ごみの袋に入れて出しているわ。でも，ペットボトルと空き缶って，同じ袋に入れて出してもいいのかしら。空き缶も，アルミ缶とスチール缶があるのに。

たろう：缶は金属だから，磁石《じしゃく》を使えば分別できるのではないかな。

はなこ：磁石にくっつくのはスチール缶だけでしょ。（　い　）でできているから。

たろう：そうだね。①学校でやった実験でも，コイルに電流を流すと，（　い　）でできたクリップやくぎだけがくっついていたね。

はなこ：そのコイルに（　い　）の棒を通すと，さらに引きつける強さが大きくなったね。電流やコイルを大きくすると，もっと力が大きくなるのかな。

たろう：③いろいろなところでこの仕組みは使われているのかもしれないね。

(1) （　**あ**　）にあてはまる言葉として最も適しているものを**ア～エ**から一つ選び，記号で答えなさい。

ア．合理《ごうり》　　**イ**．一元《いちげん》　　**ウ**．沈静《ちんせい》　　**エ**．深刻《しんこく》

(2) 下線部①について，会話文をよく読んで，**3 R**の意味の組み合わせとして正しいものを**ア～カ**から一つ選び，記号で答えなさい。

	Reduce	Reuse	Recycle
ア	再利用	再資源化	ごみの削減《さくげん》
イ	ごみの削減《さくげん》	再利用	再資源化
ウ	再資源化	ごみの削減《さくげん》	再利用
エ	再利用	ごみの削減《さくげん》	再資源化
オ	再資源化	再利用	ごみの削減《さくげん》
カ	ごみの削減《さくげん》	再資源化	再利用

(3) 下線部②について，徳島県勝浦《かつうら》郡上勝《かみかつ》町は，リサイクル率80％を実際に達成している町です。この町で行われている生ごみの処理の仕方を説明した文章として正しいと考えられるものを次の**ア～オ**から１つ選び，記号で答えなさい。

ア．町が生ごみを肥料に変える装置を買うお金を補助《ほじょ》し，各家庭で生ごみを肥料に変えている。その装置の中では，微生物《びせいぶつ》が生ごみを肥料に変えている。

イ．生ごみをそのまま畑にまいたり埋《う》めたりして，肥料として再利用している。夏はにおいがするので，深く穴を掘って埋《う》めるようにしている。

ウ．常に生ごみを高温で焼却できる施設が町内にあり，町民が行けるときにいつでも生ごみをもちこんでいいようになっている。

エ．各家庭で出た生ごみを一カ所に集め，町外にある処理施設に運び出している。町外に運び出すので，町には生ごみがないということになる。

オ．生ごみは太陽の光と熱で乾燥《かんそう》させる決まりになっており，ベランダや庭で乾燥《かんそう》させて捨てるようになっている。乾燥《かんそう》によって，ごみの体積はもとの９分の１程度になる。

(4) （　**い**　）にあてはまる物質の名前を漢字で答えなさい。

(5) 下線部③について，電磁石が使われている場面の説明として正しいものを，次の**ア～オ**からすべて選び，記号で答えなさい。

ア．はしご車で水を高いところまで引き上げるときに使われる。

イ．熱気球が空中に浮きあがるときに，地面からはなれるために使われる。

ウ．スクラップ（廃棄《はいき》された金属《ぞく》を処理《しょり》する）工場で自動車をクレーンにくっつけて運ぶために使われる。

エ．電車が加速するときに，電車と電線との間で使われる。

オ．電動自転車や洗濯機《せんたくき》などについている，モーターで使われる。

波線部①について，学校では**図１**のようにある金属のしんが入ったコイルとかん電池をつなぎ，回路をつくって実験を行いました。コイルの巻き数とかん電池の数をそれぞれ変えて，くっついたクリップの重さを５回ずつはかり，その平均をとりました。**表１**はこの実験の結果です。

図１

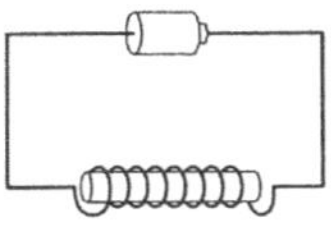

図２

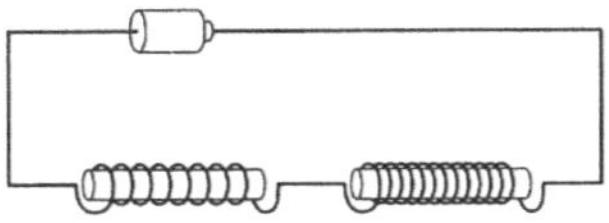

表１

かん電池の数	巻き数（回）	電流の大きさ（A）	クリップの重さ（g）
１個	100	2.1	22.5
１個	200	1.3	28.3
２個（直列）	100	3.3	34.9
２個（直列）	200	2.2	46.4

(6) クリップ１つの重さは0.42ｇです。200回巻きの電磁石にかん電池１個をつないだとき，電磁石にくっついたクリップの数は何個ですか。四捨五入して，整数で答えなさい。

(7) 巻き数150回の電磁石をつくり，かん電池２個を直列につないでクリップをくっつけました。およそ何ｇのクリップがくっつくと予想できますか。最も近いものを次の**ア～エ**から選び，記号で答えなさい。

ア．約46ｇ　　**イ**．約43ｇ　　**ウ**．約39ｇ　　**エ**．約35ｇ

(8) **図２**のように100回巻きの電磁石と200回巻きの電磁石を直列につないだときの電磁石についたクリップの重さを比べます。その重さのおよその比として正しいものを，次の**ア～オ**から選び，記号で答えなさい。ただし，100回巻き：200回巻きとして表します。

ア．１：１　　**イ**．１：２　　**ウ**．２：１　　**エ**．２：３　　**オ**．３：２

令和４年度

入　学　試　験　問　題

社　　　会

令和４年１月６日㈭　12：20〜13：00

注　意

1．試験開始の合図《あいず》があるまで問題を開いてはいけません。

2．解答用紙の指定《してい》されたところに答えを記入しなさい。

受験番号	

長崎日本大学中学校

1 次の日本の自然と国土についての問いに答えなさい。

問1　右の図1中の①～③に当てはまる地名を解答用紙に合うように答えなさい。

問2　右の図1中の**A**の地域の気候を説明した文を，下の**ア～エ**から一つ選び，記号で答えなさい。

ア．冬の寒さが厳しい。梅雨の影響は少ない。

イ．季節風の影響で夏は高温多湿，冬は乾燥する。

ウ．温暖で，一年を通じて降水量が少ない。

エ．一年を通じて温暖で，降水量が多い。

図1

問3　東経135度が通っている日本標準時の基準となっている都道府県と市の名前を答えなさい。

問4　次の文の中で下線部が間違っているものをすべて選んで記号で答えなさい。

> 日本の人口は1億2719万人（2018年）で，近年は**A**人口は増加している。国土の**B**約2分の1は山地であり，川の流れ方は世界の川と比べて**C**短くて流れが急である。

問5　右の表はあるものの数のランキングである。何のランキングか答えなさい。

1位	長崎県	971
2位	鹿児島県	605
3位	北海道	508
4位	島根県	369
5位	沖縄県	363
6位	東京都	330

問 6　下の矢印は，都道府県の位置関係を表している。□に当てはまるものを答えなさい。

岩手県⇒秋田県　　福島県⇒新潟県　　岡山県⇒広島県　　富山県⇒□

問 7　下の円グラフは2018年の農作物の生産量の都道府県別割合を表している。①②のグラフの作物を，下の**ア〜オ**から一つ選び，記号で答えなさい。

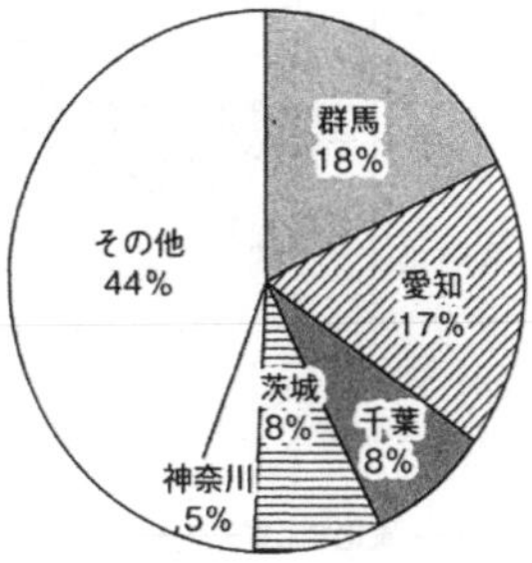

①

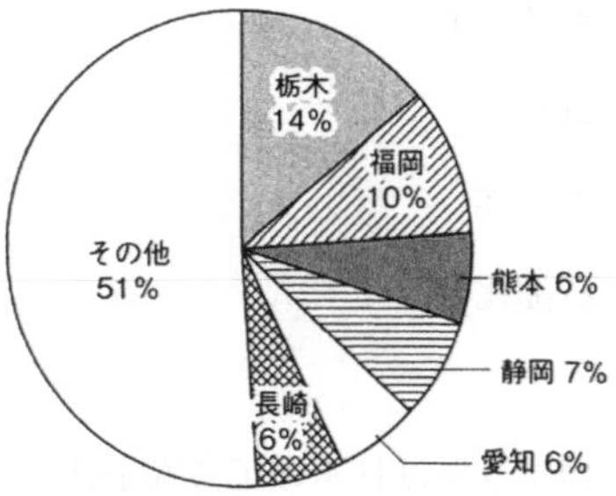

②

ア．みかん　　**イ**．じゃがいも　　**ウ**．キャベツ

エ．イチゴ　　**オ**．にんじん

2　次の日本の産業や世界の国々についての問いに答えなさい。

問 1　右の図は日本のある工場の分布を表している。何の工場か，下の**ア～エ**から一つ選び，記号で答えなさい。

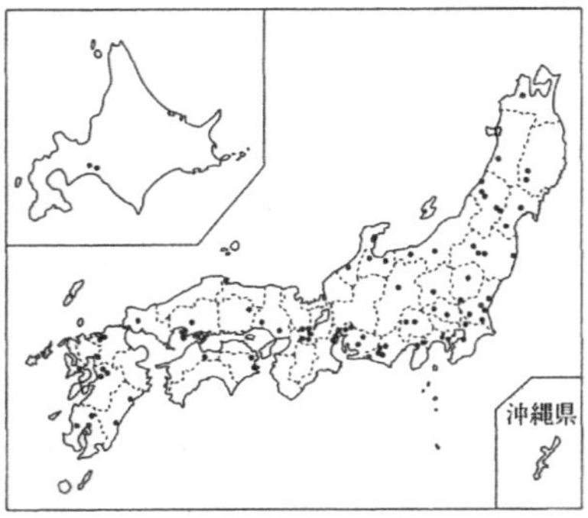

ア．セメント

イ．自動車

ウ．半導体

エ．石油化学

問 2　右のグラフは日本の工業製品出荷額の割合を表している。**A～C**にあてはまる製品の組み合わせを，下の**ア～カ**から一つ選び，記号で答えなさい。

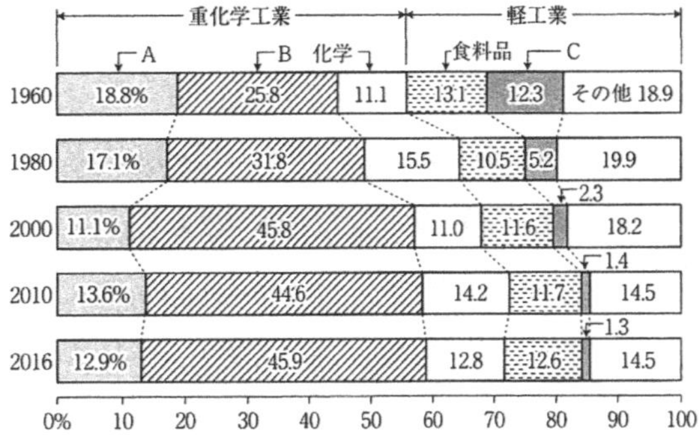

	ア	イ	ウ	エ	オ	カ
A	機械	機械	金属	金属	繊維	繊維
B	繊維	金属	機械	繊維	機械	金属
C	金属	繊維	繊維	機械	金属	機械

問 3　右のグラフは日本の主な発電所の種類別発電量を表している。それぞれの組み合わせとして正しいものを，下の**ア～カ**から一つ選び，記号で答えなさい。

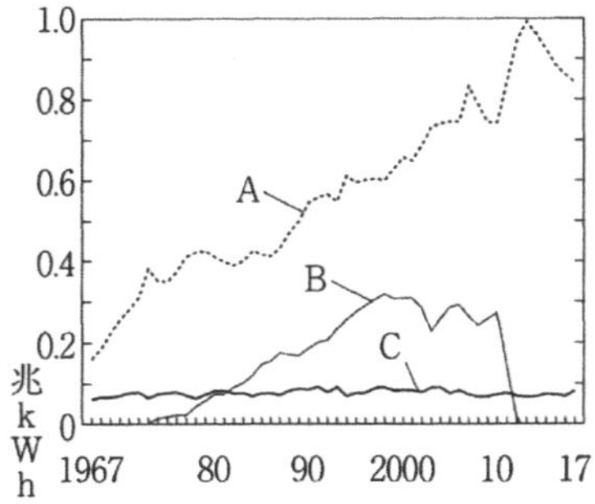

	ア	イ	ウ	エ	オ	カ
A	火力	火力	水力	水力	原子力	原子力
B	水力	原子力	火力	原子力	火力	水力
C	原子力	水力	原子力	火力	水力	火力

問 4　右のグラフは，現在の日本の貿易相手国 1 位，2 位との貿易額を表している。**A・B**にあてはまる国の名前を答えなさい。

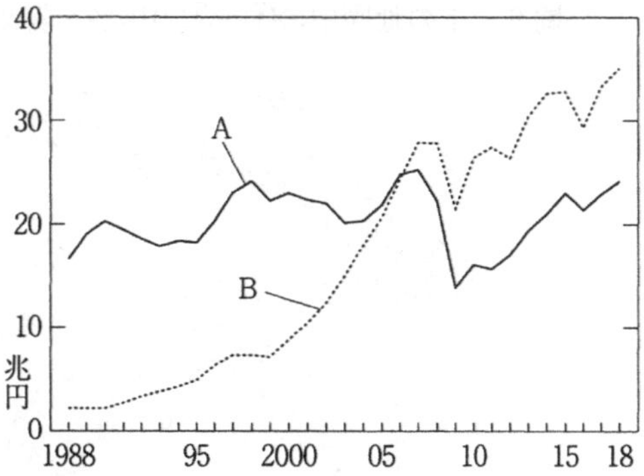

問 5　下のグラフは日本の肉類の輸入先を表している。それぞれの組み合わせとして正しいものを，下の**ア～カ**から一つ選び，記号で答えなさい。

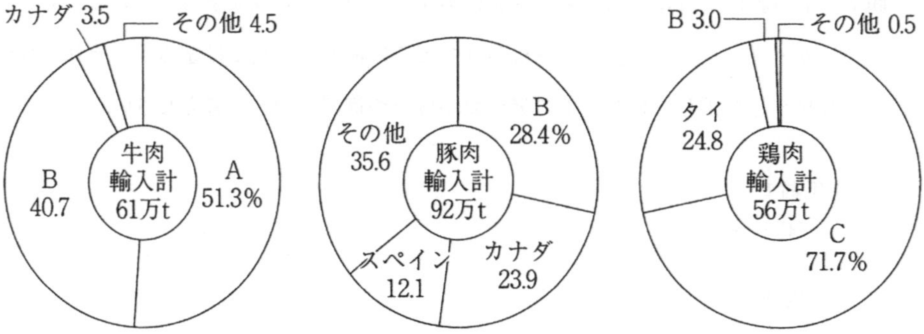

	ア	イ	ウ	エ	オ	カ
A	アメリカ合衆国	アメリカ合衆国	オーストラリア	オーストラリア	ブラジル	ブラジル
B	オーストラリア	ブラジル	アメリカ合衆国	ブラジル	アメリカ合衆国	オーストラリア
C	ブラジル	オーストラリア	ブラジル	アメリカ合衆国	オーストラリア	アメリカ合衆国

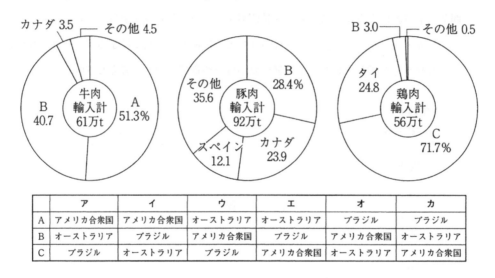

問6　下の地図中の①～④の国名を答えなさい。

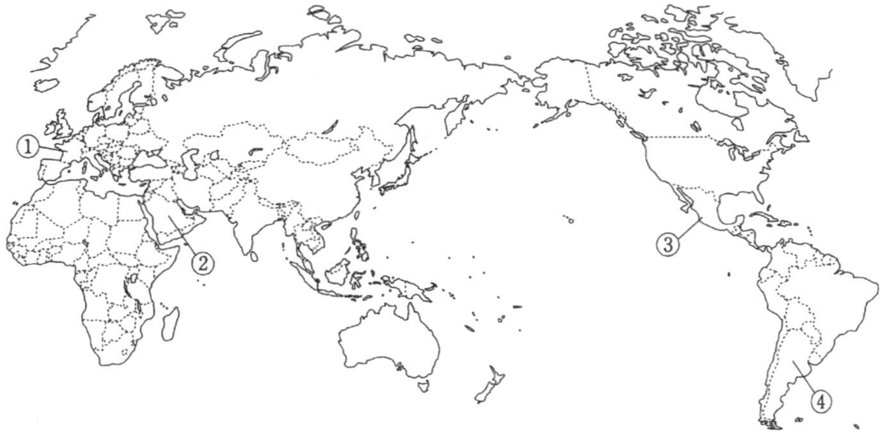

問7　下の表は縦軸に平均年齢，横軸に国民一人当たりの収入を表している。アジア・アフリカ・ヨーロッパは表の**A～C**のうちどこに最も多く当てはまるか，それぞれの組み合わせとして正しいのを，下の**ア～カ**から一つ選び，記号で答えなさい。

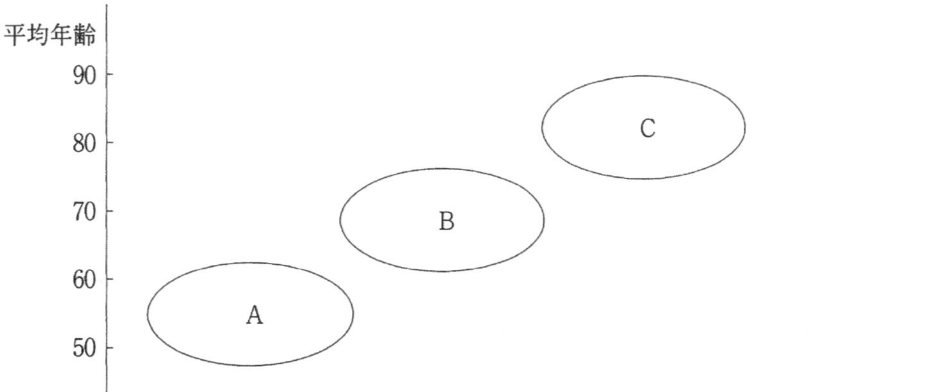

	ア	**イ**	**ウ**	**エ**	**オ**	**カ**
A	アジア	アジア	アフリカ	アフリカ	ヨーロッパ	ヨーロッパ
B	アフリカ	ヨーロッパ	アジア	ヨーロッパ	アジア	アフリカ
C	ヨーロッパ	アフリカ	ヨーロッパ	アジア	アフリカ	アジア

3 次の文章を見て，あとの問いに答えなさい。

右の写真は中尊寺金色堂です。この建物は12世紀初めに東北地方の平泉に拠点を構えた奥州藤原氏によって造営されました。

極楽世界が表現されていることから分かるように，①6世紀に日本に伝わり，②奈良や京都といった③都を中心に信仰されていた仏教が，12世紀には東北地方に伝わり，そしてさかんになっていたことを示しています。

12世紀に（　④　）を中心に朝廷の重要な役職を独占して，政治の実権を握った平氏一族は，のちに鎌倉幕府を開く（　⑤　），その弟の⑥源義経によって滅ぼされました。しかし，兄と対立した義経は平泉に逃れて奥州藤原氏にかくまってもらったことにより，奥州藤原氏の繁栄も終わりを迎えました。奥州藤原氏が（　⑤　）によって滅ぼされた後は，⑦様々な戦乱の時代を経て，建物自体は徐々にいたんでいき，金色堂の⑧全盛期のかがやきも失われてしまいました。

その後，1962年に大規模な修理が始まりました。使用されていた⑨螺鈿細工の修復作業では夜行貝を沖縄から取り寄せたり，建物をすべて解体したりと大がかりな修復となりましたが，⑩大昔の知恵と技術を参考にしながらも，現代の科学技術を用いることで，6年後の1968年にはかつてのかがやきを取り戻すことができました。

こうして2011年には中尊寺をふくめた周辺の遺跡群が世界文化遺産に登録されました。この中尊寺がある平泉は，日本で2番目に面積が大きな都道府県の中にあり，三陸海岸はNHKの朝ドラマの舞台にもなったことから，毎年多くの観光客が訪れています。

〈平泉町世界遺産推進室 HP〉

問1　下線部①について，6世紀に天皇中心の国づくりを目指して政治改革を進めた「聖徳太子」とされる人物に関する記述として正しいものを，下の**ア**～**エ**のうちから一つ選び，記号で答えなさい。

ア．朝廷で大きな勢力を持っていた中臣鎌足と協力して政治を行った。

イ．家柄にとらわれず，能力のある豪族を役人に取り立てるしくみを冠位十二階という。

ウ．天皇の心構えを示したものを十七条の憲法という。

エ．進んだ政治のしくみや文化を取り入れるために，中国に遣唐使を派遣した。

問2　下線部②について，この時代の天皇である聖武天皇に関する説明**X**と**Y**の正誤の判定として正しいものを，下の**ア～エ**のうちから一つ選び，記号で答えなさい。

X　彼は仏教の力で国を守るために，都に東大寺，国ごとに国分寺・国分尼寺をつくった。

Y　大仏をつくるにあたって，僧の鑑真が協力をした。

ア．**X**—正　**Y**—正　　**イ**．**X**—正　**Y**—誤

ウ．**X**—誤　**Y**—正　　**エ**．**X**—誤　**Y**—誤

問3　下線部③について，平安時代には遣唐使の廃止後，都を中心に国風文化が発達した。下の**ア～エ**のうち，平安時代につくられたものをすべて選び，記号で答えなさい。

ア．万葉集

イ．枕草子

ウ．日本書紀

エ．源氏物語

問4　文中の空らん（　④　）・（　⑤　）に当てはまる人物名を答えなさい。なお，同じ数字には同じ人物名が入ります。

問5　下線部⑥について，現在の関門海峡で行われた，平氏が義経によって滅ぼされた戦いの名前を答えなさい。

問6　下線部⑦について，16世紀に有力な大名として全国統一を推し進めた織田信長は，様々な仏教勢力と対立した。大阪の石山本願寺を拠点として，当時大きな勢力を持っていた仏教の宗派として正しいものを，下の**ア～エ**から一つ選び，記号で答えなさい。

ア．日蓮宗

イ．一向宗

ウ．真言宗

エ．天台宗

問7　下線部⑧について，全国統一をはたした豊臣秀吉は，その拠点となった城に「黄金の茶室」があったことが知られている。このお城の名称として正しいものを，下の**ア～エ**から一つ選び，記号で答えなさい。

ア．安土城

イ．江戸城

ウ．大阪城

エ．姫路城

問8　下線部⑨について，「螺鈿細工《らでんざいく》」は江戸時代，尾形光琳《おがたこうりん》らによって優れた作品が生まれた。下の写真は江戸時代にさかんに描かれた，木版技術を用いた色鮮やかな絵画『富《ふ》嶽三十六景《がくさんじゅうろっけい》』（葛飾北斎《かつしかほくさい》・作）である。こういった絵画は何と呼ばれるか。答えなさい。

問9　下線部⑩について，江戸時代には今につながる様々な動きが見られた。農村では，生産量を増やすために，さかんに新田開発が行われ，東北地方は米の一大生産地となった。江戸時代に普及が進んだ新しい農具の例を一つ，答えなさい。

問10　文中の内容から，「平泉」は現在の何県にあると考えられるか。都道府県名を答えなさい。

4 次の文章を見て，あとの問いに答えなさい。

19世紀後半から始まった①大きな変革の結果，日本では明治政府によって②近代的な国家づくりが始まりました。このできごとによって，これまでに十分に尊重されていなかった人々にも関心が集まるようになりました。社会的な地位が低かった女性たちや，③日本人とは異なる文化を持った人々，そして障がいのある人々などです。ここでは日本における点字の歴史について考えてみたいと思います。

視覚に障がいのある人が文字を読み書きする方法として利用されるものが「点字」です。1859年に静岡県浜松市で生まれた石川倉治は，「石川式点字タイプライター」を開発して，日本における点字の普及に大きく貢献した人物です。

④明治時代の中ごろ，日本各地で学校建設が進むなかで，東京など一部の地域では視覚に障がいがある人のための学校がつくられました。こうした学校では，当初は漢字やひらがな・カタカナなどをうき立たせて文字にしたものが⑤教科書として使われていましたが，実際に読んだり，書いたりすることには向かず，苦労していました。

石川倉治は，自身も教員として障がいがある人のための学校ではたらいている中で，⑥フランス式の点字の方法を知り，これを⑦日本人向けに改良しました。これが1901年に正式な日本式の点字として認められるようになったのです。

現在では，点字ブロックや，駅構内など様々な場所で見かけます。こうした⑧工夫は，多くの人々の助けとなっています。

時代の大きな変化の中で，様々なものに目を向けることで，次の世代に生きる人々に貢献するきっかけを得ることができるのです。

問1 下線部①について，力の衰えた江戸幕府にかわり，天皇を中心とした新しい政治を目指した人々に関する説明**X**と**Y**の正誤の判定として正しいものを，下の**ア～エ**のうちから一つ選び，記号で答えなさい。

X この動きの中心となったのは，薩摩藩や長州藩の若い武士たちだった。

Y 江戸幕府の15代将軍，徳川家光は，政権を天皇に返したため江戸幕府の政治は終わった。

ア．X―正　Y―正　　**イ**．X―正　Y―誤

ウ．X―誤　Y―正　　**エ**．X―誤　Y―誤

問 2　下線部②について，大名の支配をやめさせ，中央政府の役人がかわりに政治をおこなうために，全国の藩を廃止した制度の名前を答えなさい。

問 3　下線部③について，蝦夷地と呼ばれた北海道に古くから住んでいた先住民の人々の名称を答えなさい。

問 4　下線部④について，土佐藩出身の板垣退助らが主導した自由民権運動とはどのような主張をしたか。解答欄に合う形で答えなさい。

・(　　　)を開き，広く国民の意見を聞く政治をするべきだと主張した。
・政府に対して，(　　　　　　　　　　　　　　　　　　)権利を求めた。

問 5　下線部⑤について，学校の教科書の内容の充実とともに，西洋の文化や，学問を学んだ人々が国際的に活躍するようになりました。次の**A**・**B**の写真の人物の説明として正しいものを，下の**ア**～**エ**から一つ選び，記号で答えなさい。

A

B

ア．第１次世界大戦後に結成された国際連盟で事務次長を務め，世界平和の実現につくした。

イ．伝染病研究所で研究にたずさわり，赤痢の原因となる菌を発見し，治療薬をつくりました。

ウ．アメリカで研究を行い，へびの毒や黄熱病の研究などで，世界的に注目された。

エ．ドイツで医学の研究を重ね，破傷風の治療法を発見した。

問6　下線部⑥に関連して，1894年に日本と中国（清）との間で起きた戦争は何か答えなさい。また，この戦争後に結ばれた条約の結果，フランスやドイツが日本に対して，中国に返すように要求した場所を，下の**ア～エ**から一つ選び，記号で答えなさい。

ア．朝鮮半島

イ．台湾

ウ．千島列島

エ．リャオトン半島

問7　下線部⑦について，大正時代に入ると，第１次世界大戦後の民主主義の考え方の広がりとともに民主的な思想が日本にも入ってきた。当時，四民平等となってからも差別に苦しんでいた人々が1922年に創立した組織は何か，答えなさい。

問8　下線部⑧について，都市計画における工夫の例として，東京の復興計画が挙げられる。東京の都市計画のきっかけとなった1923年に起こった大規模な災害は何か，漢字５字で答えなさい。

5

現在の日本の政治は，権力が一カ所に集中しないように，国会・内閣・裁判所にそれぞれの役割をまかせておこなわれています。

国会には，衆議院と参議院があり，それぞれ国民による①選挙で議員が選ばれます。②国会は国の中でもっとも大切なものとされています。国会では，国民の暮らしにかかわる法律や，国の政治をすすめるために必要な予算を決めたりします。

内閣は，③内閣総理大臣とその他の国務大臣によって成り立っています。内閣は，国会で決められた予算をつかって，国民の暮らしを支える仕事をおこないます。内閣の下には④外務省や農林水産省などの省や庁がおかれており，それぞれが分担して政治を行います。

裁判所では，人々のあいだで争いや犯罪がおこった時に憲法や法律に基づいて⑤裁判が行われます。最高裁判所を頂点として，高等裁判所・地方裁判所・家庭裁判所などの下級裁判所がおかれています。

日本国憲法には，国民［　⑥　］という原則があります。これは国の進むべき道や，政治のありかたは国民一人一人が決めるという意味です。わたしたちが政治に対して関心を持たなければ，いい国づくりはできません。⑦日本は自分の国の政治に対して関心が低いといわれています。国民が政治に参加することが［　⑧　］主義には不可欠です。わたしたちも今から自分の国の政治に関心をもっていきましょう。

問１　下線部①について，下の表を見てあとの問いに答えなさい。

	衆議院議員総選挙	選挙の年	人口に対する有権者の割合
ア	第１回	1890年	1.1%
イ	第16回	1928年	20.8%
ウ	第22回	1946年	50.4%
エ	第44回	2005年	80.7%
オ	第45回	2009年	81.5%

〈出典〉総務省統計局データ

①　日本の選挙制度が現在と同じように，男女ともに選挙権が与えられる状態になったのはいつですか。表の**ア～オ**から一つ選び，記号で答えなさい。

②　回を追うごとに有権者の割合が増えているが，増加原因としてもっとも適当なものを，次の**ア～エ**から一つ選び，記号で答えなさい。

ア．国際化がすすみ，外国から多くの有権者が日本にはいってきたから。

イ．少子高齢化がすすみ，人口に対する成年の割合が増えたから。

ウ．戦争が終わって日本が平和になり，人口が増えたから。

エ．情報化がすすみ，自宅でも簡単にインターネットで投票できるようになったから。

問2　次の文章は下線部②の理由について述べたものです。空欄に当てはまるものとして最も適当なものを，下の**ア～オ**から一つ選び，記号で答えなさい。

国会は，国民の［　A　］をもっとも反映する機関だから。

ア．意思　　イ．財産　　ウ．能力　　エ．自由　　オ．平等

問3　下線部③について，現在の内閣総理大臣が所属する政党の名称を答えなさい。

問4　下線部④について，わたしたちが通っている学校のあり方や教育方針などを決める省はどこですか。その名称を答えなさい。

問5　下線部⑤について，現在の日本では国民の裁判に対する関心と理解を深めるために，刑事裁判に国民が参加する制度がとりいれられている。この制度の名称を答えなさい。

問6　空欄［　⑥　］に適当な言葉をいれなさい。

問7　下線部⑦について，日本の国民の政治への関心の低さをあらわしたものとしてもっとも適当なものを，下の**ア～エ**から一つ選び，記号で答えなさい。

ア．選挙の時に投票する有権者が少ない。

イ．選挙の時に立候補する人が少ない。

ウ．外国に比べて国会議員の議席数が少ない。

エ．外国に比べて日本の政党の数が少ない。

問8　空欄［　⑧　］に適当な言葉を入れなさい。

2022(R4) 長崎日本大学中（関東）
教英出版

二

問二

ということ。

問三

問四

問五

問六

問七

1

2

問八

問九

問十

問十一

三

問一

1

2

問二

問三

問四

問五

受験番号

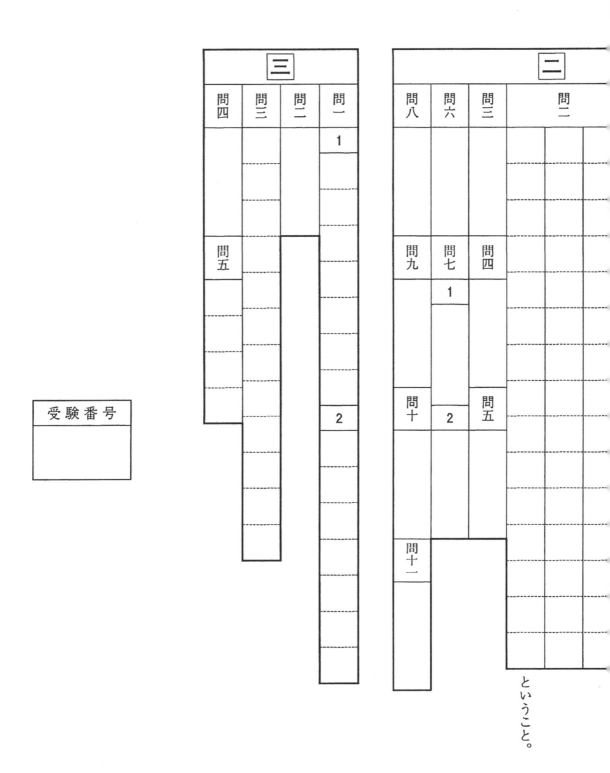

算数

令和４年度
入学試験
解答用紙

受験番号	

長崎日本大学中学校

1

(1)	
(2)	
(3)	
(4)	
(5)	
(6)	
(7)	
(8)	
(9)	m
(10)	L

2

(1)	円
(2)	%
(3)	曜日
(4)	時　分
(5)	g

理科

令和４年度
入学試験
解答用紙

受験番号	

長崎日本大学中学校

1

(1)	あ		い			
(2)						
(3)	→	→				
(4)	①		②		③	
(5)	%	(6)				

2

(1)		(2)	燃やす前	燃やしたあと
(3)			(4)	
(5)	泡は（　　　）から，白い煙は（　　　）からできている			
(6)		(7)	① g	②

【解答

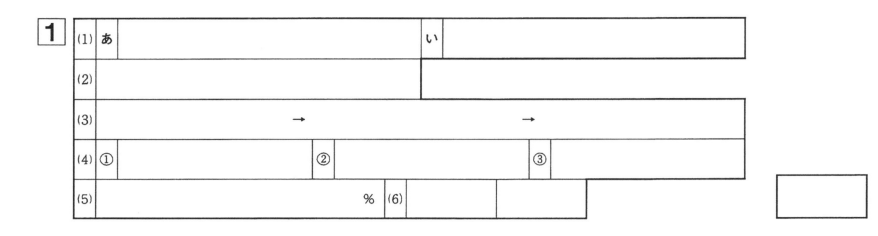

社　会

令和４年度
入学試験
解答用紙

受験番号	

長崎日本大学中学校

1

問1	① 山脈	② 山脈	③ 川	問2	
問3	県　市	問4		問5	の数
問6		問7	①	②	

2

問1		問2		問3		問4	A	B
問5		問6	①	②	③	④		
問7								

3

問1		問2		問3	
問	④	⑤	問		

【解答用

問6		問7		問8		問9	
問10							

4

問1		問2		問3	

問4
・（　　　　　　　）を開き，広く国民の意見を聞く政治をするべきだと主張した。
・政府に対して，（　　　　　　　　　　　　　　　　　　）権利を求めた。

問5	A	B	問6	戦争名		場所	
問7			問8				

5

問1	①	②	問2		問3	
問4		問5				
問6		問7		問8		

得点	点

※100点満点
（配点非公表）

2022(R4) 長崎日本大学中（関東）
教英出版

社　会	令和４年度 入学試験 解答用紙	受験番号		長崎日本大学中学校

1

問1	① 山脈	② 山脈	③ 川	問2	
問3	県　市	問4		問5	の数
問6		問7	①	②	

2

問1		問2		問3		問4	A	B
問5		問6	①	②	③	④		
問7								

3

問1		問2		問3	
問	④	⑤	問		

【解答用

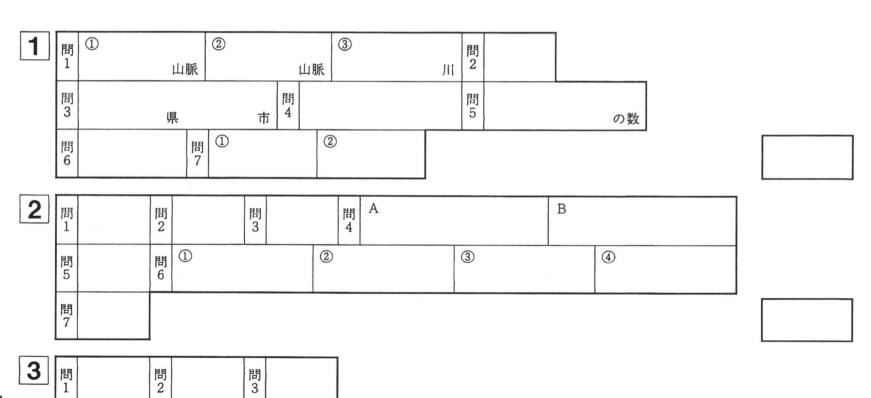

問6		問7		問8		問9	
問10							

4

問1		問2		問3	

問4

・（　　　　　　）を開き，広く国民の意見を聞く政治をするべきだと主張した。

・政府に対して，（　　　　　　　　　　　　　）権利を求めた。

問5	A	B	問6	戦争名		場所	

問7		問8					

5

問1	①	②	問2		問3	

問4		問5	

問6		問7		問8	

得点	点

※100点満点
（配点非公表）

3

(1)		(2)	

(3)	新月 → → → → → 新月

(4)		(5)	

(6)	③		④					
	⑤		⑥					
(7)	⑦		⑧					
(8)	⑨		⑩		⑪		⑫	

4

(1)		(2)		(3)		(4)	
(5)		(6)	個	(7)		(8)	

得点	点

※100点満点
（配点非公表）

の長さ	cm
積	cm^2
の長さ	7 cm
積	7 cm^2
の長さ	7 cm
積	7 cm^2
の長さ	7 cm
積	7 cm^2

4

(1)	cm^3
(2)	毎秒 mL
(3)	
(4)	秒
(5)	g

5

(1)	個
(2)	個
(3)	
(4)	個
(5)	個

小計と合計

1			
2			
3			
4			
5			
得点			

※150点満点
（配点非公表）

国語

令和4年度
入学試験
解答用紙
長崎日本大学中学校

一

問一
a
b
c
d
e

問二
最初
最後

問三

問四

問五

問六

問七

問八

問九
Ⅰ
Ⅱ
Ⅲ

問十

問十一
1
2
3

問一
a
（かめて）
b
c

得点

点

※150点満点
（配点非公表）

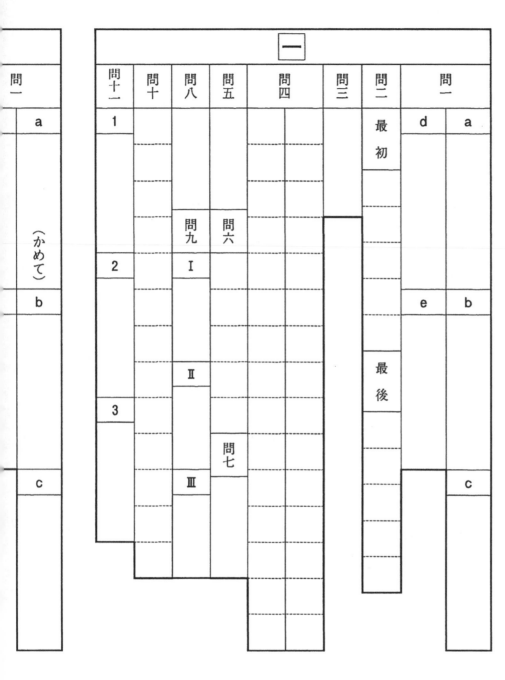

長崎会場

令和３年度

第１回入学試験問題

総合問題

令和２年12月６日(日)　10：00〜11：00

注意

１．「はじめ」の合図《あいず》があるまでこの問題用紙を開いてはいけません。
２．問題用紙は，１ページから８ページまであります。
３．答えは，すべて解答用紙に記入してください。
４．印刷《いんさつ》がはっきりしなくて読めないときや体の具合が悪くなったときは，だまって手をあげてください。
５．試験中は，話し合い，わき見，音をたてること，声を出して読むことなどをしてはいけません。
６．試験時間は60分です。
７．「やめ」の合図でえんぴつを置き，問題用紙と解答用紙は机《つくえ》の上に置いて，教室から出てください。

受験番号	

長崎日本大学中学校

1 のりこさんの学級では，漢字についての発表会が行われています。

のりこさんたちは，「漢字の成り立ち」について発表することにしました。

のりこ 「漢字の成り立ちは，大きく四つに分類することができます。」
ゆきこ 「一つ目は，象形《しょうけい》文字です。これは物の[　ア　]です。」
かおり 「この絵を見てください。左から順に，『山』『馬』『魚』いう漢字になります。」

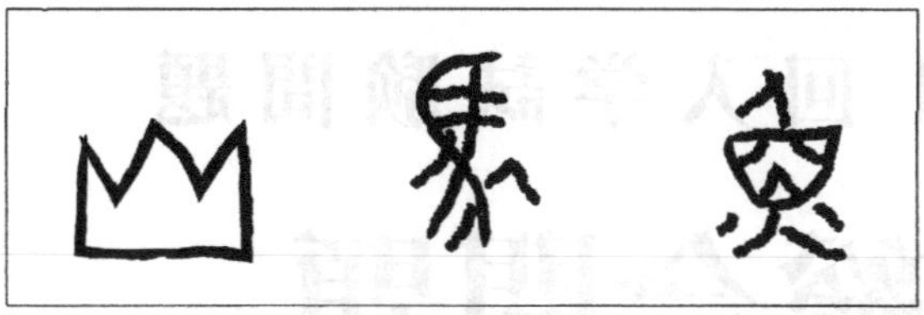

ゆきこ 「二つ目は，指事《しじ》文字です。これは目に見えない事がらを漢字にしたものです。」
かおり 「この絵を見てください。左から順に，『三』『上』『本』という漢字になります。」

ゆきこ 「三つ目は，会意《かいい》文字です。これは二つ以上の漢字を組み合わせて新しい意味の漢字にしたものです。」
かおり 「例えば，『田』と『力』を組み合わせて，『男』という漢字ができました。また，『口《くち》』と『[　イ　]』を組み合わせて『[　ウ　]』という漢字ができました。」
ゆきこ 「四つ目は，形声《けいせい》文字です。これは意味を表す部分と音を表す部分を組み合わせたものです。」
かおり 「例えば，『銅』という漢字は[　エ　]。」
のりこ 「成り立ちを考えると，漢字の勉強がもっと楽しくなると思います。」

先　生 「のりこさんたちのグループは，わかりやすい説明にするために[　オ　]という工夫をしていましたね。漢字を使ったゲームも用意しているそうですよ。」
のりこ 「はい。漢字を組み合わせて二字熟語《じゅくご》を作るゲームです。」

問題１ [　ア　]にはどのようなことばが入るでしょうか。あなたの考えを書きなさい。

問題２ [　イ　]・[　ウ　]にはどのような漢字が入るでしょうか。あなたの考えを書きなさい。

問題３ [　エ　]にはどのようなことばが入るでしょうか。あなたの考えを書きなさい。

問題４ [　オ　]にはどのようなことばが入るでしょうか。あなたの考えを書きなさい。

問題５　（例）のように次の漢字をすべて組み合わせ，二字熟語を作りなさい。

（例）糸 ＋ 矢 ＋ 豆 ＋ 宿　→　短縮《たんしゅく》
①　日 ＋ 日 ＋ 門 ＋ 寺
②　火 ＋ 言 ＋ 目 ＋ 木 ＋ 火

かずおさんたちは，「今年の漢字」について発表することにしました。

かずお　「みなさんは，『今年の漢字』を知っていますか。その１年を表す漢字を募集《ぼしゅう》し，最も多く集まったものが『今年の漢字』に選ばれています。」

あきお　「1995年に始まりましたが，その年は大震災《だいしんさい》が起きたこともあり，『震』という漢字が選ばれました。その後，『金メダル』の『金』などが選ばれてきました。」

かずお　「2019年に選ばれたのは，『令和』の『令』です。応募総数 216,325票のうち30,427票でしたから，[　カ　]%も集まったことになります。第２位は『新』で14,850票（6.9%），第3位は『和』で10,281票（4.8%）でした。」

あきお　「私たちが考えた『今年の漢字』は，『密《みつ》』です。なぜならば，今年は「密閉《みっぺい》」[　キ　]の『三密』を避《さ》ける特別な１年だったからです。」

かずお　「発表は12月に京都府の清水寺《きよみずでら》で行われます。清水寺は『清水の舞台《ぶたい》』が有名ですが，この舞台は高さが約13mもあるそうです。」

先　生　「今年は本当に特別な１年でしたね。さきほど『清水の舞台』の高さの話がありましたが，みなさんは，この校舎とどちらが高いと思いますか。今日はお天気がいいから，影《かげ》の長さを使って調べてみましょうか。」

問題６　[　カ　]にあてはまる数を小数第２位を四捨五入して答えなさい。

問題７　[　キ　]にはどのようなことばが入るでしょうか。「密」で始まる二字熟語を二つ完成させなさい。

問題８　校舎とかずおさんの影の長さを同時に調べたところ，次のようになりました。この数を使って，①清水の舞台と②校舎ではどちらが高いか，①・②の記号で答えなさい。また，その考え方を書きなさい。

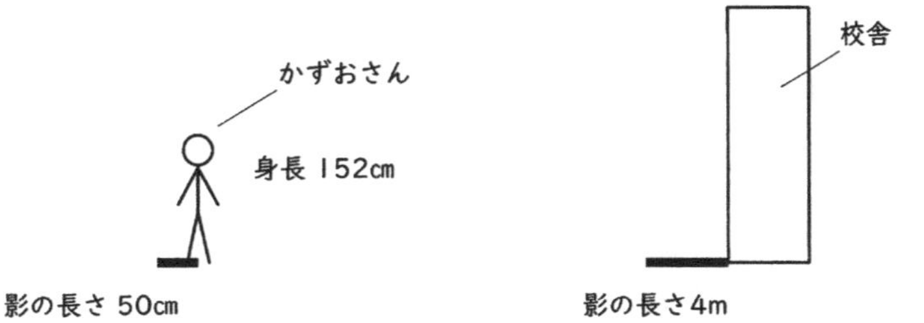

2　あきよしさんは，家族と誕生会《たんじょうかい》をしています。

お母さん　「お誕生日おめでとう。今夜はあきよしが大好きなステーキよ。」
あきよし　「ありがとう。ぼくもこれで12歳《さい》。４月からは中学生だ。」
お母さん　「大きくなったわね。あなたはよく①お肉やお魚を食べるから大きくなったのよ。」
おじいちゃん　「今の子どもたちは本当に大きいな。おじいちゃんの子ども時代は今のように食べられなかったからな。ほらこれを見てごらん（下表・グラフ）。」
あきよし　「本当だ。おじいちゃんは72歳で②戦後まもなく生まれているから，［　ア　］年くらいの数字を見たらいいんだよね。今のぼくたちと比べると10cm以上平均身長が低いね。」
おじいちゃん　「その通りだ。おじいちゃんは，同級生の中では大きいほうだったな。」
あきよし　「ぼくは平均的な身長だな。表やグラフを見ると③これからまだ背《せ》が伸《の》びそうだからこれからも好きなお肉やお魚はもちろん，何でもバランスよく食べるようにするね。」

日本人の平均身長（男子）

調査年度	6歳	12歳	15歳	20歳
昭和25年(1950)	108.4	136.1	152.7	161.5
昭和30年(1955)	109.8	138.1	155.3	162.2
昭和35年(1960)	110.8	141.0	158.7	161.1
昭和40年(1965)	112.9	144.1	162.2	164.9
昭和45年(1970)	113.9	146.9	163.6	165.9
昭和50年(1975)	114.3	147.9	165.3	166.9
昭和55年(1980)	115.3	149.4	166.9	170.4
昭和60年(1985)	115.7	148.8	166.3	171.1
平成2年(1990)	116.2	152.1	167.7	171.3
平成7年(1995)	116.6	152.4	168.2	171.3
平成12年(2000)	117.6	150.0	166.7	170.4
平成17年(2005)	116.2	151.3	169.5	169.8
平成22年(2010)	117.1	151.9	169.0	171.0
平成27年(2015)	115.3	152.3	167.5	173.2
平成30年(2018)	115.6	153.1	168.0	169.1

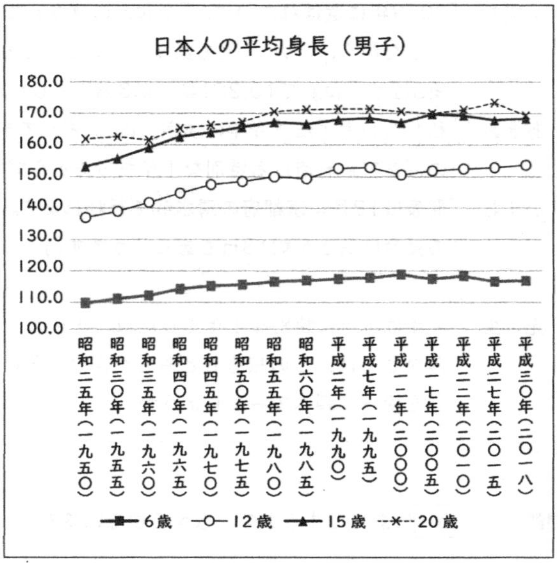

（厚生労働省「国民健康・栄養調査」より）

問題１　下線部①「お肉やお魚」とありますが，お肉やお魚を食べることでおもに得ることのできる栄養素は何ですか。最も適当なものを次のア～オから一つ選び，記号で答えなさい。
ア　炭水化物　　イ　たんぱく質　　ウ　脂《し》質　　エ　無機質　　オ　ビタミン

問題２　下線部②「戦後」とありますが，この戦争とは何という戦争ですか。漢字７字で書きなさい。

問題３　［　ア　］にあてはまる数を西暦《せいれき》で答えなさい。なお，この誕生会は2020年に行われているものとします。

問題４　下線部③「これからまだ背が伸びそう」とありますが，あきよしさんはどうしてそう考えたのでしょうか。あなたの考えを書きなさい。

お父さん　「私たちが食べたものがその後どうなるか知っているかい。」

あきよし　「知らない。どうなるの。」

お父さん　「私たちが食べたものはまず，かみくだかれたり消化液と混ざって消化されたりしながら大きいかたまりが細かくなっていくんだ。次に，細かくなった栄養分を[イ]の壁《かべ》から吸収しているよ。そして，吸収した栄養分は[ウ]に送られて，そこから全身に運ばれるのさ。」

あきよし　「全身に運ばれた栄養分はどうなるの。」

お父さん　「体をつくるもとになったり，生きるために必要なエネルギーをつくる材料になるのさ。ちなみに，栄養分や酸素は[エ]を通って全身に運ばれるんだ。」

あきよし　「なるほど。」

お父さん　「そして，全身の細胞で酸素と栄養分からエネルギーをつくるんだよ。」

問題5　[イ]～[エ]にあてはまるからだのつくりを答えなさい。

お父さん　「そう言えば，庭のカエデの木もあきよしと同級生だよ。生まれたときに記念に植えたのさ。」

あきよし　「それは知っているよ。毎年誕生日にお父さんから④耳にたこができるくらい聞かされているもの。それにしても庭のカエデはぼくよりずっと大きいよね。植物は何も食べていないのにどうしてあんなに大きくなったんだろう。」

お父さん　「植物も成長するため，生きるためにどうにかして栄養分を得ていると考えられるね。」

あきよし　「それは知っているよ。二酸化炭素と水からデンプンをつくっているんだよね。」

お父さん　「そのとき日光が必要だったね。そうしてつくられたデンプンなどの栄養分は，⑤植物のからだの一部にたくわえられることもあり，それを私たちはいただいているのだね。」

あきよし　「春になったら，自分で食べる野菜づくりにちょう戦してみたくなったよ。」

問題6　下線部④「耳にたこができる」とありますが，「耳」が入ることわざや慣用句をこれ以外に一つ答えなさい。また，その意味を答えなさい。

問題7　下線部⑤「植物のからだの一部にたくわえられる」とありますが，次の植物について養分を根にたくわえるものと，茎にたくわえるものに分け，記号で答えなさい。

ア　ジャガイモ　　イ　サツマイモ　　ウ　ニンジン　　エ　サトイモ

オ　ダイコン　　カ　ハス（レンコン）

3 なおこさん，あさみさんは，それぞれ調べた自由研究について話しています。

なおこさんは，干支《えと》について調べた結果をあさみさんに話しています。

図

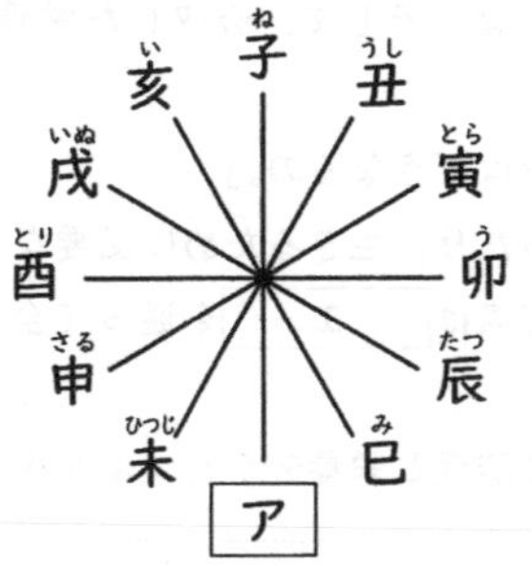

なおこ　「日本では十二支《じゅうにし》を干支ということのほうが多いみたいだね。2020年の干支はねずみだよね。漢字では『子』と書くよ。」

あさみ　「ねずみって感じがしないな。干支って生まれた年以外に何か使われていたの。」

なおこ　「昔は，時間を表すときに<u>寅の刻《こく》</u>などと表現していたみたいね。」

あさみ　「子から次の子で24時間だから酉の刻だと18時ごろだね。ところで私のおばあちゃんはねずみ年生まれで今年還暦《かんれき》よ。」

なおこ　「還暦って60歳よね。ほかの歳《とし》でも別の呼《よ》び方をするものがあったよね。」

あさみ　「88歳は漢字の『八十八』を組み合わせて米寿《べいじゅ》と呼ばれているし，99歳も漢字の［　イ　］白寿《はくじゅ》と呼ばれているよ。漢字を組み合わせたり，引いたりしながら呼び方を作ったのね。干支は12年で1周するから100年後の2120年の干支は何になるんだろう。」

なおこ　「100年後は，100を［　ウ　］から辰年になるね。」

問題１　図の［ア］にあてはまる漢字１字を答えなさい。なお，この字は［ア］前，［ア］後などのことばに用いられます。

問題２　下線部「寅の刻」とは何時ごろのことか答えなさい。

問題３　［　イ　］にはどのようなことばが入るでしょうか。あなたの考えを書きなさい。

問題４　［　ウ　］にはどのようなことばが入るでしょうか。あなたの考えを書きなさい。

あさみさんは，桜の開花について調べた結果をなおこさんに話しています。

長崎の過去９年間の桜の開花日と気温

年	開花日	１月の平均気温	３月の平均気温	１月と３月の気温の差
2011	3月23日	4.1℃	8.9℃	4.8
2012	3月26日	6.3℃	10.9℃	4.6
2013	3月16日	6.3℃	12.2℃	5.9
2014	3月20日	7.8℃	11.9℃	4.1
2015	3月22日	7.4℃	11.1℃	3.7
2016	3月22日	7.3℃	11.7℃	4.4
2017	3月30日	7.5℃	10.3℃	2.8
2018	3月17日	5.8℃	12.4℃	6.6
2019	3月20日	8.1℃	11.9℃	3.8

（気象庁《ちょう》ホームページより作成）

あさみ　「長崎では2020年の桜の開花日は３月24日だったよ。」

なおこ　「それって例年にくらべて早いのかな。あさみさんの作った表を見ると，早くもおそくもないみたいね。一番早いのは2013年で，その次は2018年ね。これはどうしてなのかな。」

あさみ　「私がこの表を作って考えた結論は，2013年や2018年のような年は［　エ　］ため，開花日が早くなる，ということなの。」

なおこ　「なるほど。2017年を見ると，その逆のことも正しいような気がするね。日本人は，桜が好きよね。来年は私もお花見に行きたいな。」

あさみ　「調べてみると，昔の人たちも好きだったみたいだよ。織田信長の後を引きついで天下統一を果たした［　オ　］も，お花見のために京都の醍醐寺《だいごじ》やその近くに700本の桜の木を植樹したと言われているよ。」

なおこ　「それからお花見が日本各地で行われるようになったのね。ますますお花見に行きたくなってきたな。」

あさみ　「きちんとマナーを守って楽しんで来てね。」

問題５　［　エ　］にはどのようなことばが入るでしょうか。あなたの考えを書きなさい。

問題６　［　オ　］にあてはまる人物名を答えなさい。

問題７　下線部について，お花見では，公園のような場所で桜を見ながら食事をしたり，飲み物を飲んだりします。どのようなマナーに気をつけてお花見を楽しんだらよいですか。あなたの考えを書きなさい。

4　お父さんが出張から帰ってきました。たろうさんにおみやげを買ってきてくれたようです。

たろう　「おかえりなさい，お父さん，どこに出張だったの。お母さんに聞いたけど教えてくれなかったんだ。」

お父さん「ないしょにするようにたのんでおいたからね。どこに行っていたか，ヒントを出すから当ててごらん。」

- 都道府県人口密度が最も小さい。
- 緯度《いど》がアメリカのシカゴやイタリアのローマと同じくらい。
- 面積が大韓民国《だいかんみんこく》とほぼ同じ。
- 梅雨《つゆ》がない。

たろう　「わかった。［　　　］だね。」

問題１　お父さんの出張先はどこでしたか。都道府県名と，その都道府県庁所在地を答えなさい。

お父さん「正解だったので，はい，おみやげ。」

たろう　「ありがとう。あ，さいころだ。」

お父さん「めずらしいだろう。さいころのような立方体の箱の中にキャラメルが入っているのさ。」

たろう　「うちの近所では売っていないの。」

お父さん「昔は全国で売っていたが，今は売っていないんだよ。いわゆる『地域《ちいき》限定もの』ってことだね。<u>通販《つうはん》</u>なら手に入るかもね。１セットでさいころ５個，つまりキャラメル10個なんだけど，１袋《ふくろ》にはこれが５セット入っている。せっかくなので，５袋買ってきたぞ。税込《こ》みで4320円だ。税抜《ぬ》き価格はわかるかな。」

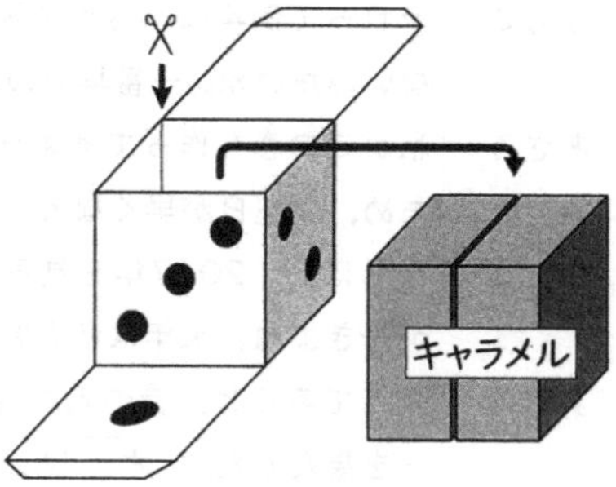

問題２　下線部「通販」は略した表現です。略さないいい方を漢字４字で書きなさい。

問題３　キャラメル５袋分の税抜き価格を計算しなさい。ただし，軽減税率の対象商品です。割り切れない場合は小数第１位を四捨五入して答えなさい。

問題４　お父さんはさいころを積み上げました。下の３つの図はさいころをすき間なく積み重ねてできた立体を，真正面から見た図１，真横から見た図２，真上から見た図３です。このように見える立体のうち，さいころの数が最も少ないものが今回お父さんが積み上げたものです。そのときのキャラメルの数を答えなさい。

図１（真正面から）

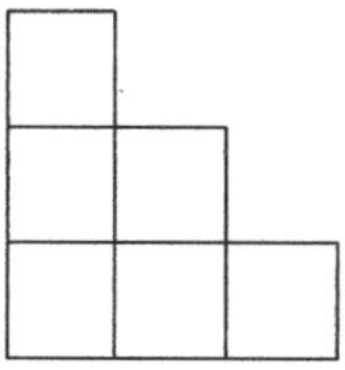

図２（真横から）

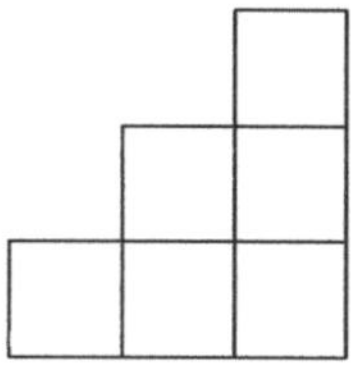

図３（真上から）

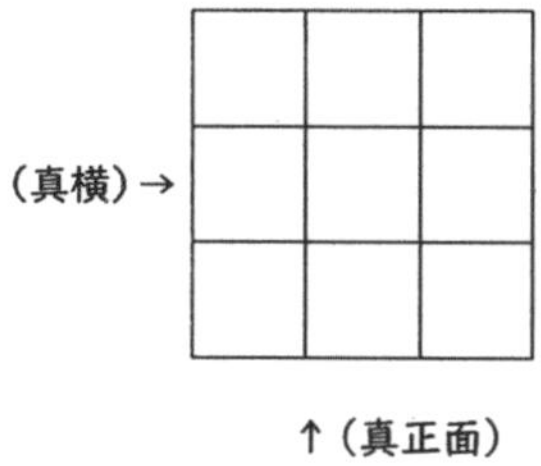

お父さん　「では，このさいころを，切り開いてごらん。それぞれの面が切りはなされないように気を付けてね。」
たろう　　「展開《てんかい》図みたいになるね。はさみは１回入れればいいね。」

問題５　たろうさんは矢印の所で箱を切りました。箱は，どんな形になりましたか。形を解答用紙にかき，さいころの目をかき入れなさい。なお，さいころのふたの部分の片方《かたほう》と１の目をあらかじめ表示しています。

お父さん　「キャラメルをすべて袋に入れるよ。では，さいころを３個使って，キャラメルかく得ゲームをしよう。ルールはこうだ。」

＜ルール＞
さいころ３個を２人が交互《こうご》に３回ずつふる。出た目（数字）によって次のように得点が決まり，３回で一番多い得点を使用する。使用する得点の多い方が勝ち。これをゲーム１回とする。

- ３個のさいころのうち，２個がそろったときに残りのさいころの目が得点となる（例，２２５と出れば５点。３３３と出れば３点。１３６など，すべて異なる数字の場合は０点。）。
- ３回ふって得点がない場合は０点。
- １回のゲームで勝った方がキャラメルを１個もらえる。同点の場合はお互《たが》いにキャラメルはもらえない。しかし，以下の場合は，得点とは関係なく，キャラメルがもらえる。
  - ➢ さいころ３個の目がすべて同じ場合（例，１１１）キャラメルを３個もらう（得点は１点となる。）。
  - ➢ さいころ３個の目が４５６となった場合，キャラメルを２個もらう。
  - ➢ さいころ３個の目が１２３となった場合，相手がキャラメルを２個もらう。
- １・３・５回戦はお父さんが先にふり，２・４・６回戦はたろうさんが先にふる。

試しにゲームを一度だけ行ったときには，次のようになりました。
お父さん…５５４，３４６，１１１……これで得点は４点，１１１が出たのでキャラメルを３個もらう。
たろうさん…１２５，４４６，１２５…これで得点は６点
よって，今回はたろうさんの勝ち，たろうさんがキャラメルを１個もらいます。
今回の対戦で得たキャラメルの数はお父さんが３個，たろうさんが１個となります。

問題６　３回戦まで行ったときの２人のさいころの目の出方は表のようになりました。

	お父さん			たろうさん		
１回戦	１３５	３４５	１３５	１２３	１１３	１２３
２回戦	１３４	１５５	１４６	４５５	３３３	１２６
３回戦	１２３	４５６	１１２	３４６	１２５	４４５

（あ）３回戦が終わったときのお父さんが持っていたキャラメルの数は全部で何個ですか。
（い）４回戦でたろうさんの出た目は，２回ふったところで２２２，４４５でした。４回戦が終わったとき，お父さんとたろうさんがそれぞれ持っているキャラメルの数の差は最大何個になりますか。

起こすことは、ときに勇気が必要だったり、不安や苦しいこともあります。でも行動を起こさない限り、状況を変えることはできないんです。

今、希望が持てないとか、みつからないという人がいるとすれば、「気持ち」「何か」「実現」「行動」の四本柱のうち、どれかがまだみつかっていないのかもしれないですね。まずは自分にとってどの柱がみつかっていないのかということから、考えてみましょうか。

問一　グラフから読み取れることを次のようにまとめました。次の文中の（　①　）～（　③　）に当てはまるものを後のア～クから選び、記号で答えなさい。

> 平成二八年度の小学六年生の中で、「将来の夢や目標を持っていますか」という質問に対して「当てはまる」、「どちらかといえば、当てはまる」と答えた児童を合わせると、全体の（　①　）以上になる。三年後、中学三年生になった時に、同じ質問をすると、その割合は全体の約（　②　）にまで減っている。代わりに、「当てはまらない」、「どちらかといえば、当てはまらない」と答えた生徒の割合は、小学六年生から中学三年生になると、どちらもおよそ（　③　）になっている。

ア　二倍　　イ　三倍　　ウ　同じ　　エ　半分
オ　30％　　カ　70％　　キ　80％　　ク　90％

問二　文章中の～～部「『気持ち』『何か』『実現』『行動』の四本柱」とありますが、「希望を持つ」あるいは「希望をかなえる」ために、この四本柱のうち、中学に進学するあなたに特に必要だと思うものは何ですか。

次の条件に合わせて解答用紙に書きなさい。

【条件】

一、グラフから読み取れたことを書くこと。
二、自分の経験や具体例をあげて書くこと。
三、五百字以上六百字以内で書くこと。

【注意】

一、題名や名前は書かないこと。
二、原こう用紙の一行目から書き始めること。
三、必要に応じて、段落に分けて書くこと。
四、数字や記号を記入するときには（例）のように書くこと。

（例）

10
％

総合問題

令和三年度
第一回入学試験解答用紙

長崎日本大学中学校

（配点非公表）

道府県名		都道府県庁所在地	

円

個

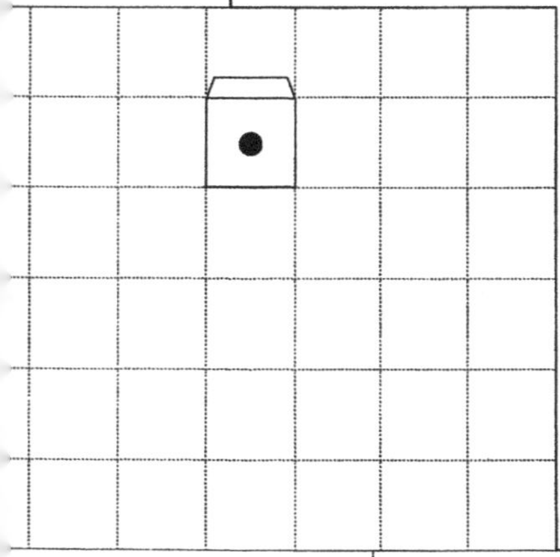

） 個	（い） 個

1

問題1				
問題2	イ	ウ		
問題3				
問題4				
問題5	①	②		
問題6	%			
問題7	密		密	
問題8	答え			
	考え方			

2

問題1			
問題2			
問題3			
問題4			
問題5	イ	ウ	エ
問題6	ことわざ・慣用句		
	意味		
問題7	根	茎	

次のグラフは「将来の夢や目標を持っていますか」という問いに対する全国の調査結果を示したものです。また後の文章は『希望のつくり方』（玄田有史著）の一部です。これらを参考に後の問いに答えなさい。

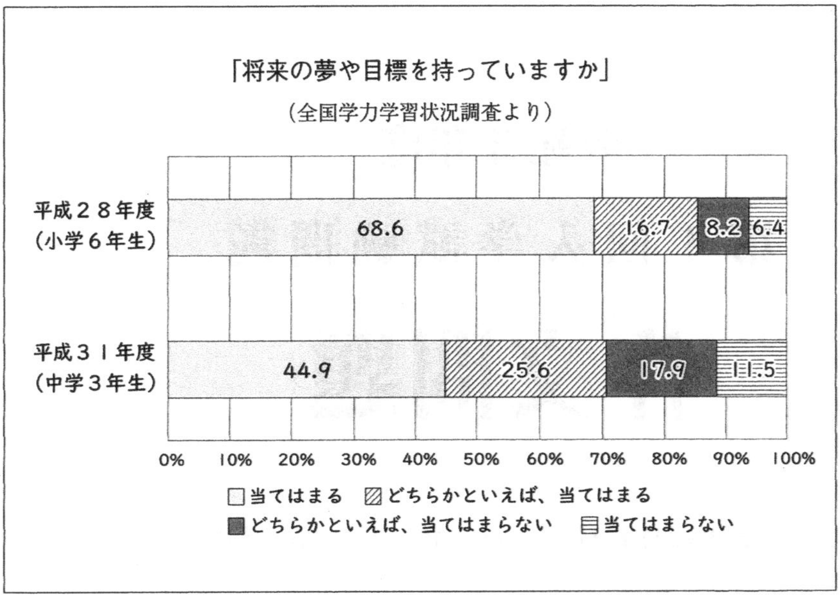

『希望のつくり方』　玄田有史　岩波新書

希望について、多くの仲間と研究をしてきましたが、最初は希望とは何なのか、よくわかりませんでした。それがいろいろ考えるうち、どうやら希望というのは、四つの柱から成り立っていることがわかってきました。その四つをこれから紹介します。

一つはウィッシュ（wish）、日本語にすれば「気持ち」とか「思い」「願い」と呼ばれるものです。オリンピックやワールドカップなどのスポーツで、決戦を前にした選手がよくこんなことをいいます。「こうなったら、もう技術がどうのこうのということじゃない。最後は気持ちの問題。気持ちで勝つか、負けるかです」。この「気持ち」というのが、希望にはまず必要です。

二つ目の柱は、あなたにとっての大切な「何か」、英語でサムシング（something）です。将来、こうありたい、ああなってほしいという、何か具体的なことがある。その何かが、世界平和という人もいれば、毎日三回ご飯が食べられることという人もいる。でも、希望に大きいも小さいもない。重要なのは、何とかしたいという自分にとっての大切な「何か」を見定めることです。何でもいいから、なんとかなってほしいということは、だいたい何ともなりません。

三つ目の柱は、カム・トゥルー（come true）、「実現」です。ドリームズ・カム・トゥルーは「夢が実現する」という意味です。どうすれば、実現する方向に近づいていくのか。そのための道すじとか、踏むべき段取りを考えることです。たとえ実現がむずかしかったとしても、近づくことはできる。どうすれば望みがかなえられる可能性が高まるのか。学習したり、情報を集めたりすることも大切です。

最後の四つ目の柱はアクション（action）、つまり「行動」です。どんなに目標を定めて、すばらしい作戦を立てたとしても、そのための行動をしなければ、希望をかなえることはできません。行動を

令和３年度

第１回入学試験問題

作文問題

令和２年12月６日(日)　11：40～12：25（45分）

※作文解答用紙・配点非公表

受験番号	

長崎日本大学中学校

長崎会場

令和3年度
第2回入学試験問題
国　　語

令和3年1月6日(水)　9：00～9：50

注　意

1．試験開始の合図《あいず》まで問題を開いてはいけません。
2．解答用紙の指定《してい》されたところに答えを書きなさい。
3．字数指定のある場合は，句点《くてん》（。）や読点《とうてん》（、）や記号（「」など）も字数に含《ふく》めます。

受験番号	

長崎日本大学中学校

一　次の文章を読んで、後の問いに答えなさい。

【1】　これまでは、私《わたし》たちが実際に体験する[A]「物理時間」についての話でした。最後に、私たちが心の中で経験する[B]「心理時間」についてお話ししましょう。心理時間とは、時計で計った時間間隔《かんかく》や物事の早い遅《おそ》いという順序ではなく、さまざまに心で感じる時間のことです。私たちは、①悲しいとき、嬉《うれ》しいとき、ぼんやりしているとき、寝《ね》ているとき、映画《えいが》を見ているときなどで、「あれ、いつの間にこんなに時間が経《た》ったの?」とか、「長い時間が経ったと思ったのに、ほんの短い時間しか経っていないな」と思うことがたびたびあります。そんな心理時間のアレコレを振《ふ》り返ってみましょう。

②現代は、時間がどんどん加速されているとも言われます。何事にも「早く、早く」とせかされ、時間と[a]キョウソウするかのように忙《いそが》しさに追われていることを、大人たちはこういう言い方をしているのです。いつも同じ早さで時間が流れているはずなのに、時間の間隔が短くなったような気分で追い立てられているためでしょう。それをエンデは『　③　』という作品の中で「時間どろぼう」と呼《よ》びました。ゆっくり花を見たり音楽を楽しんだりする、そんなゆったりした時間が盗《ぬす》まれていく、という話でした。いつも何かしていないと気が落ち着かない、現代人はそんなふうになっています。

その一つの原因は、世の中が便利になり、[b]能率的になって、より早く仕事を仕上げることがより優《すぐ》れていると評価されるようになっているためと思われます。キョウソウが激《はげ》しくなって、人より早くしなければ負けてしまうという恐《おそ》れを心に抱《いだ》くようになったためでしょう。④「時は金なり」となってしまったのです。

しかし、それでは⑤心が貧しくなってしまいそうです。何も考えずにひたすら決められたことをしていて人生が楽しいはずがありません。ゆっくり歩むからこそ、道ばたに咲《さ》く花に気づいたり、きれいな夕日を楽しむ気分になれるのです。私たちは、時間を取り返し、もっとゆったりした時間を生きる必要がありそうですね。

【2】　映画の時間　映画や芝居《しばい》を見ている間、実際とは違《ちが》う時間の流れを経験していることに気づきます。たった一時間の映画で一年間の物語や一〇年の変化が描《えが》かれていても、それをすんなりと受け入れているからです。あるいは、江戸《えど》時代の日本や十八世紀の西洋の話でも、いつの間にか主人公の気持ちになって同じ時間を過ごしていることもあります。現実の物理時間から[c]カイホウされて、物語の時間に同調しているのです。

この時間感覚は、私たちの頭に想像するという働きがあって、知らぬ間に、主人公の気持ちを推測《すいそく》したり、ああなって欲《ほ》しいとか、こうするのではないかと推理したりしていることで生まれるものです。⑥これは人間が持つ素晴《すば》らしい能力で、人の気持ちを思いやったり、友達を元気づけたりしたいという心に通じています。時間を超《こ》えて(1)想像することは人間らしい心の作用と言えるでしょう。

【3】 叱《しか》られている時間と楽しい時間　⑦両親から叱られている時間はたった三分なのに三〇分にも感じられ、遊園地で遊んでいる間は三時間もあったのに三〇分くらいにしか感じられない、という経験をたびたびしたことがあると思います。実際の物理時間は三分と三時間という大きな差があるのに、心のなかでは同じ三〇分の時間が経ったような気になることです。これも心理時間のd不思議で、心の持ち方で時間の流れる速さが異《こと》なるためでしょう。

　叱られているときは、(2)過去のいろんなことが思い出されるし、怒《おこ》っている(3)両親の気持ちを考えているし、早く終わってくれないかと願っている、そんなさまざまな思いが浮《う》かんできて時間が引《ひ》き延《の》ばされているように感じてしまうのでしょう。遊園地で遊んでいるときは、遊びに夢中になってしまい、アレコレ他のことを考えないため空白の時間が多くなっています。流れる時間のなかにどれくらい思いが詰《つ》まっているかの差と言えるのではないでしょうか（だから、叱られているときは［　⑧　］と時間が速く過ぎるかもしれません。といっても、ぼんやり聞いていると叱られる時間がもっと長くなってしまいそうですが）。

（池内了《さとる》『時間とは何か』より）

※エンデ＝ミヒャエル・エンデ。（一九二九～一九九五年）ドイツの作家。

問一　＝＝部b「能率」、d「不思議」の読みをひらがなで書きなさい。

問二　＝＝部a「キョウ」、c「カイ」と同じ漢字を用いるものをそれぞれ次の中から一つずつ選び、記号で答えなさい。

a「キョウソウ」

ア　文化祭でキョウリョクして作品をしあげた。
イ　オリンピックにはさまざまなキョウギがある。
ウ　登場人物の心情にキョウカンする。
エ　新作のゲームにキョウミがある。

c「カイホウ」

ア　調査用紙をカイシュウする。
イ　好きなアイドルグループがカイサンした。
ウ　運動会のカイカイ式であいさつをする。
エ　芸能人が記者カイケンを開く。

問三　——部(1)「想像」、(2)「過去」、(3)「両親」という熟語の作り方は、次のようになっています。

(1)「想像」…「像（かたち）を想う」
　下から上にかえって読むと分かりやすい熟語
(2)「過去」…「過ぎ去る」
　同じような意味の漢字を重ねた熟語
(3)「両親」…「両方の親」
　上の漢字が下の漢字を説明している熟語

(1)〜(3)と同じ熟語の作り方になっているものを次の中からそれぞれ一つずつ選び、記号で答えなさい。

ア　親交　**イ**　取捨　**ウ**　防災　**エ**　進行

問四　——部①の中で、「映画《えいが》を見ているとき……『長い時間が経ったと思ったのに、ほんの短い時間しか経っていないな』と思う」とありますが、映画を見ているときに実際の時間より長く感じるのはなぜですか。その理由としてもっともふさわしいものを、次の中から一つ選び、記号で答えなさい。

ア　映画の中では江戸時代や十八世紀など、忙しい現代とは違いゆったりとした時間の流れが描かれているから。

イ　便利な世の中となり、次から次にたくさんの映画を見ることができるので、時間の間隔《かんかく》が短くなったような気になるから。

ウ　長い時間を描く映画の中の時間を、想像力を働かせながら主人公と同じ気持ちで過ごすから。

エ　時代や場所が異なる世界を描く映画は見る人の想像力をかきたてるので、あっという間に感じるから。

問五　——部②「現代は、時間がどんどん加速されている」とありますが、その理由を【1】の本文中から五十五字でぬき出し、初めと終わりの三字ずつで答えなさい。（句読点も字数に入れます。）

問六　『　③　』にあてはまる作品名を、次の中から一つ選び、記号で答えなさい。

ア　モモ　**イ**　ナルニア国物語

ウ　車輪《しゃりん》の下　**エ**　星の王子様

問七　——部④「時は金なり」の本文中での意味としてもっともふさわしいものを、次の中から一つ選び、記号で答えなさい。

ア　時間はお金と同様、貴重なものだからむだにしないようにしなければならない。

イ　時間はお金には代えられないくらい大切なものだから、人に盗まれないようにしなければならない。

ウ　昔という時間は金色に輝いて見えるように、いつの世も、昔はよかったと思うものである。

エ　時間は金のように手に入れるのがむずかしく、失った時は二度と取り戻せない。

問八　——部⑤「心が貧しくなってしまいそうです」とありますが、「心が貧しい」とはここではどういう状態をいうのですか。次の文の□に当てはまることばを、【1】の本文中から十七字でぬき出して答えなさい。

◎たとえば□（十七字）できるような感性を失っている状態。

問九　——部⑥「これ」の指すものを、本文中から九字でぬき出して答えなさい。

問十　——部⑦「両親から叱られている時間はたった三分なのに三〇分にも感じられ、遊園地で遊んでいる間は三時間もあったのに三〇分くらいにしか感じられない」とありますが、それはなぜですか。その理由を説明した次の文の□に当てはまることばを、【3】の本文中から指定された文字数でぬき出して答えなさい。

◎実際の□1（四字）のなかに□2（十五字）が違うから。

問十一　□⑧に当てはまることばとしてもっともふさわしいものを、次の中から一つ選び、記号で答えなさい。

ア　何も考えずにぼんやり聞いている
イ　あれこれ考えながらぼんやり聞いている
ウ　聞いているふりをしながら別のことを考えている
エ　どうしたら叱られなくてすむかをよく考えながら聞いている

問十二　〰〰部A「物理時間」、B「心理時間」とありますが、次のア〜エはそれぞれどちらに当てはまりますか。「物理時間」ならA、「心理時間」ならBと答えなさい。

ア　雪の中、バスを待っていたら、予定の時刻よりも三〇分もおくれてバスがやってきた。
イ　なつかしい友人にばったり出会って昔話をしていたら、十年前にもどったような気がした。
ウ　ゲームの時間は一日に三〇分と決められているのに、今日は一〇分オーバーしてしまい、母に叱《しか》られた。
エ　夢中になって『赤毛のアン』を一晩《ばん》で一冊《さつ》読み終えたら、アンと青春を過ごせたような満足感が残った。

問十三　本文はこのあと「子どもの時間と老人の時間」という文章が続きます。その内容を、次のようにまとめました。□に当てはまることばを三十字以上五十字以内で考えて書きなさい。

子どもの時間	老人の時間
□	することが少ないので時間の空白が多く、また新しいできごとに出会うことも少ない。
時間が長く感じられる。	時間が短く感じられる。

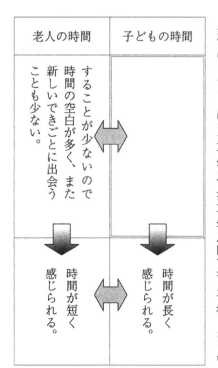

二　次の物語を読んで、後の問いに答えなさい。

子ギツネのトトには化《ば》け術《じゅつ》のテストでいい点を取ることが一番大切なことでした。それは、幼《おさな》なじみのロロに野ウサギ狩《が》りや危険《きけん》なにおいや逃《に》げ方のテストで負けていたからです。化け術のテストを数日後にひかえたある日、先生から一人で化け術の練習をしてはいけないと注意されましたが、ロロとけんかをしたトトは一人で練習をすることにしました。

著作権に関係する弊社の都合により
本文は省略いたします。
教英出版編集部

著作権に関係する弊社の都合により
本文は省略いたします。

教英出版編集部

著作権に関係する弊社の都合により
本文は省略いたします。

教英出版編集部

著作権に関係する弊社の都合により
本文は省略いたします。

教英出版編集部

著作権に関係する弊社の都合により
本文は省略いたします。

教英出版編集部

（東山彰良《ひがしやまあきら》『月夜のトト』より）

問一 ═══部ａ「ガクセイフク」・ｂ「ヒメイ」・ｃ「メジルシ」の漢字を書きなさい。

問二 ――部①「まるでトゲでも刺さったみたいに、男の子がひっと息をのみました」とありますが、それはなぜですか。その理由を説明した次の文の［　］に当てはまることばを、本文中からそれぞれ六字でぬき出して答えなさい。

◎ **［１（六字）］に化けたトトの顔が［２（六字）］になっていたため。**

問三 ［Ａ］～［Ｃ］にあてはまることばとしてもっともふさわしいものを、次の中からそれぞれ選び、記号で答えなさい。

ア どんどん　イ ぷるぷる　ウ ぷりぷり

エ くんくん　オ ぱんぱん

問四 ――部②に当てはまる四字熟語としてもっともふさわしいものを、次の中から一つ選び、漢字になおして答えなさい。

・イッシンイッタイ　・イシンデンシン

・ウオウサオウ　・ゼッタイゼツメイ

問五 ――部③「それきりなにも起こりません」とありますが、その理由としてもっともふさわしいものを、次の中から一つ選び、記号で答えなさい。

ア トトを襲《おそ》ったフクロウが、悪いことをしたと後悔しているトトを見て、許《ゆる》してあげようと思ったから。

イ フクロウがトトを攻撃《こうげき》したのは、勝手にクマの森に入ったトトをいましめることが目的だったから。

ウ トトを攻撃したフクロウの正体は、トトに自分の悪い行いに気づかせるために母親が化けていたものだったから。

エ フクロウがトトの肩をつついたのは、危険なクマの森からトトを早く逃がすための合図だったから。

問六 ［Ｉ］に当てはまることばを、次の中から一つ選び、記号で答えなさい。

ア 頭　イ 腹　ウ 首　エ 腕

問七 ［④］に当てはまるセリフを書きなさい。

問八 ――部⑤「大事なもの」とはどのようなことですか。本文中のことばを用いて、三十字以内で説明しなさい。

三

N高等学校では、文化祭のクラスの出し物について、クラス会議を開いた後、【文化祭の出し物の規約】にしたがって、文化祭実行委員会で話し合い、決定することになっています。次に示すものは、その【規約】の一部と、各クラスの希望をまとめた【アンケート結果】です。後に続く【会話文】は、文化祭実行委員会が【アンケート結果】をもとに話し合いをしている様子です。これを読み、後の問いに答えなさい。

【文化祭の出し物の規約】

第1条　出し物は、クラス全員が協力してできる内容であること。

第2条　出し物は、飲食店、展示《てんじ》、ステージの三つの部門からクラスで一つ選ぶこと。

第3条　出し物での飲食店の出店は、安全上の問題を考慮《こうりょ》して、3年生は3クラス、2年生は2クラス、1年生は1クラスまで出店可能とする。

第4条　飲食店を希望するクラスが、各学年の上限を超《こ》えた場合は、次のように定める。

①　まず、学年の中で、内容が同じ飲食店がある場合は、その飲食店を希望したクラス同士でくじ引きを行い、1クラスが当選する。

②　①のくじ引きを行ってもなお、各学年の上限を超《こ》える場合は、①で当選したクラスをふくめてもう一度くじ引きを行い、上限数のクラスが当選する。

③　くじ引きで外れたクラスは、飲食店以外の出し物をする。

第5条　飲食店ではマスクの着用と手指の消毒を徹底《てってい》する。

第6条　全《すべ》ての出し物で、火や水を使うことは禁止。（ホットプレートやIHコンロなどの電気機器は使用可。）

第7条　展示物《てんじぶつ》は、廊下《ろうか》などの共有部分には置かない。

……（以下略）……

【アンケート結果】

各クラスの希望出し物のアンケート結果

飲食店部門	12クラス
展示部門	5クラス
ステージ部門	4クラス

飲食店部門の内訳《うちわけ》		3年生	2年生	1年生
クレープ	4クラス	2クラス	1クラス	1クラス
わたあめ	2クラス	1クラス	0クラス	1クラス
焼きそば	3クラス	1クラス	2クラス	0クラス
チョコバナナ	3クラス	2クラス	0クラス	1クラス

展示部門の内訳	
バルーンアート	1クラス
お化け屋敷《やしき》	2クラス
水鉄砲射的《みずでっぽうしゃてき》	1クラス
修学旅行写真展	1クラス

ステージ部門の内訳	
創作劇	1クラス
合唱	1クラス
ダンス	2クラス

【会話文】

Aさん　全クラスの希望がそろったけど、出し物では[ア]から、「水鉄砲射的《みずでっぽうしゃてき》」は許可できないね。

Bさん　そうだね。それは**【文化祭の出し物の規約】**にそっていない内容だね。アイデアは面白《おもしろ》いけど、内容を変えてもらうように伝えておこう。

Cさん　あとは、飲食店を希望したクラスは、今年もくじ引きを行う必要があるね。くじ引きが必要なクラスには早めに知らせないといけないから、まずはクラス数を確認《かくにん》しよう。

Dさん　規約の第4条の①に、学年で内容が同じ飲食店がある場合はくじ引きを行い、一クラスを決めるとあるから、くじ引きが必要なクラスは、三年生はクレープを希望した二クラスとチョコバナナを希望した二クラス、二年生は焼きそばを希望した二クラス、それと一年生は三クラスかな。

Aさん　いや、それだけではないよ。規約の第四条の②に照らして考えると、三年生は、[イ]から、三年生で二回くじを引くクラスが[ウ]クラス出ることになるよ。

Dさん　そうか。ではさっそく、くじ引きの準備にとりかかろう。

問一　**【会話文】**の[ア]に当てはまる、「水鉄砲射的」が許可できない理由を十五字以内で答えなさい。

問二　**【アンケート結果】**の「飲食店部門の内訳」のみ、学年別の内訳を書いているのはなぜですか。「上限」ということばを用いて、二十五字以内で説明しなさい。

問三　**【会話文】**の[イ]に当てはまることばを、**【規約】**のことばを使いながら四十字以内で答えなさい。

問四　**【会話文】**の[ウ]に当てはまる数を**漢数字で**答えなさい。

令和３年度

第２回入学試験問題

算　数

令和３年１月６日㈬　10：05〜10：55

注　意

1．試験開始の合図《あいず》があるまで問題を開いてはいけません。

2．解答用紙の指定《してい》されたところに答えを記入しなさい。

3．計算については，余白《よはく》を利用してもかまいません。

4．答えは，もっとも簡単《かんたん》な形で表《あらわ》しなさい。なお，分数で答えるときは，約分してできるだけ簡単な分数にしなさい。

受験番号	

長崎日本大学中学校

1 次の計算をしなさい。

(1) $12+27-35$

(2) $78-35\div5$

(3) $45\div5+4\times9$

(4) $\frac{5}{3}\times\frac{9}{4}\div\frac{5}{2}$

(5) $3\frac{7}{8}+\frac{5}{8}-\frac{1}{2}$

(6) $\frac{5}{2}\times2.8-6$

(7) $2.2\div0.4-\frac{1}{2}$

(8) $3.57\times1.3+6.43\times1.3$

2 次の各問いに答えなさい。

［1］次の□に当てはまる数を求めなさい。

(1) $3:5=9:\square$

(2) 時速 18 kmは分速□m です。

(3) 100000 cm^2 は□m^2 です。

(4) $0.6+\frac{3}{7}\times\square=1$

［2］次の各問いに答えなさい。

(1) 1 個 30 円のあめと 1 個 100 円のチョコレートを合わせて 12 個買いました。代金は 850 円でした。このとき，あめはいくつ買いましたか。

(2) 濃度 18 % の食塩水 300g に濃度 10 % の食塩水 500g を混ぜると濃度は何 % になりますか。

(3) 連続する 3 つの整数の和が 66 であるとき，その 3 つの整数のうち，一番小さい数を求めなさい。

(4) A店ではある商品を 3 割引で売っています。その商品を 630 円で買ったとき，定価はいくらですか。ただし，消費税は考えないものとします。

3 ［１］次の各問いに答えなさい。

(1) 底辺の長さが 6 cm，高さが 5 cm の平行四辺形の面積は何 cm^2 ですか。

(2) 面積が 24 cm^2 である長方形において，たての長さと横の長さがともに整数となるような組み合わせは何個ありますか。ただし，たての長さの方が横の長さより短いものとします。

［２］次の図において，色がついた部分の面積は何 cm^2 ですか。

(1)

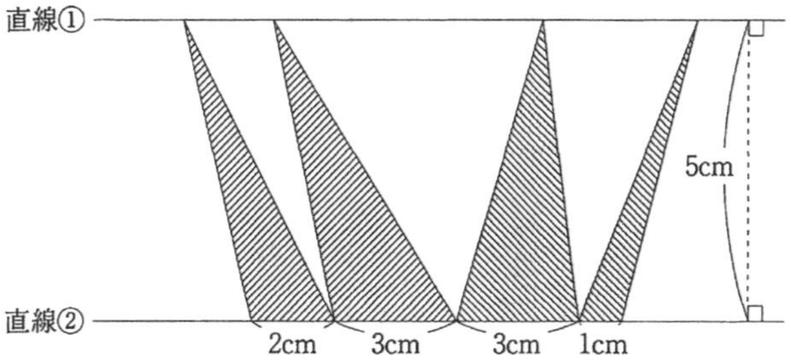

（直線①と直線②は平行である）

(2)

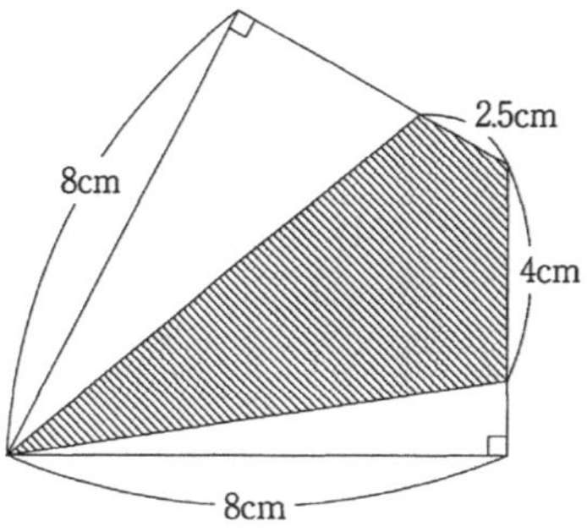

［３］図のように，たての長さが 10 cm，横の長さが 20 cm，高さが 8 cm である直方体の水そうがあります。このとき，次の各問いに答えなさい。

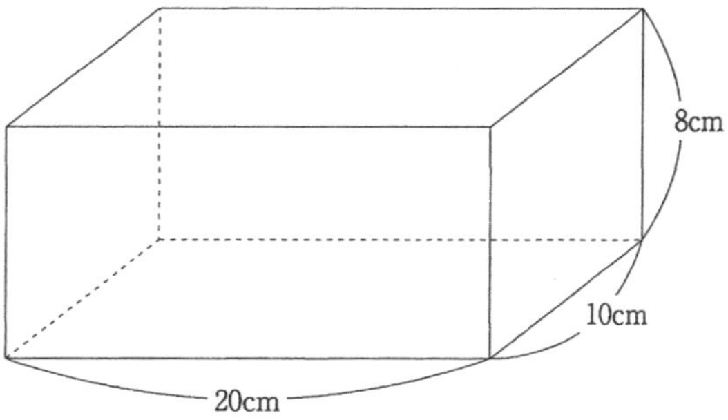

(1) この水そうの側面全体にシールをはるとき，シールの面積は何 cm^2 ですか。

(2) この水そうの中には，すでに 1000 cm^3 の水が入っています。そこに 80 cm^3 の鉄球を沈めると，水面の高さは何 cm になりますか。

4

［１］次の各問いに答えなさい。

さくらさんは，ある規則で並んでいる数字の列について考えました。

10，17，24，31，38，45，52……

(1)　左から８番目にくる数字を求めなさい。

(2)　左から20番目にくる数字を求めなさい。

(3)　353は左から何番目にくるか答えなさい。

［２］ある日，さくらさんは，横の長さ10 cmの長方形（図１）の紙を何枚《なんまい》か使って，（図２）のような１本のテープを作ることになりました。のりしろを３cmとするとき，次の各問いに答えなさい。ただし，のりしろとは紙と紙をつなぐ部分です。

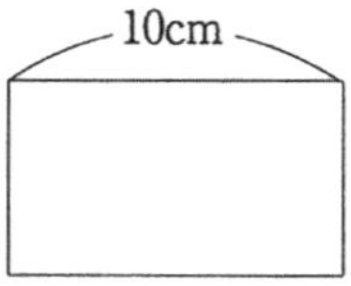

（図１）

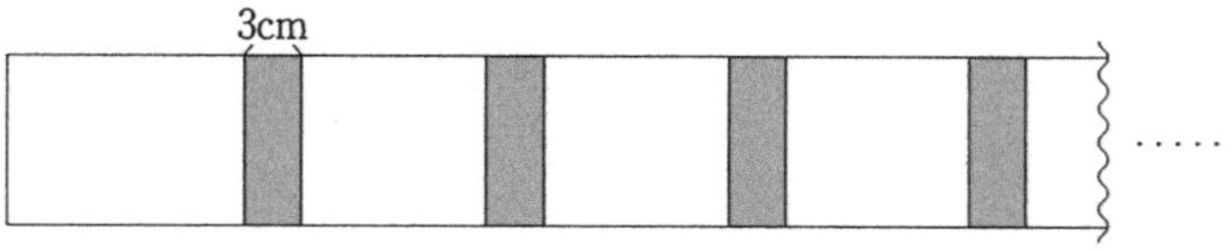

（図２）

(1)　長方形の紙が10枚あるとき，テープの横の長さは何cmとなりますか。

(2)　長さが430 cmとなるとき，長方形の紙は何枚必要ですか。

5　ＡとＢの２つのコピー機があります。Ａは，３分間に270枚印刷《いんさつ》できます。Ｂは，25分間に1000枚印刷できます。次の各問いに答えなさい。

［１］(1)　Ａ，Ｂはそれぞれ１分間に何枚印刷できますか。

(2)　Ａで1170枚印刷するのにかかる時間は何分ですか。

(3)　Ａ，Ｂ同時に印刷し始めたとき，９分後にはどちらのコピー機の方が何枚多く印刷できますか。解答欄《らん》に合うように答えなさい。

［２］Ａを使ってチラシを印刷することにしました。しかし，印刷開始から４分後に故障し，修理に10分かかりました。下のグラフはそのときの様子を表したものです。このとき，次の ア ～ ウ に入る数字を答えなさい。

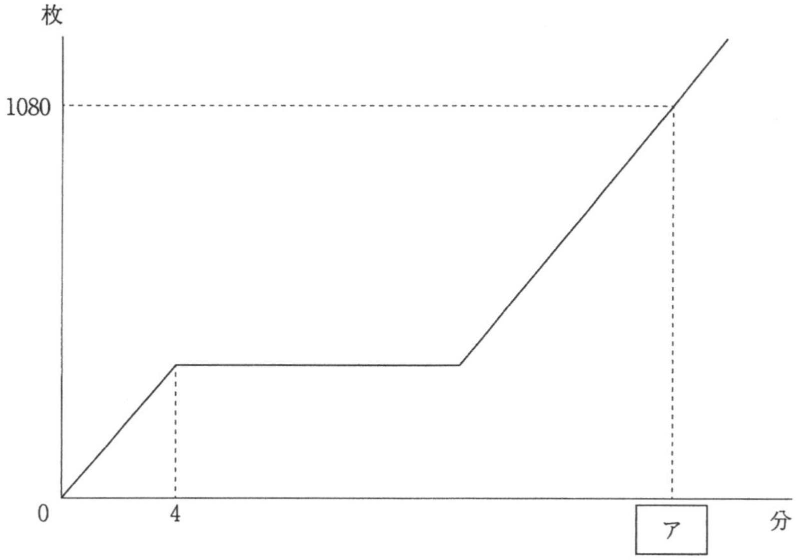

Ａで印刷を始めたと同時に，Ｂでも印刷を始めました。印刷開始から イ 分後に修理中のＡの枚数とＢの枚数が同じになりました。またＡの枚数とＢの枚数が印刷開始から ウ 分後に再び同じになりました。

令和３年度

第２回入学試験問題

理　　科

令和３年１月６日㈬　11：10～11：50

注　意

１．試験開始の合《あい》図《ず》まで問題を開いてはいけません。

２．解答用紙の指《し》定《てい》されたところに答えを書きなさい。

３．計算については，余《よ》白《はく》を利用してもかまいません。

受験番号	

長崎日本大学中学校

1 **かずやさんは，おばあちゃんの家に遊びに来ています。そのときのおやつについての会話文を読んで，次の各問いに答えなさい。**

おばあちゃん：おやつの時間だよ。手を洗っておいで。

か ず や　：はーい。

かずやさんは，①手を洗って，もどって来ました。

か ず や　：おばあちゃん，今日のおやつはなに。

おばあちゃん：梅ヶ枝《うめがえ》もち（**図1**）だよ。

図1

か ず や　：おいしそうだね。梅ヶ枝もちって梅が入っていたり，梅の味がしたりするのかな。

おばあちゃん：梅が入っていたりも，梅の味がしたりもしないよ。

か ず や　：じゃあなんで，梅ヶ枝もちっていうの。

おばあちゃん：いっしょに入っていた紙には，梅ヶ枝もちの由来《ゆらい》をこんなふうに書いているね（**資料**）。

梅ヶ枝もちの由来

都《みやこ》を追われ，※1太宰府《だざいふ》の地で※2悶々《もんもん》の日々を送られていた菅原道真《すがわらのみちざね》公《こう》を，きのどくに思った老婆《ろうば》が，②梅の一枝《ひとえだ》をもちにそえてさしあげた。また，ある説では，梅林を散歩《さんぽ》されている道真公に，老婆がおもちをさしあげたのがはじまりとも伝えられております。

資料

かずや　：そうなんだ。メロンパンと同じだね。

おばあちゃん：何がメロンパンと同じなんだい。

かずや　：植物の名前が入っているのに，実際はその植物の③食べる部分である実が入っていたり，味がしたりはしないところだよ。

おばあちゃん：確かにそうだね。

かずや　：じゃあ，いただきます。

かずやさんは，梅ヶ枝もちをおいしそうに食べています。

かずや　：外側のもちのところはモチモチとした食感，中のあんはほどよい甘さでおいしいな。

おばあちゃん：このお店のは，おもちの焼き方と，中のあんの材料である小豆にこだわっているみたいだね。

かずや　：ところで，菅原道真ってどういう人なの。

おばあちゃん：平安時代に活やくした，政治や学問に秀《ひい》でた貴族で，今では学問の神として，太宰府天満宮《てんまんぐう》という神社にまつられているよ。菅原道真は，ウメの木をとても大切にしていたから，もともと住んでいた京都から，今の太宰府天満宮の場所に，ウメの木が飛んでいったという「④飛梅《とびうめ》」の伝説があるんだよ。

かずや　：その神社の名前，聞いたことがある。受験のときに，合格祈《き》願《がん》に行くところだよね。あと，ウメの木がきれいで有名だよね。

おばあちゃん：そうだよ。この梅ヶ枝もちも，太宰府天満宮の近くで買ってきたものだよ。

かずや　：そうなんだ。なんだか，食べたら頭がよくなりそうだね。

おばあちゃん：食べるだけでは，頭はよくならないよ。

かずや　：わかってる。勉強するのもがんばるよ。食べ終わったら宿題するね。

おばあちゃん：感心だね。がんばってね。

※1　太宰府の地：現在の福岡県太宰府市。

※2　悶々：心の中で大いに思いなやむこと。

(1) 下の**1**～**6**は，かずやさんが下線部①で行った，手洗いの仕方を示しています。この過程の中に，感染症《かんせんしょう》の予防としては，適切でないところがあります。その適切でないところを改善《かいぜん》するには，次の**A**，**B**，**C**の過程を，それぞれ**1**～**6**のどこかの前に行えばよいと考えられます。**A**，**B**，**C**の過程を行うタイミングとして適切なところを，**ア**～**カ**からそれぞれ選び，記号で答えなさい。

1．水道のせんを手でひねって，じゃ口から水を出す。
2．手を水で流しながら，手のひら，手のこう，指のあいだをこする。
3．石けんをつけてあわだて，手のひら，手のこう，指のあいだ，つめのあいだ，手首をこする。
4．じゃ口から出ている水で，手や手首についた石けんのあわをきれいに流す。
5．水道のせんを手でひねって，じゃ口から出ている水を止める。
6．きれいなタオルやハンカチで，ぬれている手をふく。

A．水でぬれた手で，水道のせんをひねって，じゃ口から水をとめる。
B．あわのついた手で，水道のせんをひねって，じゃ口から水を出す。
C．手でじゃ口から出ている水をすくって，石けんがついているせんにかけて，あわを流す。

ア．1の前　　イ．2の前　　ウ．3の前　　エ．4の前　　オ．5の前　　カ．6の前

(2) 下線部①について，感染症対策として石けんやハンドソープを使って，手を洗うことがすすめられています。次の**図2**は，厚生労働省のホームページに掲載《けいさい》されている，感染症に対する手洗いの効果についてのイメージ図です。「流水で15秒すすぎ」をして手洗いをした場合と，「ハンドソープで10秒もみ洗い後，流水で15秒すすぎ」をして手洗いをした場合，手洗いの効果は何倍になりますか。図中の数字をもとに，整数で答えなさい。ただし，手洗いの効果は，ウイルスを何倍減らしているかという数値と同じものとします。

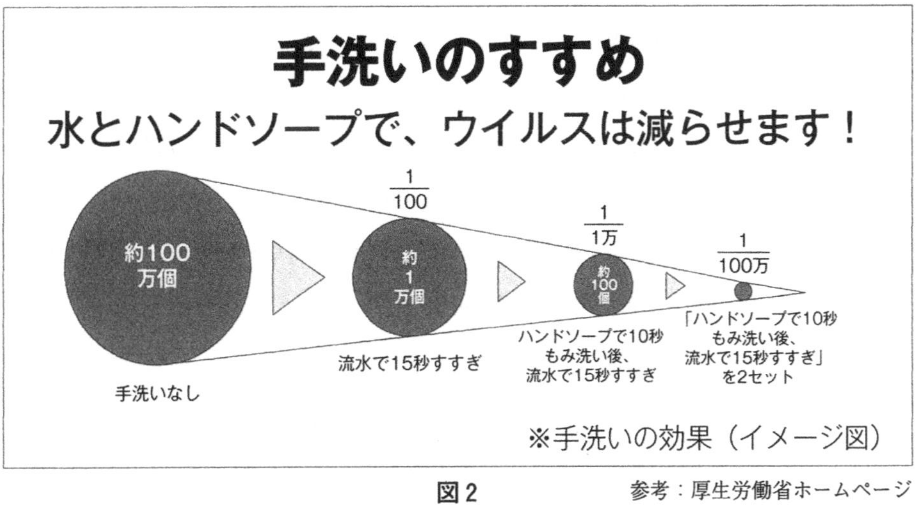

図2　　参考：厚生労働省ホームページ

(3) 梅ヶ枝もちの材料として使われている植物名を会話文を参考にして，１つカタカナで答えなさい。

(4) 下線部②について，次の**図３**は太宰府天満宮にある６月のウメの枝の写真で，将来花や葉になるつぼみがついていることがわかります。このつぼみが花になってさくのは何月ごろですか，次の**ア～エ**から適切な時期を選び，記号で答えなさい。

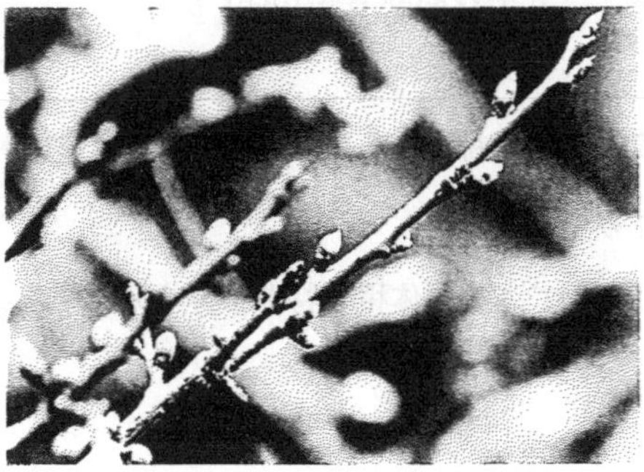

図３

ア．１月～３月　**イ**．４月～６月　**ウ**．７月～９月　**エ**．10月～12月

(5) 下線部③について，将来実になる花のつくりはどこですか。次の**ア～エ**から選び，記号で答えなさい。

ア．がく　**イ**．花びら　**ウ**．おしべ　**エ**．めしべ

(6) 下線部④について，植物のからだの中で，実際に遠くまで飛んでいく（移動する）ことができる部分として，花粉があります。花粉は，風以外では何によって運ばれますか。漢字１字で答えなさい。

2 鉄の粉末と塩酸の反応により，気体を発生させる実験を行いました。その実験のレポートを読んで，次の各問いに答えなさい。

【実験レポート】

〔実験方法〕

1．あるこさの塩酸を，５本の試験管に10cm^{3}ずつ入れる。

2．それぞれの試験管に鉄の粉末を0.2gから0.6gまで0.1gきざみで加える。

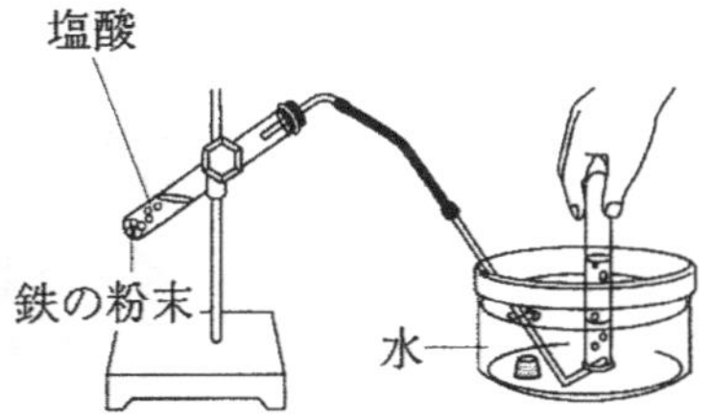

3．発生した気体を集めて，その体積と特ちょうを確認する。

〔結果〕

・鉄の粉末の重さと発生した気体の体積の関係について

鉄の粉末の重さ〔g〕	0.2	0.3	0.4	0.5	0.6
気体の体積〔cm^3〕	80	120	①	168	②

・気体の特ちょうについて

発生した気体を石灰水に通じても何も変化がなかったが，火のついたマッチ棒を近づけるとポンという音が鳴った。

・その他

鉄の粉末の量が少ないときは鉄の粉末がとけて無くなったが，量が多くなると，鉄の粉末がよう液中に残るようになった。

(1) 実験レポート内にある①，②にあてはまる数値を答えなさい。

(2) この実験で用意した塩酸10cm^3とちょうど反応をする鉄の粉末の重さは何 g ですか。

(3) この実験で用意した塩酸20cm^3に，0.3g の鉄の粉末を加えたとき，発生する気体の体積は何 cm^3ですか。

(4) この実験で発生した気体として正しいものを次の**ア～エ**から選び，記号で答えなさい。

ア．酸素　　**イ**．二酸化炭素　　**ウ**．ちっ素　　**エ**．水素

(5) 30％の塩酸90g を水でうすめて，こさが10％の塩酸を作るとします。このとき，何 g の水を加えればよいですか。

(6) 理科の実験を行うときの注意点として，まちがっているものを次の**ア～オ**から**すべて選び**，記号で答えなさい。

ア．薬品が手についた場合は，すぐさま大量の水で洗い流す。

イ．実験では反応を見やすくするために，試験管の８割ほどまでよう液を入れる。

ウ．マッチ棒に火をつけるときは，他の人と十分に距離《きょり》をとって，自分の方に向かってマッチ棒をこする。

エ．よう液を温めるときは，熱いよう液が飛び散ることがあるので，安全めがねをかける。

オ．火を使うときは，ぬれたぞうきんや砂の入ったバケツなどを準備する。

3 **図１～３は，ある年の９月に日本を通った３つの台風の進路を表しています。**

こうすけさんとお父さんはこの３つの台風について話をしています。２人の会話文と台風についてのレポートを読んで，次の各問いに答えなさい。

台風９号

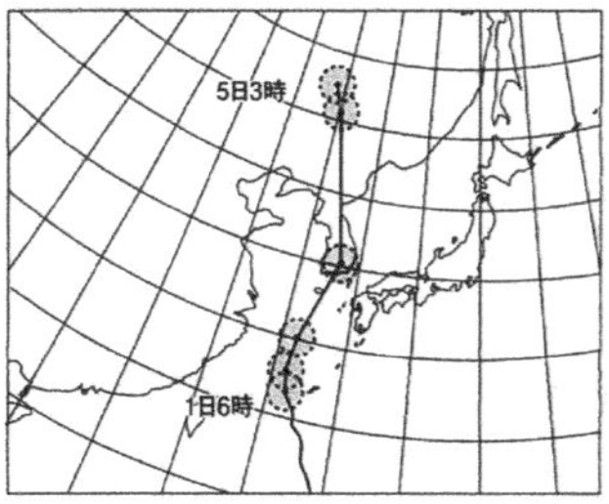

図１

台風10号

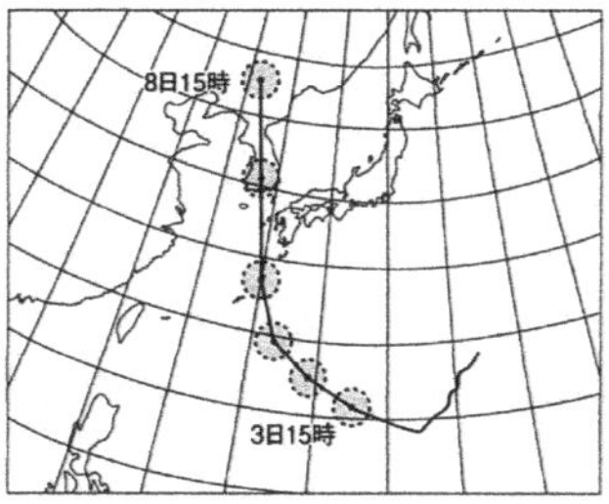

図２

台風11号

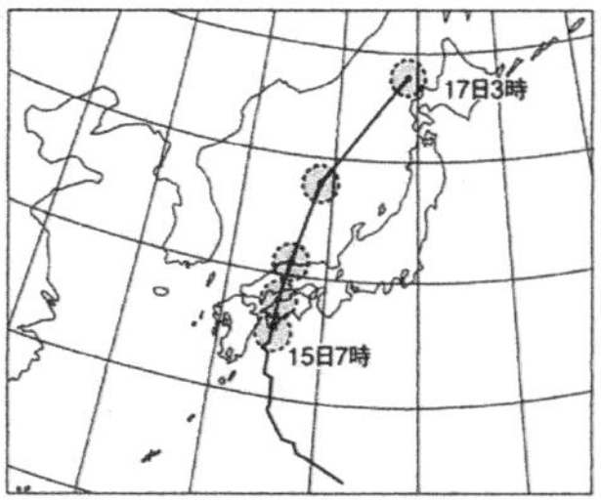

図３

（会話文１）

こうすけ：最近，強い台風が多いね。

お父さん：そうだね。ここ３週間で９号から11号までの３つの台風が日本に来たね。

こうすけ：日本のいろんな所でたくさんのひがいが出たね。

お父さん：うちのまわりでは台風10号のひがいが一番大きかったね。
でも，うちは［　　　　　　　　　　］から，ほとんどひがいがなかったね。

こうすけ：うん。かなり強い風がふいて，次の日に確認したらいろいろなものが飛んできて落ちていたね。台風が来るときはそなえが必要だとわかったよ。
でも，なんで最近の台風は強いものが多いのかな。

お父さん：おもしろいところに目をつけたね。
まずは，台風のできるしくみから調べてみたらいいと思うよ。

こうすけ：へぇ，なんか面白そうだから調べてレポートにしてみようと思う。

（こうすけさんのレポート）

台風についてわかったこと

①でき方

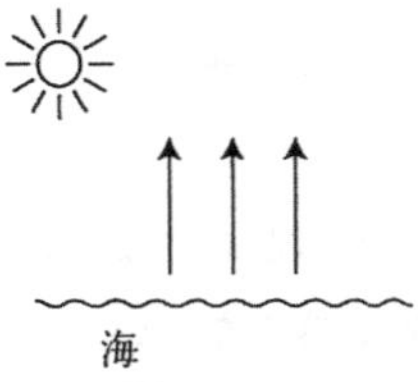

強い日差しで
海水が蒸発して
上昇気流ができる

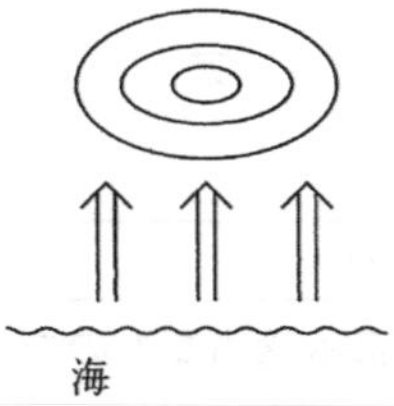

上昇気流が
強まって
うずができる

うずがだんだん
大きくなり，
やがて台風となる

②日本の（　　）の海上で発生し，はじめは西の方へ移動し，やがて北や東の方へ移動することが多い。

③雲はうずまいていて，うずまきの中心に向かって強い風がふく。

④風の強さは進む方向の右側と左側でちがい，右側でとくに強い風がふく。

（会話文２）

こうすけ：台風についていろんなことがわかったよ。
　　　　　でも，なんで最近の台風が特に強いかはわからなかったよ。

お父さん：実は，台風の大きさにはレポートの中に出てきた海水の温度が関係していると言われているんだよ。海水の温度が高かったらそれだけ上昇気流が強まって，台風のうずまく力も大きくなるんだよ。これが台風の強くなる原因なのさ。

こうすけ：へぇ，お父さんすごいね。ありがとう。
　　　　　じゃあ，日本の（　　）側の海水の温度が高かったのが原因なんだね！

(1)　台風11号において，次の中で最もひがいを受けたと思われる都道府県はどこですか。次の**ア～エ**から選び記号で答えなさい。

ア．長崎　　**イ**．広島　　**ウ**．東京　　**エ**．宮城

(2) 日本にくる台風の風の向きはどのようになっていますか。次の**ア～オ**から，最も適当なものを１つ選び記号で答えなさい。

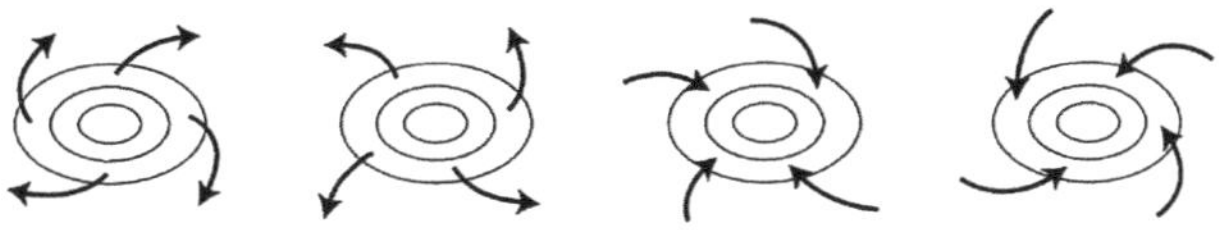

ア　**イ**　**ウ**　**エ**

(3) 会話文１の［　　　　］の中にはどのような会話文が入ると思いますか。前後の会話を読んで，最も適当なものを次の**ア～オ**から１つ選び記号で答えなさい。

ア．大きな川が家のそばにない

イ．電柱が近くにない

ウ．雨戸やあつでのカーテンをとじていた

エ．ハザードマップを確認していた

オ．かい中電灯などの準備をしていた

(4) 台風の雲は短時間に大量の雨をふらせる雲です。この雲のことを何と言いますか。漢字３文字で答えなさい。

(5) 台風の中心部分では雨があまり降らず風も弱くなります。この中心部分のことを何と言いますか。二人の会話文中の漢字１文字を使って答えなさい。

(6) 台風10号は「数十年に１度しかないような強さ」で日本に上陸すると予測されていましたが，そこまでの強さにはなりませんでした。これにはどのような理由が考えられますか。会話文やレポートを読んで，次の**ア～エ**から，最も適当なものを１つ選び記号で答えなさい。

ア．直前に通った台風９号の影響で，海水がかき回され，海水の温度が下がったため。

イ．日本の上空でふく偏西風《へんせいふう》が予想よりも強くふいたため。

ウ．日本の前に別の土地に上陸したため。

エ．この年の９月の長崎の平均気温が，例年より低かったため。

(7) こうすけさんのレポートと会話文２の（　）には，同じことばが入ります。（　）に入る適当な語句を漢字で答えなさい。

(8) 台風は被害や悪い面ばかりが報道されますが，良い面もあります。台風の良い面はどのようなところですか。簡単に答えなさい。

4 気体の温度と体積について次の問いに答えなさい。

はなこさんとたろうさんは，気球が飛ぶしくみについての会話をしています。2人の会話文を読んで，次の各問いに答えなさい。

はなこ：この前の日曜日に，気球を見に行ったよ。すごく大きくてきれいだった。

たろう：いいなぁ。どうして気球は空にうかぶのかな。近くで見たらわかるのかな。

はなこ：そうね。私もふしぎに思ったけど，なぜうかぶのかは見てみてもわからなかったわ。でも，気球にはバーナーがあって，ときどきボーって音を出して，火が出ていたわ。

たろう：バーナーか。それがエンジンみたいになって気球をうかせているのかな。

はなこ：私も気になってお母さんに聞いてみたけど，バーナーで空気を温めているのよって言っていたわ。

たろう：なるほど。空気を温めているんだね。でも，どうして空気を温めると気球は空にうかぶのだろう。

はなこ：そういえば，理科の授業で，①空気を温める実験があったね。

たろう：あったね。でも，ぼくがよくおぼえているのは，②空気でっぽうの実験のほうだな。その実験のあと，③家でも空気でっぽうをつくったよ。

(1) 熱気球は英語で hot-air ballon（ホット　エア　バルーン）といいます。英語の中にある「hot」,「air」,「ballon」の意味の正しい組み合わせを，次の表の**ア**～**エ**から一つ選び，記号で答えなさい。

	hot	air	ballon
ア	温かい	水	風船
イ	温かい	空気	風船
ウ	冷たい	空気	飛行機
エ	冷たい	水	飛行機

(2) 下線部①について，室温27℃の実験室で，空気を温める実験をおこないました。実験方法としては，**図１**のように丸底フラスコを87℃のお湯につけて温めるという方法を用いました。

空気の温度が27℃から87℃に変化したとき，その体積は1.2倍になることが分かっています。200mL の丸底フラスコ内の空気を27℃から87℃に変化させたとき，体積は何 mL 増えますか。

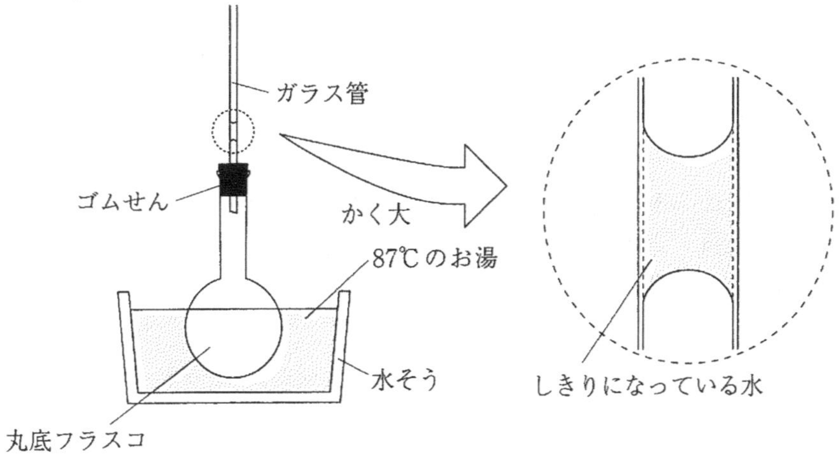

図１

(3) 空気を温める実験では，体積が実際に1.2倍にはなりませんでした。その原因を説明した文章として最も適したものを次の**ア〜エ**から選び，記号で答えなさい。

ア．温められた空気が丸底フラスコの底にしずんでいって，しきりになっている水をおしきれなかったから。

イ．温められた空気がお湯にひきつけられて，しきりになっている水をおしきれなかったから。

ウ．しきりになっている水を，外側からおす力のほうが大きくなったから。

エ．丸底フラスコ全体がお湯につかっておらず，空気全体が87℃にはなりきれなかったので，しきりになっている水を丸底フラスコ内の空気がおしきれなかったから。

(4) 下線部②について，ガラスのくだを用いて空気でっぽうの実験をおこないました。このとき，くだの中の空気のつぶを，○を用いて表します。最初，**図２**のようにくだの中に10個の空気のつぶがあったとします。おしぼうをおしこみ，最初の体積の５分の１の体積になったとき，せんが飛び出しました。体積が最初の２分の１になったとき，せんが飛び出す直前，せんが飛び出してしばらく時間がたったあとのくだの中の空気のようすを，○をかきこんで表しなさい。なお，最初とせんが飛び出した後の空気は，同じ温度の空気であるものとします。

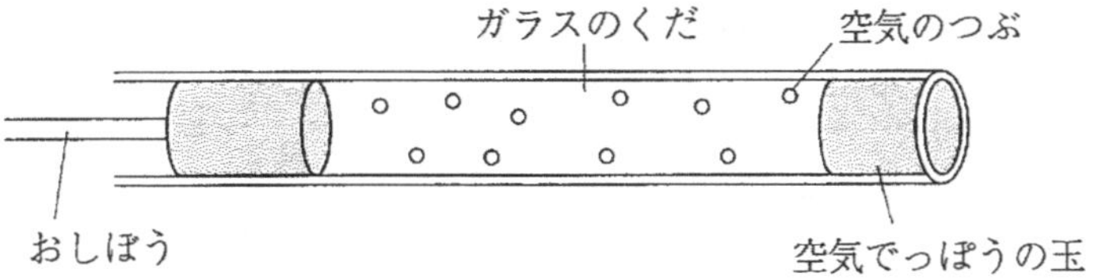

図２

(5) 下線部③について，家庭にあるもので空気でっぽうをつくるときに用意するものを，次の**ア**～**キ**から**すべて選び**，記号で答えなさい。

ア．紙でできたトイレットペーパーのしん　**イ**．じゃがいも　**ウ**．輪ゴム

エ．みかん　**オ**．ペットボトル　**カ**．牛乳パック　**キ**．わりばし

次の会話文は，気球がうかぶ理由について話しているたろうさんとはなこさんのものです。

たろう：実験結果では，空気は温めると体積が（　**あ**　）するということだったね。

はなこ：でも，気球の下にはあなが開いていたわ。空気を温めても逃げるんじゃないかな。

たろう：そうだよ。空気が逃げるということは，気球の中にある空気のつぶが減るということになるんじゃないかな。

はなこ：なるほど。つまり【　**A**　】気球が空にうかぶんだね。

たろう：はなこさんはすごいなぁ。そう考えると，地球全体にある空気は，温度や場所によって同じ体積での重さが違うんだね。地球全体の空気を考えた場合，気球のバーナーの役割をするのは（　**い**　）だね。

(6) （　**あ**　）と（　**い**　）に入る言葉を，それぞれ漢字２文字で答えなさい。

(7) 【　**A**　】に入る文章として最も適しているものを，次の**ア**～**エ**の中から選び，記号で答えなさい。

ア．空気のつぶが減った分，同じ数だけ外の冷たい空気のつぶが入ってきて，気球がどんどんふくらむから

イ．つぶの数は減るけど，ひとつぶの重さが変化することによって，全体の重さを一定にたもつから

ウ．空気が逃げることで，周りにある空気より気球の中にある空気のほうが軽くなるから

エ．空気が逃げることで，逃げた空気が地面をおすから

令和３年度
第２回入学試験問題
社　　会

令和３年１月６日㈬　12：05～12：45

注意

1．試験開始の合《あい》図《ず》まで問題を開いてはいけません。
2．解答用紙の指《し》定《てい》されたところに答えを書きなさい。

受験番号	

長崎日本大学中学校

1 次の日本の各地域《ちいき》に関する**問1～5**に答えなさい。

問1　次の**図1**の地図を見て問に答えなさい。

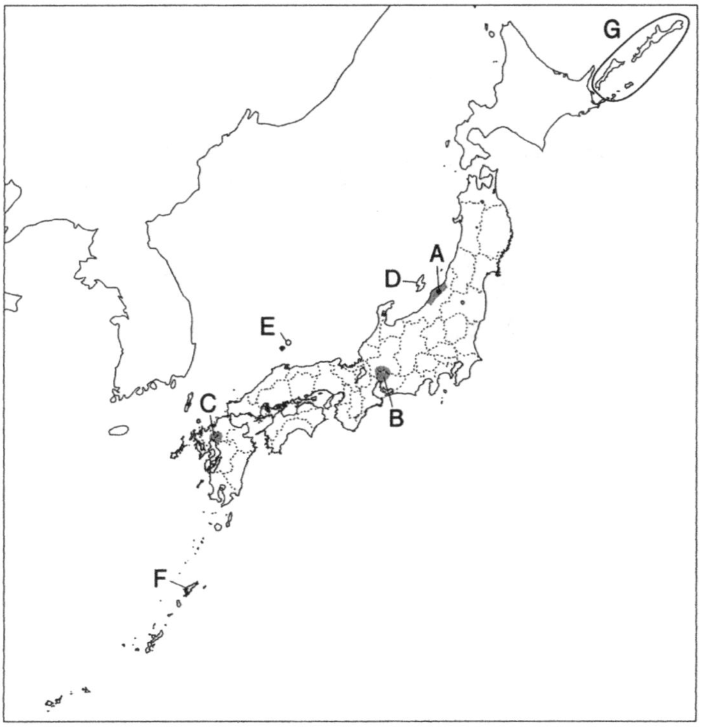

図1

⑴　**図1**中の**A～C**の平野の名まえの組み合わせとして正しいものを，次の**ア～カ**から一つ選び，記号で答えなさい。

	ア	イ	ウ	エ	オ	カ
A	越後平野	越後平野	筑紫平野	筑紫平野	濃尾平野	濃尾平野
B	筑紫平野	濃尾平野	越後平野	濃尾平野	越後平野	筑紫平野
C	濃尾平野	筑紫平野	濃尾平野	越後平野	筑紫平野	越後平野

⑵　**図1**中の**D～F**の島の名まえの組み合わせとして正しいものを，次の**ア～カ**から一つ選び，記号で答えなさい。

	ア	イ	ウ	エ	オ	カ
D	奄美大島	奄美大島	佐渡島	佐渡島	隠岐諸島	隠岐諸島
E	佐渡島	隠岐諸島	奄美大島	隠岐諸島	奄美大島	佐渡島
F	隠岐諸島	佐渡島	隠岐諸島	奄美大島	佐渡島	奄美大島

⑶　**図1**中の**G**の範囲《はんい》の島々を合わせて何と呼《よ》ぶか，漢字四文字で答えなさい。

問2　次の1～3の文の都道府県の組み合わせとして正しいものを，次の**ア～カ**から一つ選び，記号で答えなさい。

1．県の北にある海にはたくさんの小さな島があり，となりの都道府県とは橋でつながっている。

2．県の北にある海は湾《わん》となっており，となりの都道府県の半島によって囲まれている。

3．県の北にある海は二つの半島に囲まれた湾であり，となりの都道府県とは海底トンネルでつながっている。

	ア	イ	ウ	エ	オ	カ
1	青森県	青森県	富山県	富山県	香川県	香川県
2	富山県	香川県	青森県	香川県	青森県	富山県
3	香川県	富山県	香川県	青森県	富山県	青森県

問3　次の**A～C**のグラフは新潟市，仙台市，奈良市のいずれかの気温と降水量《こうすいりょう》を表している。このグラフにあたる都市の組み合わせとして正しいものを，次の**ア～カ**から一つ選び，記号で答えなさい。

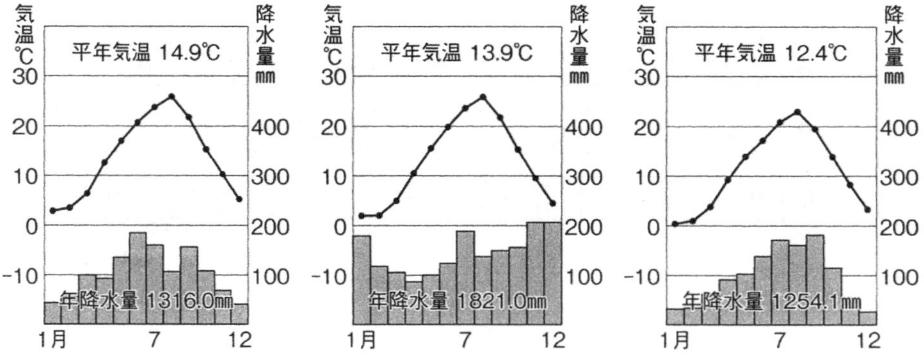

A　　B　　C

	ア	イ	ウ	エ	オ	カ
A	新潟市	新潟市	仙台市	仙台市	奈良市	奈良市
B	仙台市	奈良市	新潟市	奈良市	新潟市	仙台市
C	奈良市	仙台市	奈良市	新潟市	仙台市	新潟市

<a href="https://www.nocs.cc/study/uonzujp.htm" target="_blank">
日本各地の雨温図</a>より

問 4　下のグラフはキャベツ・イチゴ・ブドウの都道府県別生産量の割合《わりあい》である。それぞれの組み合わせとして正しいものを，次の**ア～カ**から一つ選び，記号で答えなさい。

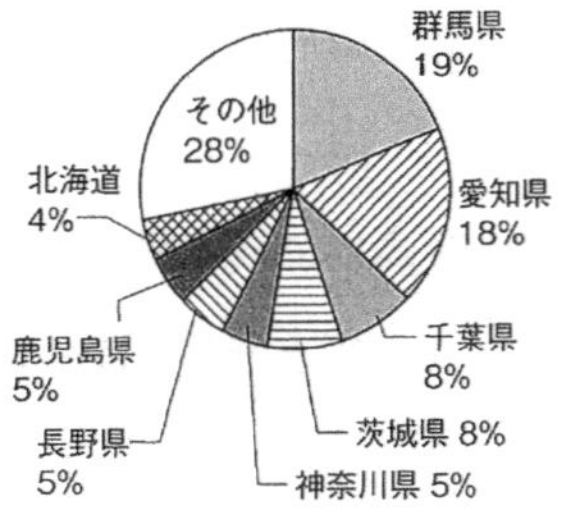

1

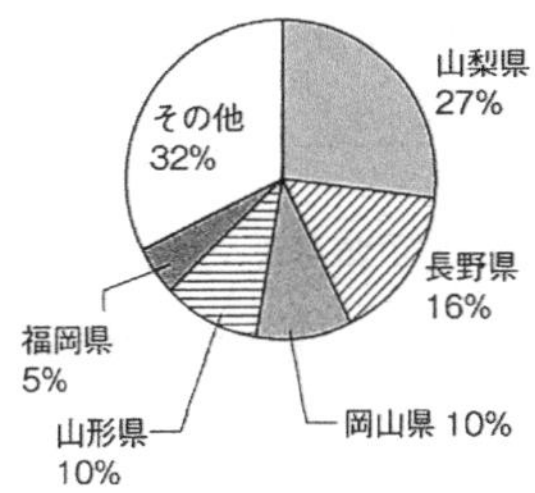

2

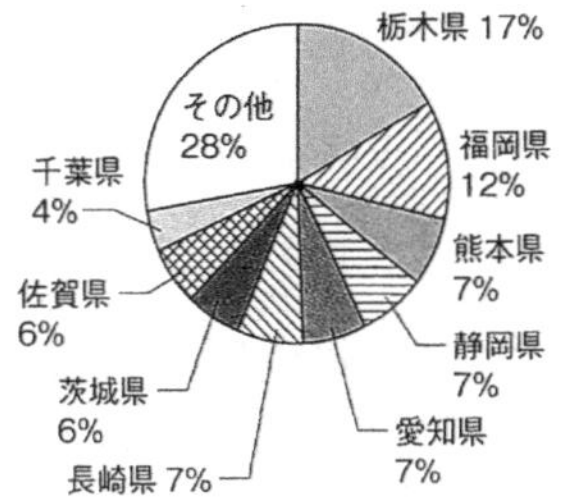

3

	ア	イ	ウ	エ	オ	カ
1	キャベツ	キャベツ	イチゴ	イチゴ	ブドウ	ブドウ
2	イチゴ	ブドウ	キャベツ	ブドウ	キャベツ	イチゴ
3	ブドウ	イチゴ	ブドウ	キャベツ	イチゴ	キャベツ

※統計年度は2017年　農林水産省ホームページより

問 5　次のグラフ**A～C**は日本の1965年，1985年，2005年のいずれかの工業別生産額の割合を表している。**A～C**を1965年→1985年→2005年の順に並《なら》び替《か》えなさい。

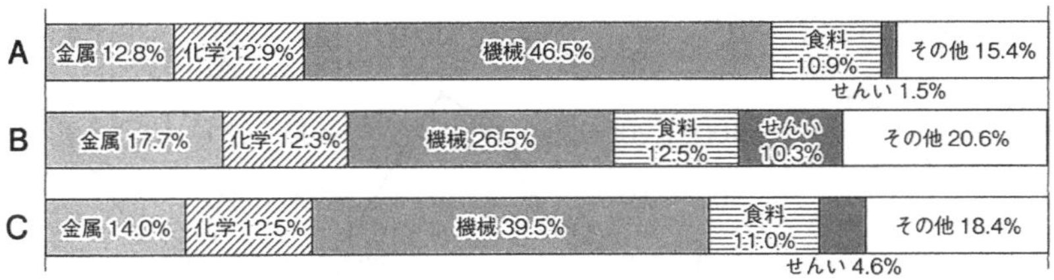

経済産業省ホームページより

2 次の世界の国々に関する**問1～5**に答えなさい。

問1 右の表は世界の国々の面積を表している。**A**，**B**はどこの国か，答えなさい。

ただし，**B**の国は2019年，湖の面積をふくめないことにして，909万km²で4位とした資料もある。

順位	国名	(km²)
1	（ **A** ）	1,710万
2	（ **B** ）	998万
3	アメリカ合衆国	983万
4	中華人民共和国	960万
5	ブラジル	851万
6	オーストラリア	769万
7	インド	329万
8	アルゼンチン	278万
9	カザフスタン	272万
10	アルジェリア	238万
61	日本	38万

外務省ホームページより

問2 下の図は，世界地図を2018年のある数字をもとにして国の面積を変形したものである。何によって変形されているか答えなさい。

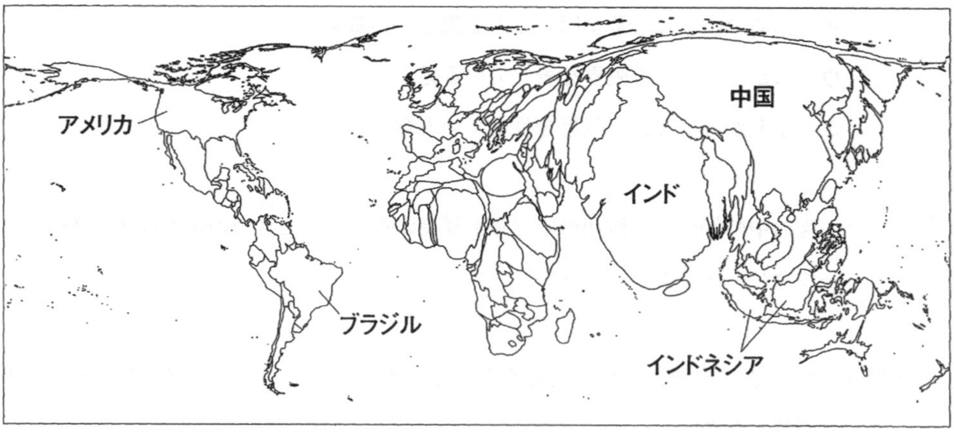

https://worldmapper.org/ より

問3　下の世界地図についての(1), (2)に答えなさい。

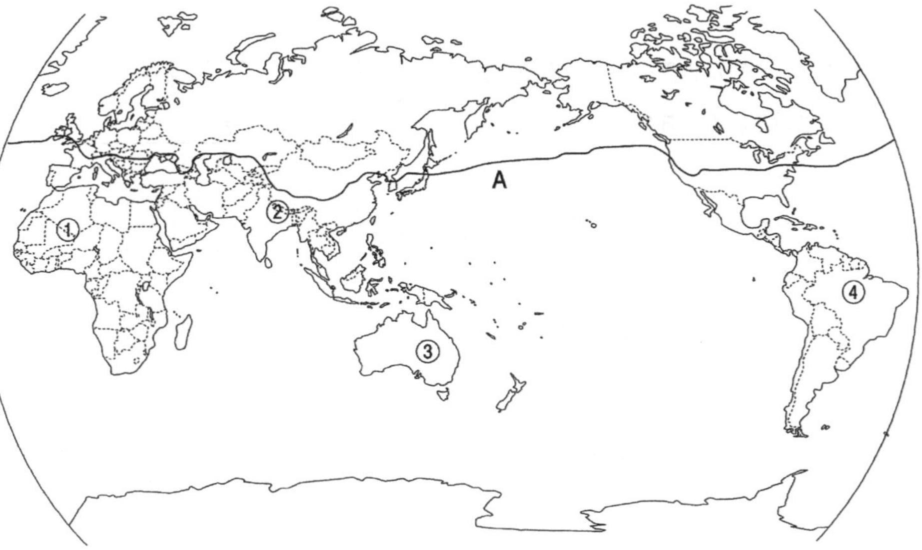

(1)　図中の線**A**が表しているものは何か，正しいものを，次の**ア**～**エ**から一つ選び，記号で答えなさい。

ア. 年間の平均気温が同じことを表している線。

イ. 年間の雨の降《ふ》る量が同じことを表している線。

ウ. 米が栽培できる限界を表している線。

エ. 小麦が栽培できる限界を表している線。

(2)　図の中の①～④の範囲の中で最も標高が高い地点を含《ふく》むのはどれか，次の①～④から一つ選び，記号で答えなさい。

問4　次の環境《かんきょう》問題に関する文のうち正しいものはどれか，次の**ア**～**エ**から一つ選び，記号で答えなさい。

ア. 二酸化炭素などの温室効果ガスによる地球温暖《おんだん》化は，様々な取り組みにより解決した。

イ. フロンガスによって作られるオゾン層《そう》は，人体に有害な紫外線《しがいせん》を発生させることがある。

ウ. 酸性雨は湖の酸性化や森林の立《た》ち枯《が》れをもたらし，その原因は原子力発電所である。

エ. 熱帯林減少の原因の一つに，木を切って畑や牧場を作ろうとすることがある。

問5　下の各文は世界各国の国歌の一部を日本語に訳《やく》したものである。これらについての(1)～(3)に答えなさい。

オーストラリア

苦労して手に入れた黄金の地と富　海に囲まれた我《わ》が国《くに》に与《あた》えられた　美しく豊富で貴《き》重《ちょう》な自然の恵《めぐ》み

エジプト

大地の母我が希望　我が大望　万人に与うる　（　A　）川の比類なき恵み

フランス

武器を取るのだ　我が市民よ　隊列を整えよ　進め　進め

サウジアラビア

神は偉《い》大《だい》なり　おお祖国よ　常に生き続けよ　（　B　）教徒に栄光あれ

http://www.worldfolksong.com より

(1)　国歌はオーストラリアのようにその国の自然について歌われたものがある。エジプトの国歌の（　A　）にあてはまる川の名前を答えなさい。

(2)　フランスの国歌は，首都でおきた革命を歌ったものである。フランスの首都はどこか。

(3)　サウジアラビアの国歌は宗《しゅう》教《きょう》についての歌《か》詞《し》である。（　B　）にあてはまる宗教名を答えなさい。

3 次の年表を見て，あとの**問１～８**に答えなさい。

年	できごと
239年	卑弥呼《ひみこ》が①中国に使いを送る。
593年	②聖徳太子《しょうとくたいし》が推古天皇《すいこてんのう》の［ A ］になる。
645年	③大化の改新がはじまる
710年	④平城京《へいじょうきょう》に都を移す。
794年	⑤平安京に都を移す。
1016年	⑥藤原道長《ふじわらのみちなが》が［ A ］となる。
1167年	⑦平清盛《たいらのきよもり》が［ B ］となる。

問１　表中の［ A ］と［ B ］に当てはまる言葉の組み合わせとして正しいものを，次の**ア～エ**から一つ選び，記号で答えなさい。

ア．A－摂政　B－征夷大将軍　　**イ**．A－摂政　B－太政大臣

ウ．A－関白　B－征夷大将軍　　**エ**．A－関白　B－太政大臣

問２　表中の下線部①について，当時の中国の国名を，次の**ア～エ**から一つ選び，記号で答えなさい。

ア．漢

イ．魏

ウ．呉

エ．蜀

問3　表中の下線部②が定めた資料【1】のきまりごとを何といいますか。答えなさい。

また，そのきまりごとはどのような人々に対して出されたものか。次の**ア**～**エ**から一つ選び，記号で答えなさい。

第一条
　人の和を大切にし，争いをやめること。
第二条
　仏教をあつく信仰《しんこう》すること。
第三条
　天皇《てんのう》の命令には必ず従《したが》うこと。

【1】制定されたきまりごと
（『小学社会　小6上』教育出版）

ア．農民　　**イ**．留学生　　**ウ**．役人　　**エ**．僧

問4　表中の下線部③のできごとに関係がある人物を，次の**ア**～**エ**からすべて選び，記号で答えなさい。

ア．中大兄皇子

イ．小野妹子

ウ．鑑真

エ．中臣鎌足

問5　表中の下線部④の時代の農民が負担《ふたん》していた税の中で，「地方の特産物を納《おさ》めるもの」を何というか答えなさい。

問6　下線部⑤の時代の貴族《きぞく》は資料【2】のようなやしきで生活をしていました。このようなやしきのつくりを何というか答えなさい。

【2】貴族のやしき
（『小学社会　小6上』教育出版）

問7　表中の下線部⑥の人物はどのようにして大きな力をもつようになりましたか。解答らんに合わせて答えなさい。

問８　表中の下線部⑦について，源平の戦いは最終的には平氏が壇《だん》ノ浦《うら》の戦いで滅亡《めつぼう》して幕《まく》を閉《と》じました。この壇ノ浦の戦いがあった場所を，次の地図の**ア～エ**から一つ選び，記号で答えなさい。

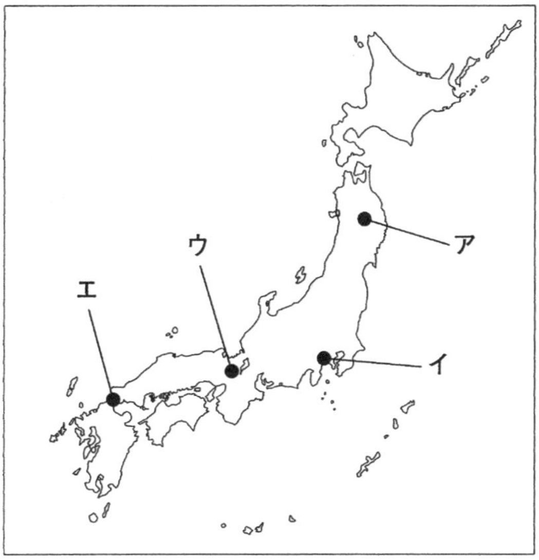

4 次のⅠ～Ⅲの文章と資料を見て，あとの**問1～10**に答えなさい。

Ⅰ

江戸幕府《えどばくふ》は，全国の200以上の大名を，親藩《しんぱん》・譜代《ふだい》・ A に区別し，思いのままに動かしました。それと深く関《かか》わるのが B というきまりです。三代将軍《しょうぐん》の徳川家光の時代には，これに新たなきまりも追加され，幕府《ばくふ》が強い力で全国の大名を支配する仕組みが整えられました。

その一方で，江戸《えど》や大坂などの大都市では，町人たちが中心となって，新しい文化を生み出しました。 C は旅をしながら多くの俳句《はいく》を残し，さらには①絵画やお芝居《しばい》もさかんになりました。こうした都市の文化は，人々の交流によって地方にも広がりました。

【1】ある人物をまつる神社
（『小学社会 小6上』教育出版）

問1 資料**【1】**の写真は，文中に登場する人物によって建てかえられた神社です。建物の名前を答えなさい。

問2 文中の A ・ B ・ C に当てはまる言葉の組み合わせとして正しいものを，次の**ア～エ**から一つ選び，記号で答えなさい。

ア．A－守護　B－刀狩令　C－近松門左衛門

イ．A－守護　B－武家諸法度　C－松尾芭蕉

ウ．A－外様　B－刀狩令　C－近松門左衛門

エ．A－外様　B－武家諸法度　C－松尾芭蕉

問3 文中の下線部①について，多くの浮世絵《うきよえ》をえがき，「東海道五十三次」でも知られる人物の名前を，次の**ア～エ**から一つ選び，記号で答えなさい。

ア．葛飾北斎　イ．東洲斎写楽　ウ．歌川広重　エ．雪舟

Ⅱ

19世紀の中ごろ，②大きなききんが起こり，各地で一揆《いっき》や打ちこわしが起こるようになりました。そうしたなかで，1853年には神奈川県沖に４せきの黒船がやってきました。

その後，開国して外国との貿易が始まると，品不足になり，生活に必要なものが値上《ねあ》がりするようになりました。それに合わせて武士の中でも，③おとろえた幕府に代わる新しい政治のしくみをつくろうとする動きが強まりました。

【２】ペリー率いる艦隊《かんたい》の来航の様子
（『小学社会　小６上』教育出版）

問４　文中の下線部②についての説明として正しいものを，次の**ア～エ**から一つ選び，記号で答えなさい。

ア．江戸時代《えどじだい》は，たびたび米の不作にみまわれたため，大きなききんが何度も起きた。

イ．百姓《ひゃくしょう》一揆では，商人たちが中心となり，年貢《ねんぐ》の引き下げを要求した。

ウ．打ちこわしは，主に農村で発生し，豊かな百姓などがねらわれた。

エ．大阪《おおさか》では，もと幕府の役人であった大塩平八郎が，一揆や打ちこわしに反対してやめさせた。

問５　文中の下線部③について，協力して幕府をたおし，新しい政治をつくるために，薩摩《さつま》藩《はん》と長州藩が結んだものは何か。漢字４字で答えなさい。

問６　資料【２】の写真のペリー艦隊は，再び日本を訪《おとず》れて開国をせまったため，幕府は条約を結び，下田と箱館《はこだて》の２港を開きました。この時に結んだ条約を何というか答えなさい。

Ⅲ

明治政府は，国の収入《しゅうにゅう》を安定させるために，④数多くの近代的な産業をおこし，外国から人を雇い入れ，官営工場を建てました。こうして政府は，富国強兵の政策《せいさく》を進めて⑤西洋に負けない国づくりを目指しました。

そのような中で，当時，日本の重要な輸出品であった D に目をつけ，右の資料【3】の建物を建てました。これを出発点として，日本の製糸業は大きく発展《はってん》し，明治時代の終わりごろには D の生産量・輸出量が世界一になりました。

【3】群馬県に建てられた官営工場
（『小学社会 小6上』教育出版）

問7　資料【3】の官営工場の名前を何というか答えなさい。

問8　文中の下線部④について，日本で最初の銀行をはじめ，500あまりの会社の設立に関わった資料【4】の写真の人物の名前を何というか答えなさい。

【4】明治時代の実業家
（『小学社会 小6上』教育出版）

問9　文中の下線部⑤について，日本は西洋をお手本にして，憲法《けんぽう》づくりを進めました。

その後に制定された大日本帝国《ていこく》憲法は，主にどの国の憲法を参考にしてつくられたか。次のア～エから一つ選び，記号で答えなさい。

ア．アメリカ

イ．イギリス

ウ．ドイツ

エ．フランス

問10　文中の空らん D に当てはまる品名を答えなさい。

5 次の問１～５に答えなさい。

問１　選挙は，国民が自分の考えを示すための大切な機会です。下の表はA党，B党，C党がそれぞれ６人の候補者を立てて行われた投票の結果を示している。これをもとにして，(1)・(2)に答えなさい。

表１

	１区	２区	３区	４区	５区	６区
A党（A党候補者の得票数）	70	50	40	60	40	40
B党（B党候補者の得票数）	30	20	50	20	60	20
C党（C党候補者の得票数）	20	10	10	20	20	20

(1)　A党・B党・C党がそれぞれ各選挙区ごとに候補者を立て，小選挙区制で議員を選んだ場合，A党の当選者数は何人か答えなさい。

(2)　１区から６区までまとめて一つの選挙区とし，各党の得票率に比例させた比例代表で合計６人の議員を選んだ場合，A党の当選者数は何人か答えなさい。この場合の比例代表制ではドント方式が用いられる。ドント方式とは，各政党の総得票数をそれぞれ１，２，３…と自然数で割っていき，得票数の大きい順に議席を配分する方法です。

問２　下の写真は，1946年，男女平等になって初めての衆議院議員選挙のようすです。(1)・(2)に答えなさい。

『新しい社会６　下』東京書籍

(1)　衆議院議員の被選挙権は何歳以上の者が有するとなっているか答えなさい。

(2) 下の文章中の[A]・[B]・[C]に適する語句を答えなさい。

> 日本の選挙は，満[A]歳以上のすべての国民に選挙権を認める[B]選挙であり，議員を直接選出する直接選挙，無記名で投票を行う[C]選挙，一人が一票を持つ平等選挙という原則がある。

問3 日本の行政機関のうち，国民の健康や労働などに関する仕事を行っている機関を何省を何というか答えなさい。正式名称で答えなさい。

問4 下の条文は，日本国憲法第9条です。（ 1 ）（ 2 ）に適する語句を答えなさい。

> 日本国憲法第9条
>
> 第1項：日本国民は，正義《せいぎ》と秩序《ちつじょ》を基調《きちょう》とする国際平和を誠実に希求《ききゅう》し，国権の発動たる戦争と，（ 1 ）による威嚇《いかく》又は（ 1 ）の行使は，国際紛争を解決する手段としては，永久にこれを放棄《ほうき》する。
>
> 第2項：前項の目的を達するため，陸海空軍その他の戦力は，これを保持しない。国の（ 2 ）は，これを認めない。

問5 2014年日本政府は，ある権限の一部行使を認めることを閣議決定しました。ある権限とは，日本の同盟国が攻撃された場合，自分の国が攻撃されたとみなして攻撃する権利です。この権限を何というか答えなさい。

2021(R3) 長崎日本大学中（第２回）
K 教英出版

問五

問六

問七

問八

三

問一

問二

問三

問四

受験番号

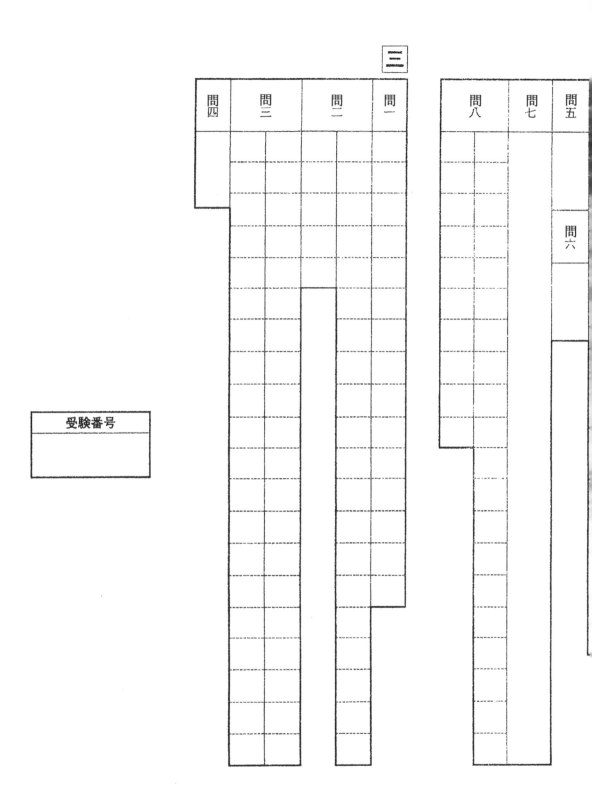

算数

令和3年度
第2回入学試験
解答用紙

受験番号	

長崎日本大学中学校

1

(1)		(2)	
(3)		(4)	
(5)		(6)	
(7)		(8)	

小計

4

[1]	(1)	
	(2)	
	(3)	番目
[2]	(1)	cm
	(2)	枚

小計

2

[1]	(1)		(2)	
	(3)		(4)	

5

	(1)	A 枚, B 枚

【解答

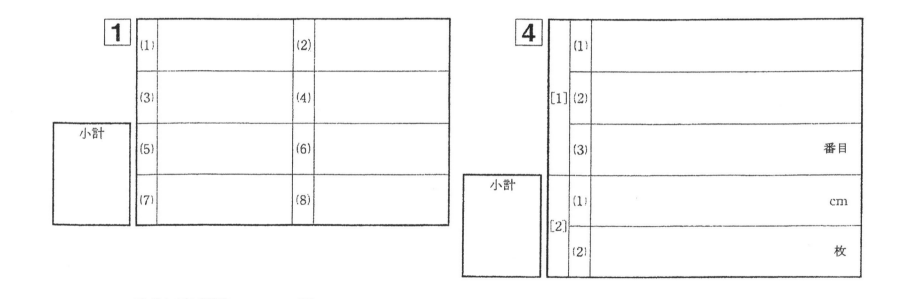

理 科

令和3年度
第2回入学試験
解答用紙

受験番号	

長崎日本大学中学校

1

(1) A		B		C		(2)	倍
(3)		(4)		(5)			
(6)							

2

(1) ①		②		(2)	g	(3)	cm^3
(4)		(5)	g	(6)			

【解答

3

算　数

令和３年度
第２回入学試験
解答用紙

受験番号	

長崎日本大学中学校

1

(1)		(2)	
(3)		(4)	
(5)		(6)	
(7)		(8)	

小計

2

[1]	(1)		(2)	
	(3)		(4)	

4

[1]	(1)	
	(2)	
	(3)	番目
[2]	(1)	cm
	(2)	枚

小計

5

	(1)	A　　枚，B　　枚

理 科

令和3年度
第2回入学試験
解答用紙

受験番号	

長崎日本大学中学校

1

(1)	A		B		C		(2)	倍
(3)		(4)		(5)				
(6)								

2

(1)	①		②		(2)	g	(3)	cm^3
(4)		(5)	g	(6)				

3

社会

令和3年度
第2回入学試験
解答用紙

受験番号	

長崎日本大学中学校

1

問1	(1)		(2)		(3)					問2		問3
問4		問5	→ →									

2

問1	A		B		問2		
問3	(1)		(2)		問4		
問5	(1)	川	(2)		(3)	教	

3

問1		問2		問3	語句		記号
問		問		問			

【解答

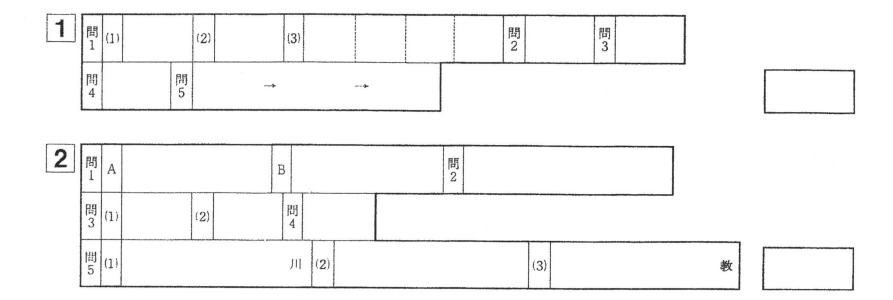

問8	

4

問1		問2		問3	
問4		問5		問6	条約

問7		問8		問9		問10	

5

問1	(1)	人	(2)	人

問2	(1)	歳以上	(2)	A		B		C	

問3	省	問4	(1)		(2)	

問5	

得点	点

※100点満点
(配点非公表)

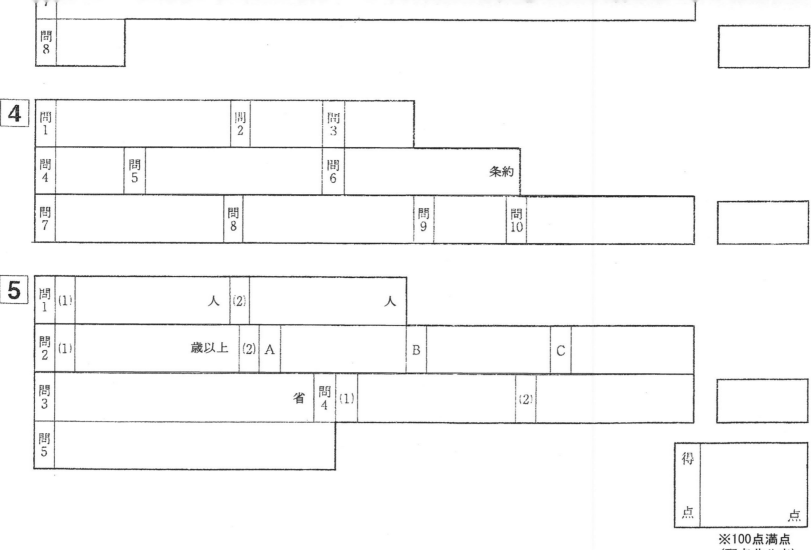

(8)	

4

(1)		(2)	mL	(3)	

(4)	体積が２分の１になったとき 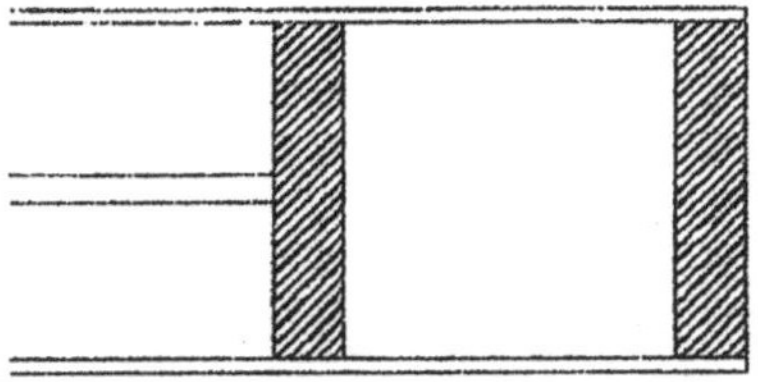	せんが飛び出す直前 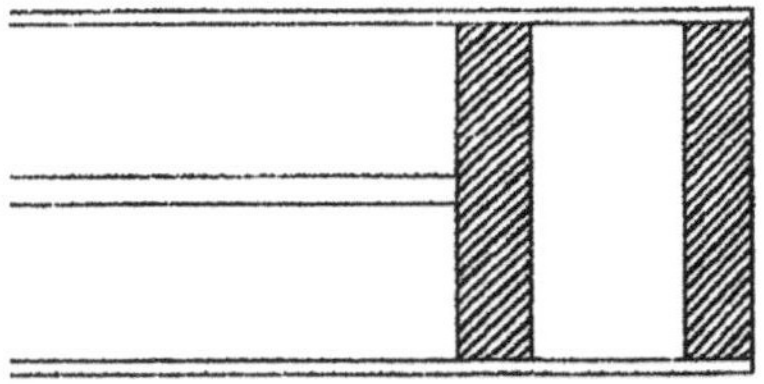	せんが飛び出してしばらくたったあと 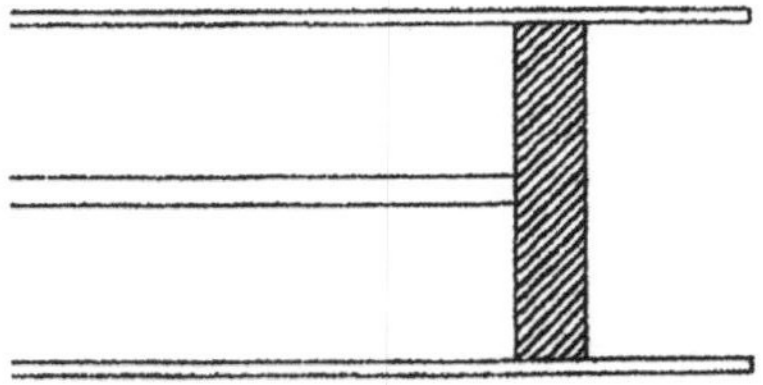

(5)		(6)	あ		い		(7)

得点	点

※100点満点
(配点非公表)

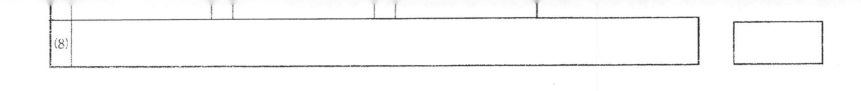

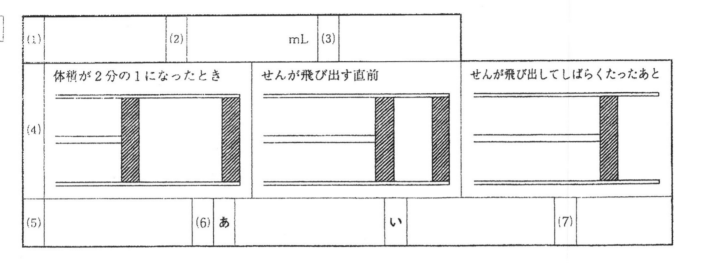

(3)		(4)	円

	(3)	の方が　　　枚多い
[2]	ア	
	イ	
	ウ	

小計

3

[1]	(1)	cm^2
	(2)	個
[2]	(1)	cm^2
	(2)	cm^2
[3]	(1)	cm^2
	(2)	cm

小計

得点	

※150点満点
(配点非公表)

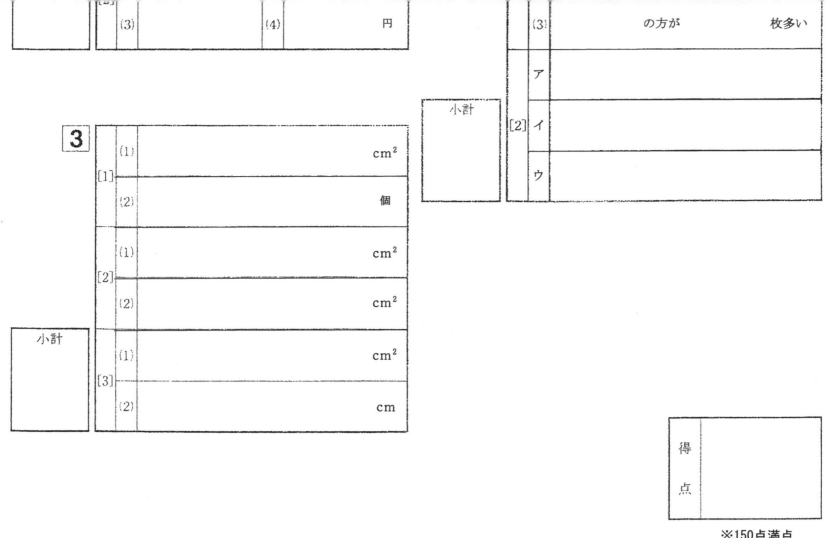

国語

令和三年度　第二回入学試験　解答用紙

長崎日本大学中学校

一

問一
a
b
d

問二
a
c

問三
(1)
(2)
(3)

問四

問五

問六

問七

問八

問九

問十
1
2

問十一

問十二
ア
イ
ウ
エ

問十三

二

問一
a
b
c

得　点

※150点満点
(配点非公表)

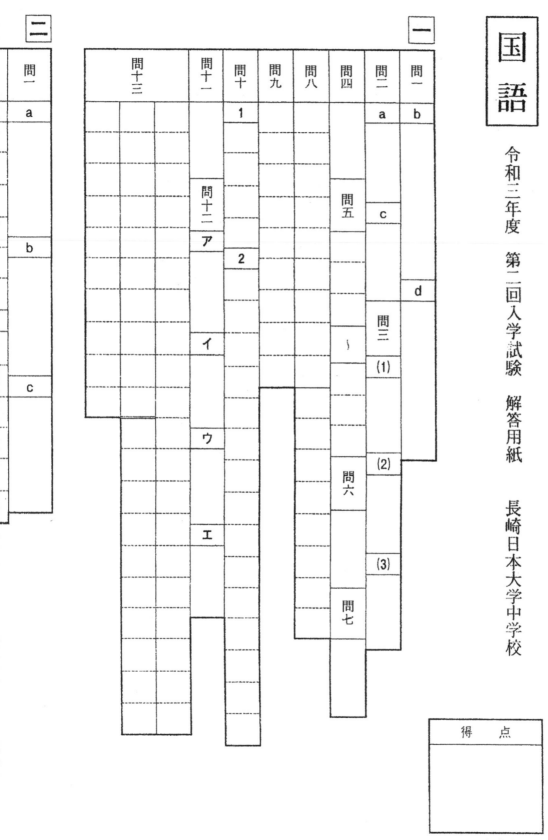